Lb 56
25

Souscription.

A PARIS, CHEZ MARTINON, LIBRAIRE-ÉDITEUR,
RUE DE GRENELLE-SAINT-HONORÉ, N° 14.

ET CHEZ L'AUTEUR, RUE MONTORGUEIL, N° 15.

LOUIS-NAPOLÉON BONAPARTE

LA SUISSE

ET LE ROI LOUIS-PHILIPPE

HISTOIRE CONTEMPORAINE

D'après des pièces officielles, des documents authentiques, des témoins oculaires, et avec NOTES EXPLICATIVES ;

PAR

Élisée LECOMTE,

Ancien Rédacteur en chef du *National Genevois*, du *Réveil de l'Ain*, etc.
Membre de plusieurs Sociétés Savantes.

Un beau volume in-8, avec cette épigraphe :

L'esprit de justice doit passer avant l'esprit de parti.

N. B. Plus de 200 personnages contemporains, la plupart encore vivants, sont mentionnés dans cette publication.

Prix de la souscription : CINQ FRANCS, payables à la réception de l'ouvrage. Le prix sera porté à SIX FRANCS, lors de la clôture de la souscription.

PROSPECTUS.

Quiconque possède des documents pour l'histoire d'une nation ou d'un homme célèbre, est dans l'obligation morale de les livrer à la publicité. Je remplis donc un devoir en mettant au jour ce que je sais sur différentes époques de la vie de Louis-Napoléon Bonaparte, sur les circonstances dans lesquelles ont figuré simultanément, ce prince, les cantons helvétiques, et le gouvernement du roi Louis-Philippe.

Je me suis attaché particulièrement à retracer l'origine, les effets et l'issue de la querelle qui faillit, il y a dix-sept ans, allumer une guerre entre la Suisse et la France. Heureux d'avoir pu recueillir une foule de détails dispersés dans les chancelleries et dans les feuilles publiques, j'ai rangé ces matériaux de manière à former un ensemble satisfaisant et un récit non dénué d'intérêt.

Il me convenait d'autant plus d'entreprendre ce travail, que les principaux événements se sont passés devant mes yeux ; que j'y ai moi-même pris part, comme rédacteur en chef d'un des journaux suisses.

Est-il nécessaire d'établir, par quelques développements, l'utilité de cette publication ? Non, sans doute. Il n'est personne qui ne comprenne la grandeur du spectacle qu'offrent d'honorables citoyens, soutenant énergiquement, contre les attaques d'un puissant adversaire, l'indépendance et les droits de leurs petites républiques. On conçoit aisément l'importance de faits qui ont eu pour théâtre ou pour objet, un pays que la France doit apprendre à bien connaître, et dont ses sympathies, ainsi que sa politique, l'obligeraient à se montrer, au besoin, le meilleur appui.

L'utilité d'une pareille œuvre se manifeste encore, si aux faits généraux se joignent des particularités remarquables. Or, il s'agit surtout de la personne d'un prince longtemps proscrit, persécuté, méconnu, calomnié même, et qui aujourd'hui est l'élu de ses concitoyens, le chef de la première nation du monde. De telles circonstances seraient, à elles seules, un vif attrait pour la curiosité publique, un riche sujet d'études pour l'observateur et pour le philosophe, une sûre garantie des bons enseignements que présente cette grande page de l'histoire du XIXe siècle.

ÉLISÉE LECOMTE.

Paris, le 1ᵉʳ mai 1855.

M

Sachant combien vous vous intéressez aux Belles-Lettres, et particulièrement à ce qui concerne l'*Histoire contemporaine*, j'ai l'honneur de vous informer que je me propose de publier incessamment l'ouvrage dont le titre est ci-contre.

J'ose espérer que vous voudrez bien me favoriser de votre souscription pour un ou plusieurs exemplaires.

Vous aurez, en ce cas, l'obligeance de remplir le BULLETIN DE SOUSCRIPTION qui suit, de le couper et de me le renvoyer par la poste ou par une autre voie.

Agréez l'assurance de ma considération très-distinguée.

MARTINON, *Libraire-Editeur*,
Rue de Grenelle-St.-Honoré, 14.

N. B. On peut aussi adresser les souscriptions chez l'AUTEUR, M. ELISÉE LECOMTE, à Paris, rue Montorgueil, n° 15.

BULLETIN DE SOUSCRIPTION.

Je soussigné ,   demeurant à
        rue   n° , déclare souscrire pour   exemplaire de l'HISTOIRE intitulée : *LOUIS-NAPOLÉON BONAPARTE, LA SUISSE ET LE ROI LOUIS-PHILIPPE*, par *Élisée LECOMTE*; et je m'engage à en payer le montant, A LA RÉCEPTION de l'ouvrage, qui doit former un beau volume in-8°, et dont le prix est fixé à CINQ FRANCS l'exemplaire, pour les souscripteurs.

Fait à   le   185

Signature :

Paris. Imp. de MOQUET, 92, rue de la Harpe.

LOUIS-NAPOLÉON BONAPARTE,

LA SUISSE

ET LE ROI LOUIS-PHILIPPE.

Paris, Imp. Moquet, r. de la Harpe, 92.

LOUIS-NAPOLÉON BONAPARTE

LA SUISSE

ET LE ROI LOUIS-PHILIPPE,

HISTOIRE CONTEMPORAINE

D'après des pièces officielles, des documents authentiques,
et des témoins oculaires;

PAR

Élisée LECOMTE,

Ancien Rédacteur en chef du *National Genevois*, du *Réveil de l'Ain*, etc.;
Membre de plusieurs Sociétés Savantes.

L'esprit de justice doit passer avant l'esprit de parti.

PARIS,

MARTINON, LIBRAIRE-ÉDITEUR,
RUE DE GRENELLE-SAINT-HONORÉ, N° 14;

ET CHEZ TOUS LES LIBRAIRES DE PARIS, DES DÉPARTEMENTS
ET DE L'ÉTRANGER.

1856

A MONSIEUR LE GÉNÉRAL

GUILLAUME-HENRI DUFOUR,

MEMBRE DU CONSEIL NATIONAL SUISSE,

DÉPUTÉ AU GRAND-CONSEIL

DE LA RÉPUBLIQUE ET CANTON DE GENÈVE ;

GRAND OFFICIER

DE L'ORDRE IMPÉRIAL DE LA LÉGION - D'HONNEUR.

Monsieur le Général,

J'ai particulièrement à me louer des marques de sympathie que vous m'avez données lorsque j'étais rédacteur en chef d'un journal genevois.

Les paroles qui terminaient une lettre que vous m'avez fait l'honneur de m'écrire le 27 avril 1844, ne sont pas sorties de ma mémoire. « Je profite « de cette occasion, me disiez-vous, pour vous « remercier de vos efforts en faveur de la cause « vraiment libérale. Suivez cette ligne comme « vous l'avez fait jusqu'à présent, et vous serez « apprécié par les amis d'une sage liberté qui « ne fut jamais incompatible avec l'ordre et les « lois. »

Trois ans après avoir tracé ces lignes, vous rendiez vous-même à la *cause vraiment libérale*, comme militaire et comme citoyen, un de ces services qui ne tombent jamais dans l'oubli (*).

Les faits mémorables de 1847 ont eu leur historien (**); je vais décrire, entre autres évé-

---

(*) M. Dufour commandait en chef l'armée fédérale dans la guerre contre le *Sonderbund*.

(**) M. Eusèbe Gaullieur. Cet écrivain a publié, à Genève, un ouvrage intitulé : *La Suisse en 1847* ; 1 volume in-12; Ch. *Gruaz*, éditeur.

nements, ceux de 1838, au milieu desquels apparaît, à côté du noble aspect offert par l'union fédérale, la grave et touchante physionomie de Louis-Napoléon Bonaparte.

Puisse ce témoignage de bon souvenir que je donne à la Suisse et au prince que vous avez connu et défendu dans l'exil, être pour moi un nouveau titre à votre approbation!

Agréez, Monsieur le Général, ce faible hommage de ma reconnaissance et de mon respect.

Paris, le 1ᵉʳ janvier 1856.

ÉLISÉE LECOMTE.

PRÉFACE.

Quiconque possède des documents pour l'histoire d'une nation ou d'un homme célèbre, est dans l'obligation morale de les livrer à la publicité. Je remplis donc un devoir en mettant au jour ce que je sais sur différentes époques de la vie de Louis-Napoléon Bonaparte, sur les circonstances dans lesquelles ont figuré simultanément, ce prince, les cantons helvétiques, et le roi Louis-Philippe.

Je me suis attaché particulièrement à retracer l'origine, les effets et l'issue de la querelle qui faillit, il y a dix-sept ans, allumer une guerre entre la Suisse et la France. Heureux d'avoir pu recueillir une foule de détails dispersés dans les chancelleries et dans les feuilles publiques, j'ai rangé ces matériaux de manière à former un ensemble satisfaisant et un récit non dénué d'intérêt.

Il me convenait d'autant plus d'entreprendre ce travail, que les principaux événements se sont passés devant mes yeux; que j'y ai moi-même pris part, comme rédacteur en chef d'un des journaux suisses.

Est-il nécessaire d'établir, par quelques développements, l'utilité de cette publication? Non, sans doute. Il n'est personne qui ne comprenne la grandeur du spectacle qu'offrent d'honorables citoyens soutenant énergiquement, contre les attaques d'un puissant adversaire, l'indépendance et les droits de leurs petites républiques. On conçoit aisément l'importance de faits qui ont eu pour théâtre ou pour objet, un pays que la France doit apprendre à bien connaître, et dont ses sympathies, ainsi que sa politique, l'obligeraient à se montrer, au besoin, le meilleur appui.

L'utilité d'une pareille œuvre se manifeste encore, si aux faits généraux se joignent des particularités remarquables. Or, il s'agit surtout de la personne d'un prince longtemps proscrit, persécuté, méconnu, calomnié même, et qui aujourd'hui est l'élu de ses concitoyens, le chef de la première nation du monde. De telles circonstances seraient, à elles seules, un vif attrait pour la curiosité publique, un riche sujet d'études pour l'observateur et pour le philosophe, une sûre garantie des bons enseignements que présente cette grande page de l'histoire du XIXe siècle.

Elisée LECOMTE.

INTRODUCTION.

Les Suisses ont prouvé, à différentes époques, qu'ils savent garder leur indépendance. L'héroïsme avec lequel les premiers membres de la Confédération résistèrent au joug que voulaient leur imposer les ducs d'Autriche, a laissé des souvenirs ineffaçables : les Verner Stauffacher, les Walter Fürst, les Arnold de Melchthal, les Guillaume Tell, les Gundoldingen, les Winkelried, sont inscrits dans le temple de l'immortalité. On éprouve toujours un vif sentiment d'admiration pour les guerriers qui, à Saint-Jacques, près de Bâle, procurèrent à leurs petites républiques, par le plus beau dévouement, l'alliance d'un grand royaume. Dauphin de France lors de cette bataille, où une poignée de Suisses lui avait tué beaucoup de monde, le vainqueur fut, peu de temps après, salué roi sous le nom de Louis XI ; on remarque l'empressement que ce prince, dès son élévation au trône, mit non-seulement à gagner l'amitié des Confédérés, mais encore à s'assurer leur aide dans les guerres qu'il pourrait avoir à soutenir. De là les capitulations militaires par suite desquelles, pendant quatre siècles, un certain nombre des enfants de l'Helvétie s'est associé aux enfants de la France, et a pris part aux succès comme aux revers de nos armes.

Si l'on passe en revue les lieux qui furent témoins de leurs bons services, on distingue Fornoue, illustrée par la victoire qu'y remporta le roi Charles VIII en personne ; Pavie, célèbre par la glorieuse défaite de François 1er ; Cerisoles, où ce monarque, plus heureux qu'à Pavie, remporta une victoire décisive. Et sans rechercher dans les temps reculés, il suffit de se reporter à l'année 1812, à nos désastres de Russie, principalement au passage de la Bérésina, où l'on voit les régiments suisses engagés avec les nôtres dans cette guerre, soutenir la retraite avec un dévouement égal à celui des soldats de Napoléon.

Nous retrouvons dans la conduite des troupes suisses au milieu de nos troubles politiques, notamment le 10 août 1792 et aux Journées de Juillet 1830, des exemples frappants de leur respect pour la foi jurée. Si, en 1814 et en 1815, la France napoléonienne a compté des Suisses parmi les étrangers qui lui faisaient défection ou se ruaient sur diverses parties de son territoire, il n'y a pas là un sujet d'étonnement lorsqu'on réfléchit que des Français même, dans ces tristes conjonctures, se sont ligués avec les envahisseurs, ont sacrifié les intérêts du pays, sa grandeur, et jusqu'à l'indépendance nationale, aux misérables considérations de l'esprit de caste ou de parti. Les peuples coalisés croyaient, moyennant un effort extraordinaire, faire avancer la liberté, quand ils n'étaient attelés qu'au char de l'aristocratie ou de l'absolutisme. La plupart d'entre eux n'ont pas tardé à s'apercevoir de cette erreur. La Suisse en particulier, reconnaissant bientôt que ses sympathies, ses principales ressources, son point d'appui, sont toujours du côté de la France, s'est attachée à marcher de pair avec sa voisine, dans la voie des réformes politiques et des améliorations matérielles. Heureuse émulation qui a produit pour les vingt-deux cantons plusieurs résultats satisfaisants !

Ainsi, dans les années 1830 et 1831, le mouvement progressif se manifesta en Suisse aussi bien qu'en France ; les deux pays témoignèrent simultanément une tendance très marquée vers l'extinction des abus de toute espèce ; le lien sympathique qui les unissait plus ou moins étroitement depuis des siècles, paraissait devoir se serrer davantage; le roi des Français, Louis-Philippe 1er, ne pouvait avoir mis en oubli l'accueil hospitalier fait à Louis-Philippe d'Orléans proscrit ; et les souvenirs de Reichenau parlaient assez haut pour qu'on les jugeât de nature à entretenir, chez le prince ex-professeur à ce collége, des dispositions favorables à la Confédération helvétique…. Vaine assurance ! Il y avait à peine six ans que la *meilleure des Républiques, personnifiée* (expression du général Lafayette), occupait le trône demeuré vacant après l'expulsion de Charles X, et déjà le nouveau monarque, soi-disant populaire, traitait la Suisse comme suspecte, exerçait envers elle une surveillance rigoureuse et offensante. Les Confédérés durent d'abord, faute d'union, céder à quelques-unes de ses exigences; mais un différend, plus grave que tous ceux déjà vidés entre eux et ce prince, leur offrit, en 1838, l'occasion de montrer qu'ils n'avaient point dégénéré de leurs ancêtres, et qu'un ennemi, quelque redoutable qu'il fût, ne pouvait ébranler leur caractère ni les faire renoncer à leurs droits. Ce différend avait pour cause le séjour de Louis-Napoléon Bonaparte dans un des cantons. Digne héritier de l'empereur, son oncle, Louis-Napoléon sortit lui-même de cette rude épreuve par une résolution dont les grands cœurs comprennent la sagesse et la générosité. Plusieurs circonstances de sa vie, qui ont précédé ou suivi ce mémorable épisode, sont d'ailleurs un nouveau témoignage que les hommes doivent être préparés aux rigueurs ainsi qu'aux faveurs de la fortune. Elles prouvent, en outre, que les obligations attachées à un nom illustre sont de nature à exciter chez celui qui le porte, une vive et salutaire émulation.

LOUIS-NAPOLÉON BONAPARTE,
LA SUISSE
ET
LE ROI LOUIS-PHILIPPE.

CHAPITRE PREMIER.

Naissance de Louis-Napoléon Bonaparte. Son éducation. Ses premières armes. — Venu *incognito* à Paris, il adresse une demande au roi Louis-Philippe. Refus de ce monarque. — Louis-Napoléon au château d'Arenenberg, canton de Thurgovie. — Sa première brochure. — Le gouvernement de Thurgovie lui confère le droit de bourgeoisie honoraire. Sa lettre de remercîment. — Sa deuxième brochure. — L'école d'artillerie de Thoune, canton de Berne. Il reçoit un brevet de capitaine. Sa lettre à M. de Tavel. — Il est question de son mariage avec la reine de Portugal. Ce qu'il écrit à cette occasion. — Publication du *Manuel d'Artillerie*. Envoi à l'Institut de France. — Affaire *Conseil*. Le blocus hermétique. Quel en était l'inventeur. Ses conséquences. Déclaration tranchante de M. de Montalivet.

Louis-Napoléon Bonaparte naquit à Paris le 20 avril 1808. Il eut pour père Louis Bonaparte, frère de l'empereur Napoléon et roi de Hollande ; sa mère fut la reine Hortense de Beauharnais, fille de l'impératrice Joséphine. Des salves d'artillerie annoncèrent sa naissance sur toute la ligne de la grande armée, dans la vaste étendue de l'empire et dans le royaume de Hollande. Deux ans après, ce jeune prince, qui le premier de la dynastie napoléonienne était né au palais des Tuileries, fut tenu solennellement sur les fonds du baptême par l'empereur, son oncle, et par l'impératrice Marie-Louise.

Tout semblait assurer à Louis-Napoléon une existence aussi heureuse que brillante.

Quatre ans plus tard, le trône impérial s'écroulait sous les efforts de l'Europe et de la trahison coalisées. Pour l'enfant, comme pour sa famille, entraînée dans cette grande catastrophe, plus de repos, plus de patrie, mais la souffrance et l'exil.

Louis-Napoléon habita tour à tour la Bavière, la Suisse et l'Italie. Quoique loin de la France, il eut une éducation toute française. Sa mère ne cessa de lui inspirer l'amour de la terre natale, et son père le façonna de bonne heure à ne redouter aucun péril, à ne reculer devant aucun sacrifice lorsque l'exigeraient la cause du peuple et le triomphe des intérêts publics. Ils le confièrent, pour achever son instruction, à M. Lebas, fils du conventionnel de ce nom, qui sut inculquer à son jeune élève les plus sages et les plus dignes principes. Puis enfin, parvenu à cet âge où l'intelligence se développe, où l'esprit commence à être éclairé par la réflexion, Louis-Napoléon Bonaparte eut pour maître de perfectionnement le malheur, uni au sentiment des devoirs que lui prescrivaient sa naissance, sa position, voire même l'avenir qui pouvait lui être réservé.

Cet enseignement, complet sous tous les rapports, ne tarda pas à porter ses premiers fruits.

En 1831, on vit Louis-Napoléon, à peine âgé de vingt-trois ans, combattre avec son frère aîné, pour l'indépendance et la liberté de l'Italie ; la Romagne insurgée fut témoin de leur héroïque dévouement. On sait comment finit cette lutte inégale : les Autrichiens, au nombre de mille contre un, écrasèrent les patriotes; le frère de Louis-Napoléon perdit la vie à Forli, par suite de ses blessures ; et lui-même fut réduit à la nécessité de subir un nouvel exil.

Alors mettant à exécution un projet qu'il avait formé depuis longtemps, il vint à Paris incognito, et s'offrit à servir, comme simple soldat, dans l'armée française.

Il y avait lieu de supposer qu'un pouvoir se disant national aurait quelques égards pour l'héritier d'un nom toujours populaire, toujours honoré. C'était trop espérer de la royauté du 9 août 1830. Non-seulement elle répondit à la demande du prince par un refus déguisé sous une condition inacceptable (1), mais de plus elle lui fit bientôt enjoindre de quitter la capitale dans les vingt-quatre heures, et le territoire français dans les quarante-huit heures.

Après avoir passé quelques mois en Angleterre, le jeune prince reprit, avec sa mère, le chemin de la Suisse, s'établit définitivement dans le canton de Thurgovie, s'y concilia l'estime et l'attachement de tous par son affabilité, la noblesse de son caractère et ses nombreux bienfaits. Combien de réfugiés français, polonais, allemands, italiens, etc., ont béni sa main généreuse ! Que d'infortunés ont trouvé au château d'Arenenberg (2) le terme, ou, du moins, le soulagement de leurs peines !

(1) On exigeait qu'il changeât de nom.
(2) Arenenberg ou Arenaberg, beau château, avec une vue magnifique,

Malgré l'exil dont il était injustement frappé, Louis-Napoléon montrait la plus vive sollicitude pour les intérêts et les destinées de la France. Ému lui-même par l'agitation qu'on remarquait encore dans les esprits, il publia, en 1832, sous le titre de *Rêveries politiques*, une brochure où il proposait, comme solution, de réunir les deux causes populaires, celle de la République et celle de Napoléon II (le fils de l'Empereur, le duc de Reichstadt, vivait encore à cette époque). Cet écrit, qui consistait dans un projet de Constitution, précédé de quelques développements préliminaires en forme d'exposé des motifs, révélait un esprit déjà nourri de fortes études, et un cœur naturellement porté à remédier, autant que possible, aux souffrances des classes laborieuses.

A cette même époque, le canton de Thurgovie, voulant donner à son hôte une marque de considération et de reconnaissance, lui décerna le *droit de bourgeoisie honoraire*. Il fut procédé à cet acte de la manière suivante :

« Frauenfeld, le 30 avril.

« Nous, Président du Petit-Conseil de Thurgovie, déclarons que la commune de Salenstein, ayant offert le droit de bourgeoisie communale à son altesse le prince Louis-Napoléon, par reconnaissance pour les nombreux bienfaits qu'elle avait reçus de la famille de

situé sur une riante colline près de Mannenback, sur la rive méridionale de l'Untersée, cercle de Berlingen, district de Steckborn. Il était devenu la propriété de Louis-Napoléon, qui, de concert avec la reine Hortense, sa mère, y avait fait de nombreux embellissements.

la duchesse de St-Leu (1), depuis son séjour à Arenenberg, et le Grand-Conseil ayant ensuite, par sa décision unanime du 14 avril, sanctionné ce don de la commune, et décerné à l'unanimité le droit de bourgeoisie honoraire du canton, dans le désir de prouver combien il honore l'esprit de générosité de cette famille, et combien il apprécie son attachement au canton, déclare que son altesse le prince Louis-Napoléon, fils du duc et de la duchesse de St-Leu, est reconnu citoyen du canton de Thurgovie.

« En vertu de quoi nous avons fait le présent acte de bourgeoisie, revêtu de notre signature et du sceau de l'État.

« *Le Président du Petit-Conseil,*
« ANDERWERT.

« *Le Secrétaire d'État,*
« MOERIKOFER. »

Voici la lettre par laquelle Louis-Napoléon répondit à ce témoignage de considération et de gratitude (2) :

« Monsieur le Président,

« C'est avec un grand plaisir que j'ai reçu le droit de bourgeoisie que le canton a bien voulu m'offrir. Je suis heureux que de nouveaux liens m'attachent à un pays qui, depuis seize ans, m'a donné une hospitalité si bienveillante.

(1) C'était le titre que prenait alors la reine Hortense.
(2) Le maréchal Ney, après l'Acte de Médiation, où il intervint comme plénipotentiaire français, avait reçu la même distinction de la ville de Berne. Le général Lafayette accepta comme un haut témoignage de l'estime des Américains les droits de citoyen des États-Unis, lorsqu'il alla dans ce pays avant la révolution de juillet 1830.

« Ma position d'*exilé de ma patrie* me rend plus sensible cette marque d'intérêt de votre part. Croyez que, dans toutes les circonstances de ma vie, comme *Français* et *Bonaparte*, je serai fier d'être citoyen d'un État libre. Ma mère me charge de vous dire combien elle a été touchée de l'intérêt que vous me témoignez.

« Je vous prie, Monsieur le Président, d'être auprès du Conseil l'interprète de mes sentiments.

« Recevez l'assurance de ma parfaite estime.

« Louis-Napoléon Bonaparte. »

Pour reconnaître le don qui lui était fait, le prince offrit au canton de Thurgovie deux pièces de canon de six, avec trains et équipages complets; il créa en même temps plusieurs écoles gratuites. Le mois de juillet 1833 vit paraître une nouvelle brochure dont il était l'auteur, et qui intéressait toute la Confédération. Cette œuvre, intitulée : *Considérations politiques et militaires sur la Suisse*, et où la France n'était pas oubliée, fut, dans ce pays, comme dans les vingt-deux cantons, l'objet des appréciations les plus honorables : elle fut même reconnue assez importante pour appeler l'attention de la Diète helvétique, occupée alors de la question de révision du Pacte fédéral.

Un camp est établi chaque année à Thoune, pour l'instruction des officiers d'artillerie et du génie : les exercices de ce camp ont été l'école de Louis-Napoléon. Pendant son séjour en Suisse, il y prit part avec une ardeur remarquable, et s'y distingua par son aptitude à toutes les manœuvres. Élevé, en 1834, au grade de capitaine d'artillerie, il écrivit la lettre suivante :

« Monsieur le Président,

« Je reçois à l'instant le brevet qui m'apprend que le Conseil exécutif de la République de Berne m'a nommé capitaine d'artillerie. Je m'empresse de vous en adresser mes remercîments, car vous avez entièrement rempli mon désir. Ma patrie, ou plutôt le gouvernement de la France, me repousse, parce que je suis le neveu d'un grand homme. Vous êtes plus justes à mon égard.

« Je suis fier de compter parmi les défenseurs d'un État où la souveraineté du peuple est reconnue comme base de la Constitution, et où chaque citoyen est prêt à se sacrifier pour la liberté et l'indépendance de son pays.

« Recevez, Monsieur le Président, l'assurance de mes sentiments distingués.

« Louis-Napoléon Bonaparte. »

On a dû remarquer qu'en acceptant le droit de bourgeoisie honoraire de Thurgovie, le prince se réservait la qualité de Français : les termes de sa lettre au Président du Petit-Conseil de ce canton ne laissent aucun doute à cet égard. Son langage, dans celle que je viens de reproduire, et qui était adressée à M. de Tavel, n'est pas moins significatif. Il ne cessait d'être attaché à sa patrie, quoiqu'il en fût cruellement repoussé. Ainsi, au sujet de négociations qu'on disait entamées dans le but d'obtenir pour lui la main de la reine de Portugal, Dona Maria, il écrivait d'Arenenberg, le 14 décembre 1835 :

« Plusieurs journaux ont accueilli la nouvelle de
« mon départ pour le Portugal, comme prétendant à
« la main de la reine dona Maria. Quelque flatteuse que
« soit pour moi la supposition d'une union avec une
« jeune reine, belle et vertueuse, veuve d'un cousin
« qui m'était cher, il est de mon devoir de réfuter un
« tel bruit, puisqu'aucune démarche qui me soit connue n'a pu y donner lieu.

« Je dois même ajouter que, malgré le vif intérêt
« qui s'attache aux destinées d'un peuple qui vient
« d'acquérir sa liberté, je refuserais l'honneur de par« tager le trône de Portugal, si le hasard voulait que
« quelques personnes jetassent les yeux sur moi.

« La belle conduite de mon père, qui abdiqua, en
« 1810, parcequ'il ne pouvait allier les intérêts de la
« France avec ceux de la Hollande, n'est pas sortie de
« mon esprit.

« Mon père m'a prouvé, par son grand exemple,
« combien la patrie est préférable à un trône étranger.
« Je sens, en effet, qu'habitué, dès mon enfance, à
« chérir mon pays par-dessus tout, je ne saurais rien
« préférer aux intérêts français.

« Persuadé que le grand nom que je porte ne sera
« pas toujours un titre d'exclusion aux yeux de mes
« compatriotes, puisqu'il leur rappelle quinze années
« de gloire, j'attends avec calme, dans un pays hospi« talier et libre, que le peuple rappelle dans son sein

« ceux qu'exilèrent, en 1815, douze cent mille étran-
« gers. Cet espoir de servir un jour la France, comme
« citoyen et comme soldat, fortifie mon âme et vaut,
« à mes yeux, tous les trônes du monde. »

Dans le courant de la même année, le prince payait royalement sa dette à l'hospitalité empressée de la Suisse par la publication de son *Manuel d'Artillerie*, fait pour l'armée helvétique et dédié aux officiers du camp de Thoune. Le *National Genevois* du 10 septembre 1836, parlant de cette école militaire fédérale, disait : « Le prince Louis-Napoléon y remplit en ce moment les fonctions de capitaine d'artillerie, auxquelles il a été appelé par le gouvernement de Berne. Ce jeune prince, dont les mœurs sont simples et populaires, quoique toujours pleines de dignité, est chéri de ses camarades, parmi lesquels il occupe, d'ailleurs, par ses connaissances et ses talents, un rang fort distingué. »

Quelques mois auparavant, Louis-Napoléon, suivant le même journal, avait communiqué à l'Institut historique de France un précis de l'histoire de l'artillerie, où se trouvaient des détails intéressants sur l'invention et l'usage de la poudre.

Vers cette époque, eut lieu l'affaire *Conseil*, digne corollaire de celle précédemment engagée par le cabinet des Tuileries au sujet des réfugiés. Elle offre un trop bel échantillon de la politique tracassière et parfois peu délicate du régime alors dominant en France, pour que je n'en rappelle pas ici les principaux détails. L'origine de cette affaire fut la présence à Berne d'un individu arrivé dans cette ville avec un passeport au nom de Napoléon Cheli. D'abord signalé officiellement au Directoire fédéral, comme un homme extrêmement dangereux, professant les idées les plus subversives, compromis dans le procès de Fieschi, devant être, par conséquent, expulsé du territoire suisse, Conseil fut découvert jouant non-seulement le rôle d'espion, mais encore celui d'agent provocateur. Il fut complètement démasqué, puis bientôt convaincu, par suite de ses propres aveux, des honteuses et coupables manœuvres qu'on lui reprochait. Certaines circonstances, telles que la saisie d'un passeport antidaté, émanant ultérieurement de l'ambassade française, et sur lequel on le désignait faussement sous le nom de *François Hermann*, firent soupçonner aux autorités bernoises la mission que l'inculpé remplissait depuis longtemps, en Suisse, pour le compte d'une puissance étrangère. Conseil fut arrêté, une enquête fut ordonnée, les faits parurent assez graves pour être soumis à la Diète; un rapport établissant le bien fondé de l'accusation portée contre cet agent reçut la sanction de la haute assemblée, et l'on décida, en outre, que connaissance de l'état réel des choses serait donnée au gouvernement français. De là un vif mécontentement au sein du cabinet des Tuileries, se prétendant offensé dans la personne de M. le duc de Montebello, son ambassadeur; puis une note menaçante adressée au Directoire; et enfin un blocus hermétique, soit la rupture de toutes les communications de la Suisse avec la France.

Cette mesure de rigueur avait été, dès le mois

d'août, imaginée et projetée par le ministère Thiers, dans le but de contraindre les cantons à renvoyer les réfugiés politiques. Mise à exécution, au commencement d'octobre, par le ministère Molé, Guizot et Persil, elle excita un blâme général ; les localités françaises voisines du territoire helvétique, pour lesquelles il en résultait un préjudice considérable, se plaignirent amèrement. Le *Courrier de l'Ain*, moins dépendant ou mieux inspiré qu'il ne devait l'être deux ans plus tard, dans une circonstance à peu près de même nature, se prononçait fortement contre les entraves mises aux communications. « Cette affaire et ses suites, disait-il, commencent à intéresser grandement nos départements frontières et Marseille et Lyon qui ont tant de relations avec la Suisse, car la Savoie et le Piémont, Gênes et Turin, vont probablement, au détriment de notre commerce, attirer à eux ces relations. Il nous semble que cette affaire suisse, qui a été entamée au plus mal, continue à être mal conduite. Le ministère paraît décidé à suivre pas à pas la marche que lui a tracée l'ex-président du conseil, quoiqu'il n'hésite pas à reconnaître la légèreté qu'a apportée ici M. Thiers. Cet amour-propre du puissant, qui ne veut jamais reconnaître ses torts, tandis qu'il exige que le faible confesse à genoux les siens, est aussi injuste en raison et en morale qu'il sera funeste en politique... » Le *Garde National* de Marseille faisait également envisager les fâcheux résultats qu'entraînerait une pareille manière d'agir. Il y avait à cet égard, chose digne de remarque, presque unanimité dans les appréciations de la presse périodique. Néanmoins le blocus fut établi, et l'on en ressentit les effets dès le 30 septembre, par suite du refus qu'éprouvèrent, de la part de l'ambassade française à Berne, les demandes de visa des passeports. A partir de ce moment, des obstacles insurmontables furent opposés à l'entrée des Suisses en France ; les autres étrangers, les Français eux-mêmes, furent astreints à de minutieuses formalités. On peut comprendre, d'après cela et en y joignant une très grande diminution dans le nombre et la valeur des commandes, l'énormité du préjudice que le gouvernement du roi Louis-Philippe occasionnait au commerce français. Il employait un singulier moyen de châtier des populations auxquelles l'Italie et l'Allemagne restaient ouvertes, et pour lesquelles, par cette raison, le mot *hermétique* n'était que ridicule.

Énumérer les brocards, les compliments dérisoires, les sérieuses et piquantes critiques, qui assaillirent non-seulement les ministres, mais jusqu'à leur auguste maître, serait un travail impossible. Aussi découvre-t-on là une des premières sources de cette déconsidération dont ne tarda pas à se trouver frappé le *système* ou la *pensée immuable* (1).

Ce fut seulement vers la fin de la première quinzaine de novembre que les relations des deux pays reprirent leur cours. Pour terminer le différend, il suffit de la déclaration faite par la Diète fédérale, qu'elle

(1) On qualifiait ainsi le gouvernement *personnel* du roi Louis-Philippe.

n'avait pas eu l'intention d'offenser le gouvernement français ni son ambassadeur, et qu'il ne serait donné aucune suite à l'arrêté du 7 septembre prescrivant d'informer le roi des Français, ainsi que son gouvernement, du véritable état de l'affaire Conseil, et de joindre à cette communication une copie certifiée des pièces. Le gouvernement français, de son côté, pour qui la décision prise le 23 août contre les réfugiés politiques était une sorte de satisfaction, déclara, le 14 novembre et par l'organe de M. de Montebello, les relations rétablies sur l'ancien pied, en exprimant le vœu que les rapports de bon voisinage qui existaient depuis des siècles entre la France et la Confédération ne fussent plus troublés à l'avenir.

Mais, en attendant le dénouement de cette querelle, née de manœuvres au moins suspectes et tendant à compromettre les cantons, que d'intérêts avaient souffert des deux parts! de combien de malédictions les menées ou les bévues diplomatiques avaient été l'objet!...

On ne sut que deux mois après à qui la Suisse et les départements de l'Est de la France étaient redevables du dommage qu'ils venaient d'éprouver. Le 13 janvier 1837, au moment où la Chambre des Députés, délibérant sur le projet de réponse au discours de la couronne, interpellait vainement deux ex-ministres, MM. Thiers(1) et de Gasparin, sur les dernières complications avec la Suisse, M. Molé vint lire une lettre

(1) M. Thiers déclarait, à ce sujet, qu'*il n'avait rien su de ce qu'il devait savoir*.

d'un autre ex-ministre, M. de Montalivet, lequel assumait sur lui la responsabilité de ces complications et se bornait à dire que, dans l'affaire *Conseil,* il avait agi pour la sûreté du roi et le bien du pays : ce dont personne n'avait le droit de douter.

Il demeurait donc certain que Conseil était, non un réfugié, mais un espion ; que la Suisse avait eu raison de le traiter comme tel, et de se montrer offensée du rôle qu'on avait fait jouer à ce misérable. « Qui croirait pourtant, s'écriait le *National Genevois,* que c'est à propos de cette affaire, dont la Confédération s'est montrée si justement indignée, qu'elle a été, pendant six semaines, en butte aux menaces, aux injures les plus atroces ; qu'on a gêné ses communications et cherché à ruiner son commerce ; qu'il a été même question de la morceler et de la diviser ? M. de Montalivet, osant couvrir du nom de Louis-Philippe une intrigue de cette espèce, ne méritait-il pas d'être mis en accusation ? »

CHAPITRE II.

Tentative de Strasbourg.—Inexactitude des premiers rapports parvenus en Suisse à ce sujet. La vérité se fait jour ; proclamation ; lettre de M. le vicomte Fialin de Persigny ; lettre de Louis-Napoléon à M. Vieillard.—Sa transportation en Amérique, malgré sa résistance et ses protestations ; sa lettre à la reine Hortense.—Pourquoi il ne fut pas mis en jugement.—Son arrivée à New-York.—Informé de la maladie de sa mère, il se décide à retourner en Europe.—Sa lettre au Président des Etats-Unis.—Son retour en Suisse.—On l'accuse faussement d'avoir violé sa parole.—Piété filiale.—Témoignages de reconnaissance et d'affection donnés à la mère et au fils.—Mort de la reine Hortense ; ses obsèques ; quelques articles de son testament ; souvenir à M. le colonel Dufour, de Genève.

Le blocus n'était pas encore levé, lorsque l'on apprit qu'une conspiration militaire avait éclaté et échoué, le 30 octobre, à Strasbourg. Suivant les premiers rapports, l'auteur de cette tentative, Louis-Napoléon Bonaparte, en cherchant à soulever le chef-lieu du département du Bas-Rhin et les troupes qui y tenaient garnison, avait voulu se faire proclamer empereur des Français, sous le titre de Napoléon II. Cette nouvelle produisit en Suisse une impression pénible ; on fut, pendant quelques jours, sous l'influence de récits mensongers, répandus dans le but de signaler le prince à l'opinion publique comme ayant été égaré par une folle ambition. Moi-même je m'étonnais, malgré mes sympathies pour le neveu de l'Empereur, que, contrairement aux principes démocratiques qu'il professait (1), il eût tenté une restauration purement impérialiste. Mais la vérité ne tarda pas à se faire jour. On acquit la certitude que le désir de rentrer dans sa patrie, en se recommandant à elle par un immense service, celui de l'avoir délivrée d'un régime bâtard et sans grandeur, avait été son unique mobile. On sut, en outre, que son projet, en cas de succès, était de faire un appel à la nation. Effectivement, l'un des principaux griefs qu'il fait valoir dans ses proclamations est l'irrégularité de l'élévation du duc d'Orléans au trône.

« En 1830, dit-il, on imposa à la France un gou-
« vernement, sans consulter le peuple de Paris, ni le
« peuple des provinces, ni l'armée. Français! tout ce
« qui a été fait sans vous est illégitime. Un congrès
« national, élu par tous les citoyens, peut seul avoir
« le droit de choisir ce qui convient le mieux à la
« France (2). »

Une lettre qui fut écrite le 24 décembre 1836 par M. le vicomte de Persigny, et publiée dans le journal anglais le *Sun*, rétablit certains faits étrangement dénaturés et ne laisse aucun doute sur les sentiments

(1) On lit dans les *Rêveries politiques* : « Chacun se fait un beau idéal
« de gouvernement, croyant telle ou telle forme mieux appropriée à la
« France... Au-dessus des convictions partielles, il y a un juge suprême,
« qui est le peuple... C'est à lui à proclamer hautement et librement sa
« volonté. »

(2) Plus heureux seize ans après, Louis-Napoléon a consulté le peuple de Paris, le peuple des provinces et l'armée. Il s'est ainsi montré conséquent dans les principes et dans la marche qu'il avait déclaré antérieurement vouloir suivre.

dont le prince était animé. Après avoir dit que Louis-Napoléon ne s'est point présenté au peuple et à l'armée sous le titre d'empereur, M. de Persigny ajoute :

« Fidèle à la mémoire de l'empereur, son oncle
« et son aïeul par adoption, prenant comme lui pour
« devise : *Tout pour le peuple français*, Louis-Napo-
« léon avait compris que sa vie appartenait à la France
« et que son nom lui donnait mission de réintégrer
« le peuple français dans l'exercice de ses droits lé-
« gitimes. Toutes ses proclamations reposent sur
« cette idée. Il s'agissait de faire un appel au peuple
« pour l'inviter à reprendre sa souveraineté et à déter-
« miner dans une assemblée nationale la forme de son
« gouvernement.

« C'est sous le titre de prince Louis-Napoléon
« Bonaparte qu'il a été reconnu par le 4ᵉ régiment
« d'artillerie, et lorsque le colonel Vaudrey, en le pré-
« sentant à son régiment, demanda aux soldats s'ils
« voulaient commencer une grande et glorieuse ré-
« volution avec le nom de l'Empereur, s'ils voulaient
« vivre ou mourir pour la cause du peuple, les cris
« de vive la liberté! vive Napoléon! vive l'empereur!
« ne furent que l'expression d'un enthousiasme ré-
« veillé par les souvenirs des deux grandes époques
« de l'histoire du pays. Tout ce qui a été publié jus-
« qu'à ce moment sur cet événement est inexact.

« Ainsi, ce n'est pas vrai que le prince eût pris
« le costume de l'Empereur. Il portait le costume
« d'un officier d'artillerie : un habit bleu comme celui
« des élèves de l'École Polytechnique, et non un frac

« vert ; de même que les officiers de sa suite, il por-
« tait le chapeau d'officier d'état-major. »

Louis-Napoléon exposait ainsi, dans une lettre adressée à M. Vieillard, aujourd'hui membre du Sénat, les raisons qui l'avaient conduit à la tentative de Strasbourg :

« Maintenant je vous dois une explication des
« motifs qui m'ont fait agir. J'avais, il est vrai, deux
« lignes de conduite à suivre : l'une qui, en quelque
« sorte, dépendait de moi ; l'autre, des événements.
« En choisissant la première, j'étais, comme vous le
« dites fort bien, un moyen; en attendant la seconde,
« je n'étais qu'une ressource. D'après mes idées, ma
« conviction, le premier rôle me semblait bien pré-
« férable au second. Le succès m'offrait les avanta-
« ges suivants :

« Je faisais, par un coup de main, en un jour, l'ou-
« vrage de dix années, peut-être ; réussissant, j'épar-
« gnais à la France *les luttes, les troubles, les désor-
« dres* d'un bouleversement *qui arrivera, je crois,
« tôt ou tard.* « L'esprit d'une révolution, dit M.
« Thiers, se compose de passions pour le but, et de
« haine pour ceux qui font obstacle. » Ayant entraîné
« le peuple par l'armée, nous aurions eu les nobles
« passions sans la haine ; car la haine ne naît que
« de la lutte entre la force physique et la force mo-
« rale. Personnellement ensuite, ma position était
« claire, nette, partant facile. Faisant une révolution
« avec quinze personnes, si j'arrivais à Paris, je ne
« devais ma réussite qu'au peuple, et non à un parti ;

« arrivant en vainqueur, je déposais de plein gré,
« sans y être forcé, mon épée sur l'autel de la patrie ;
« on pouvait alors avoir foi en moi ; car ce n'était
« plus seulement mon nom, c'était ma personne qui
« devenait une garantie. Dans le cas contraire, je ne
« pouvais être appelé que par une fraction du peuple,
« et j'avais pour ennemis, non un gouvernement dé-
« bile, mais une foule d'autre partis, eux aussi peut-
« être nationaux.

« D'ailleurs, empêcher l'anarchie est plus facile que
« de la réprimer ; diriger les masses est plus facile
« que de suivre leurs passions. Arrivant comme res-
« source, je n'étais qu'un drapeau jeté de plus dans
« la mêlée, dont l'influence, immense dans l'agres-
« sion, eût peut-être été impuissante pour rallier.
« Enfin, dans le premier cas, j'étais au gouvernail
« sur un vaisseau qui n'a qu'une seule résistance à
« vaincre ; dans le second cas, au contraire, j'étais
« sur un navire battu par tous les vents, et qui, au
« milieu de l'orage, ne sait quelle route il doit suivre.
« Il est vrai qu'autant la réussite de ce premier plan
« m'offrait d'avantages, autant le non-succès prêtait
« au blâme. Mais en entrant en France, je n'ai pas
« pensé au rôle que me ferait une défaite ; je comp-
« tais, en cas de malheur, sur mes proclamations
« comme testament, et sur la mort comme un bien-
« fait. Telle était ma manière de voir.... »

Cette lettre était écrite de New-York, le 30 avril
1837. Trompé dans ses espérances, quoique son plan
fût sagement conçu ; et par un de ces jeux du sort,

un de ces malentendus qui font perdre une bataille, quelquefois même vous arrachent la victoire des mains, le prince avait été fait prisonnier, à Strasbourg, dans le quartier de la Finckmatt, où se trouvait le 46ᵐᵉ régiment de ligne. Des doutes élevés sur son identité avaient jeté de l'irrésolution parmi les soldats et déterminé son arrestation immédiate, ainsi que celle des personnes qui l'accompagnaient (1). Détenu d'abord dans la maison d'arrêt de Strasbourg, le prince espérait être mis en jugement selon les formes légales, et pouvoir assumer sur sa tête, devant un jury français, l'entière responsabilité de son entreprise ; lorsqu'il fut enlevé à l'improviste, pendant la nuit du 9 décembre, conduit en toute hâte à Lorient, et embarqué dans ce port pour l'Amérique. Le *Moniteur* du 13 publiait la note suivante :

« D'après les ordres du roi, Napoléon-Louis Bona-
« parte a été extrait de la maison d'arrêt de Stras-
« bourg, où il était détenu, pour être transporté aux
« Etats-Unis sur un bâtiment de l'Etat. »

Ce traitement exceptionnel ne pouvait manquer d'être suivi d'interprétations, de conjectures, de rapports mensongers ou inexacts.

Que la reine Hortense, accourue à la nouvelle de l'arrestation de son fils, eût fait ou fait faire une démarche auprès du roi et de la reine, point de doute à cet égard. Mais que le prince eût imploré pour lui-

(1) Le lieutenant-colonel Taillandier, qui avait arrêté le prince, fut élevé, pour ce fait, au grade de colonel, et nommé au commandement du 18ᵐᵉ de ligne.

même la clémence royale, qu'il eût accepté la condition d'être transporté en Amérique, et que, de plus, il eût contracté l'engagement de ne jamais revenir sur le continent européen, rien de plus faux que ces assertions. Louis-Napoléon, dans une lettre adressée au roi, se disait seul responsable de la première pensée du complot de Strasbourg et de l'entraînement auquel avaient cédé ses amis; il demandait à être jugé avec les autres personnes arrêtées (1), et déclarait que ce ne serait qu'à son corps défendant, et qu'en cédant à la force, qu'il leur laisserait porter devant les tribunaux tout le poids d'un acte dont il était l'auteur.

Voici une lettre qu'il écrivait à sa mère, au moment où un navire allait l'emporter hors de la terre de France. Cette pièce est à la fois un témoignage de la noble attitude qu'il conserva toujours dans le malheur, un monument de sa tendresse filiale, et une nouvelle preuve de sa vive sollicitude pour les détenus dont on le séparait malgré lui :

« Ma chère mère,

« Je reconnais à votre démarche toute votre tendresse pour moi; vous avez pensé au danger que je courais, mais vous n'avez pas osé penser à mon hon-

(1) Six personnes avaient été arrêtées avec lui, à la caserne de la Finckmatt ; c'étaient MM. *Parquin*, officier de la Légion-d'Honneur, chef d'escadron ; le vicomte *Richard de Querelles*, officier d'ordonnance du prince ; le comte *de Grécourt* ; *Vaudrey*, colonel du 4me régiment d'artillerie ; *Laily*, lieutenant du bataillon de pontonniers ; *Boisson*, maréchal-des-logis à la 8me batterie du 4me régiment d'artillerie.

neur, qui m'obligeait à partager le sort de mes compagnons d'infortune. Cela a été pour moi une douleur bien vive que d'abandonner des hommes que j'avais entraînés à leur perte, lorsque ma présence et mes dépositions auraient pu influencer le jury en leur faveur. J'écris au roi pour le prier de jeter un regard de bonté sur eux; c'est la seule grâce qui peut me toucher.

« Je pars pour l'Amérique ; mais, ma chère mère, si vous ne voulez pas augmenter ma douleur, je vous en conjure, ne me suivez pas. L'idée de faire partager à ma mère mon exil de l'Europe, serait aux yeux du monde une tache indélébile pour moi, et pour mon cœur ce serait un chagrin cuisant. Je vais en Amérique faire comme Achille Murat, me créer moi-même une existence ; il me faut un intérêt nouveau pour m'y plaire. Je vous prie, chère maman, de veiller à ce qu'il ne manque rien aux prisonniers de Strasbourg ; prenez soin des deux fils du colonel Vaudrey, qui sont à Paris avec leur mère. Je prendrais bien facilement mon parti, si je savais que mes autres compagnons d'infortune auront la vie sauve ; mais avoir sur la conscience la mort de braves soldats, c'est une douleur amère qui ne peut jamais s'effacer.

« Adieu, ma chère maman, recevez mes remerciments pour toutes les marques de tendresse que vous me donnez ; retournez à Arenenberg ; mais ne venez pas me rejoindre en Amérique, j'en serais trop mal-

heureux. Adieu, recevez mes tendres embrassements,
je vous aimerai toujours de tout mon cœur.

« Votre tendre et respectueux fils,

« LOUIS-NAPOLÉON. »

Sans prétendre méconnaître l'heureuse influence
qu'avait pu exercer sur le cœur du roi Louis-Philippe,
et notamment sur celui de la reine Amélie, la démarche de la reine Hortense, je dois faire observer que la politique, plutôt que le sentiment, avait déterminé la conduite tenue envers le prisonnier.

On lisait dans la *Nouvelle Minerve*, quelques jours avant l'enlèvement de Louis-Napoléon :

« Il est décidé que le prince sera placé dans une catégorie exceptionnelle. On ne le jugera pas. Ce n'est point par générosité qu'on a pris cette détermination, mais par peur. D'abord, qui peut savoir l'avenir? Et puis deux avocats célèbres, M. Mauguin et M. Odilon Barrot, s'étaient présentés pour défendre le rejeton impérial contre les réquisitoires de la royauté du 9 août. Or, on conçoit qu'un tel accusé, de tels défenseurs, de telles plaidoiries qui auraient nécessairement remué de grands et dangereux souvenirs, et soulevé d'épineuses questions, ne souriaient que médiocrement aux hommes d'État de la doctrine. »

Le langage du *Journal des Débats* confirmait implicitement les assertions de la *Nouvelle Minerve*.

« L'état de notre législation en ce qui concerne cette famille impériale que son ancienne grandeur exclut du territoire et privé des droits accordés aux moindres citoyens ; la gloire, le nom, le souvenir du chef de cette famille, l'honneur du roi et de la France, la conscience et la délicatesse publiques, en un mot, ne permettent point, disaient les *Débats*, que le prince Louis Bonaparte soit renvoyé devant la Cour d'Assises. Les jurés s'étonneraient, s'effraieraient d'avoir à juger le neveu de l'empereur Napoléon, quoi qu'il ait fait... »

Dans une des lettres qu'il écrivait de New-York, où il était arrivé le 5 avril 1837, Louis-Napoléon s'expliquait lui-même, à ce sujet, en termes bien précis. Après avoir exprimé la joie qu'il avait ressentie en apprenant la nouvelle de l'acquittement de ses co-accusés (1), il disait :

« J'ai lu tous mes journaux ; je croyais qu'il y avait
« autant de générosité que de politique dans la ma-
« nière d'agir du gouvernement à mon égard ; je
« vois qu'il n'y a eu que de la politique.

« On m'a calomnié quand je ne pouvais pas me
« défendre. J'en appelle au témoignage du général
« Voirol, de MM. Guinat et Thibouthot, de M. Deles-
« sert, pour qu'ils disent si je n'ai pas protesté contre
« mon enlèvement. On n'a pas pu mettre de condi-

(1) Le jury alsacien avait prononcé, le 18 janvier, un verdict d'acquittement. A cette occasion, les accusés avaient reçu les marques de la plus vive sympathie. Reconduits, pour ainsi dire, en triomphe, à l'hôtel de la *Ville de Paris*, invités à un banquet, ils avaient été ensuite l'objet d'une brillante sérénade. Une manifestation semblable avait eu lieu en l'honneur du chef du jury.

« tion à ma mise en liberté, puisque je demandais à
« rester en prison.

« Et puis, quel procédé a-t-on eu envers ma
« mère? Je trouve ses lettres remplies d'anxiété ;
« pourquoi ne lui avait-on pas dit qu'on me condui-
« sait d'abord à Rio? Je la connais ; on a dû lui cau-
« ser par-là de bien grands tourments. »

Cette sorte de violence dont on avait usé à l'égard du neveu de l'Empereur, en le déportant arbitrairement et malgré ses protestations, excluait de sa part tout engagement, même moral, de se condamner à un exil perpétuel. Aussi, dès qu'il fut informé que sa mère était atteinte d'une maladie dont la gravité donnait de vives inquiétudes (1), ne balança-t-il pas à braver les périls d'une longue traversée pour retourner auprès d'elle.

Les journaux américains publièrent la lettre suivante, que le prince, avant son départ de New-York, avait adressée au président des Etats-Unis :

« New-York, le 16 juin 1837.

« Monsieur le Président,

« Je ne veux pas quitter les Etats-Unis sans ex-

(1) On écrivait le 1er mai, du canton de Thurgovie, au *National Genevois* : « La santé de la reine Hortense, fortement ébranlée par l'éloigne-
« ment presque tragique de son fils, est dans un état très inquiétant, et il
« ne paraît pas que les hommes de l'art parviennent à maîtriser le mal
« qui s'aggrave de jour en jour. » Déjà, vers la fin de février, la princesse douairière de Hohenzollern Sigmaringen avait cru devoir envoyer son médecin, le docteur Heyfelder, à Arenenberg.

primer à Votre Excellence les regrets que j'éprouve de partir sans avoir été à Washington pour y faire votre connaissance. Quoiqu'un destin malheureux m'ait amené en Amérique, je comptais profiter de ce nouvel exil pour y connaître les hommes distingués qu'elle renferme. Je voulais étudier les mœurs et les institutions d'un peuple qui a fait plus de conquêtes durables par son commerce et son industrie que nous n'en avons fait en Europe par nos armes.

« J'espérais, sous l'égide de vos lois protectrices, parcourir un pays qui excite toute ma sympathie, puisque son histoire et sa prospérité sont si intimement liées au souvenir de notre gloire française ; mais un devoir impérieux me rappelle dans l'ancien monde. Ma mère étant dangereusement malade, et aucune considération politique ne me retenant ici, je vais en Angleterre ; de là je tâcherai de me rendre en Suisse.

« C'est avec plaisir, Monsieur le Président, que j'entre dans ces détails avec vous, car vous auriez pu ajouter foi à quelques suppositions calomnieuses qui tendaient à faire croire que j'avais contracté des engagements avec le gouvernement français.

« Comme je tiens à l'estime des représentants d'un peuple libre, je suis bien aise qu'il sache qu'avec le nom que je porte, il m'est impossible de m'écarter un instant du sentier que me tracent ma conscience, mon honneur et mon devoir.

« Je prie Votre Excellence de recevoir cette lettre

comme une preuve de mon respect pour celui qui occupe le siége de Georges Washington.

« Agréez l'expression de ma considération et de mes sentiments distingués.

« Louis-Napoléon Bonaparte. »

Le prince était à peine parvenu, à travers les plus grandes difficultés, à rentrer en Suisse et à gagner le canton de Thurgovie, qu'un journal parisien lui adressait le reproche d'avoir *violé sa parole*, en reparaissant sur le continent. Une réponse à cette imputation ne se fit point attendre, et fut publiée loyalement par la même feuille :

« Paris, le 28 juillet 1837.

« Monsieur le Rédacteur,

« Permettez-moi de relever quelques erreurs contenues dans votre article d'hier, relatif au retour du prince Louis en Suisse ; erreurs qui proviennent, sans doute, des informations inexactes que vous avez reçues.

« Vous semblez croire que le prince, en quittant le lieu de son exil, *a manqué à un engagement pris, a violé une parole donnée*. Le fait est qu'on ne lui a demandé ni serment ni promesse, et je ne pense pas qu'aucun organe officiel du gouvernement ait pu dire le contraire. Il est donc resté parfaitement libre, et il a profité de cette liberté pour venir en toute hâte prodiguer ses soins, et, peut-être avant peu, rendre les derniers devoirs à sa mère mourante. Tel est le seul motif de son retour précipité, telles sont les seules pensées qui le préoccupent. Elles sont assez graves et assez tristes pour l'absorber tout entier.

« Agréez, etc. »

En effet, le prince songeait exclusivement à sa mère, dont la vie était dans un danger imminent. Il écrivit, le 12 août, à M. le docteur Mayor, de Lausanne, pour le prier de venir immédiatement à Arenenberg. Le docteur ne tarda pas à se rendre auprès de l'auguste malade ; mais, hélas ! la science s'avouait déjà impuissante pour conserver cette excellente reine à la tendresse de son fils et aux malheureux dont elle était le soutien. Aussi les vœux les plus ardents demandaient-ils sa conservation au ciel, le seul recours dans lequel on pût encore espérer. Il n'était personne qui ne partageât la douloureuse anxiété à laquelle étaient livrés les jours et les nuits de Louis-Napoléon. On aimait, en cette circonstance, à rappeler ses belles qualités, sa conduite, le bien qu'il avait fait en Suisse, et particulièrement dans le canton de Thurgovie. Une lettre écrite de Frauenfeld, chef-lieu de cet Etat, le 23 août 1837, était ainsi conçue :

« Depuis qu'il est dans notre pays, le prince a saisi toutes les occasions de nous être utile. Sans fierté et sans orgueil, il est venu prendre part à nos plaisirs champêtres comme à nos travaux militaires. Jamais il n'a épousé les haines ni les préjugés d'un parti ; il s'est contenté d'exprimer, quand l'occasion s'est présentée, des sentiments élevés et nobles, sans choquer les opinions de personne ; c'est pour cela qu'il a des amis dans tous les partis, et qu'on voyait dans son château, traités avec la même bienveillance, le patricien bernois et le démocrate thurgovien. Lorsqu'en 1833 on s'occupa d'une révision du Pacte fédéral, il publia une brochure (1) où les idées politiques et militaires qu'il émit furent jugées assez favorablement pour qu'on crût devoir les recommander à l'attention de la Diète. Dès qu'il fut question de donner de l'artillerie au canton de Thurgovie, le prince Napoléon, pour lui alléger cette nouvelle charge, lui fit cadeau de deux canons parfaitement montés. Dans le village de Salenstein, il a créé une école où plus de cent enfants sont élevés gratuitement. Il a contribué pour mille florins à l'établissement de l'école secondaire de la ville de Steckborn; celle de Gottlieben et d'autres encore ont reçu de lui des secours pécuniaires. Il a créé, l'année dernière, la Société du Tir cantonal, et a publié un *Manuel d'Artillerie* pour l'instruction des officiers de la Confédération, ouvrage d'érudition qui lui a coûté plusieurs années de travail pénible. Tout le monde se souvient qu'il a sauvé la vie, l'été dernier, à une femme et à un enfant auxquels des chevaux emportés faisaient courir les plus grands dangers. Enfin, partout on l'a vu accourir, un des premiers, dès qu'il y a eu un malheureux à secourir, ou une entreprise utile à seconder. »

(1) Celle ayant pour titre : *Considérations politiques et militaires sur la Suisse.*

Cependant, sans égards pour le motif qui avait déterminé le retour de Louis-Napoléon, le Cabinet des Tuileries aurait eu, dès la fin du mois de juillet, l'intention de troubler le séjour de ce prince sur le territoire helvétique. « Nous croyons savoir, disait un
« journal, que M. Molé vient de transmettre à la lé-
« gation française en Suisse des instructions relatives
« à l'arrivée du prince Louis Bonaparte dans ce pays,
« et une note adressée au Directoire fédéral. On as-
« sure que l'expulsion du prince du territoire de la
« Confédération y est fortement réclamée. On ajoute
« que nos ambassadeurs à Vienne et à Berlin ont reçu
« l'injonction de provoquer de semblables démarches
« de ces deux cabinets. »

Mais ces bruits ne prirent alors aucune consistance (1). Le temps d'une sérieuse persécution contre la Suisse et contre son hôte n'était pas encore venu. Le prince put veiller sans obstacle, au chevet de sa mère, jusqu'au jour fatal où elle rendit le dernier soupir.....

Les obsèques de cette bonne reine furent célébrées le 11 octobre. La description qu'en donnait le *National Genevois* est des plus touchantes ; mes lecteurs me sauront gré de la reproduire :

« Depuis quatre jours déjà, le corps, renfermé dans un double cercueil, avait été déposé dans la chapelle particulière du château. Les amis et les serviteurs de la reine, veillant autour de ce dépôt sacré, avaient été témoins de l'empressement de tous les habitants

(1) Cependant le gouvernement badois ne tarda pas à interdire à Louis-Napoléon l'entrée de la ville de Constance. Petite vexation, indice de celles dont le prince fut bientôt l'objet.

à venir apporter au pied du cercueil le tribut de leurs prières et de leurs larmes.

« A 9 heures du matin, moment fixé pour le commencement de la triste cérémonie, le clergé d'Ermatingen, ayant à sa tête l'abbé de Krenzlingen, célèbre couvent du canton de Thurgovie, est venu chercher le corps. Le cortége s'est mis en marche. Derrière le catafalque, au-dessus duquel brillait la couronne royale, le prince Louis-Napoléon marchait le premier, et seul, opposant à la douleur un mâle courage, mais trahissant, par la pâleur et l'altération de ses traits, les angoisses de son cœur déchiré.

« Devant le cercueil marchaient les vieux serviteurs de la reine, qui, partis de France avec elle, l'ont servie, pendant l'exil, avec la même ardeur que dans la prospérité : après le prince, venaient les parents et les amis de la reine et de son fils, les ministres protestants, que la solennité du jour avait réunis au clergé catholique, les députés de la Diète fédérale, les députations envoyées par le gouvernement du canton de Thurgovie et la ville de Constance, et une foule innombrable, accourue de toutes parts, non pour satisfaire une vaine curiosité, mais pour remplir un devoir imposé par la reconnaissance et le respect.

« Au bout d'une heure, le cortége est arrivé à l'église d'Ermatingen, et grâce au recueillement qui dominait tous les assistants, la foule y est entrée sans désordre et comme obéissant à des guides invisibles. Alors l'abbé Nicolaï, professeur au collége de Constance, a prononcé une courte oraison funèbre, dans laquelle, rappelant les événements d'une vie si pleine et si agitée, il a montré, comme la reine Hortense, digne fille adoptive de Napoléon, avait su toujours se maintenir, par une élévation naturelle et sans effort, au-dessus de la bonne comme de la mauvaise fortune, conserver dans le malheur les amis qu'elle s'était faits dans la prospérité, et se créer, au sein de l'exil, une cour nouvelle, par l'irrésistible puissance de ses vertus et de ses bienfaits. Il a peint aussi ses derniers moments, marqués d'une grandeur si facile, et où, fidèle au caractère de toute sa vie, elle s'est montrée, comme dit Bossuet, douce même envers la mort. Ces événements et ces images, reproduits en traits rapides et colorés, ont fait une impression profonde, et l'orateur est descendu de la chaire au milieu des sanglots de la foule attendrie.

« Le service a commencé ; les chants religieux et sublimes du *Requiem* de Mozart, se mêlant aux prières des ministres du culte, ont porté au plus haut degré, dans toutes les âmes, le sentiment des regrets excités par une irréparable perte, et l'espoir du salut éternel de celle qui en était l'objet.

« Après deux heures consacrées à ces saintes cérémonies, le cortége a quitté l'église, et s'est remis en marche pour retourner à Arenenberg. Parvenu à l'extrémité du village d'Ermatingen, au pied de la colline dont le sommet est occupé par le château, il s'est arrêté. Le cercueil a été posé à terre, et là le prêtre, adressant le dernier adieu à ces restes inanimés, a invoqué de nouveau la miséricorde divine et a supplié le Tout-Puissant de recevoir, dans sa bonté infinie, l'âme immortelle qui venait d'abandonner sa dépouille terrestre. Il faut le dire, jamais spectacle ne fut plus simple et plus imposant à la fois.

« Ce soleil éclatant, ce lac qui réfléchissait l'azur du ciel, ces berges escarpées et toutes couvertes d'une foule tristement attentive et recueillie, ces bannières flottantes, ces costumes pompeux des prêtres, contrastant avec le deuil du cortége, enfin cette douleur répandue sur tous les traits, tout cela donnait à ce moment suprême un inexprimable caractère de grandeur et d'affliction ; on eût dit que le sort, prenant en pitié les souffrances de l'auguste exilée, et voulant consoler son ombre du regret d'errer loin de sa patrie, avait réservé à ses funérailles la double majesté d'une nature admirable et des hommages populaires.

« La religion avait accompli ses cérémonies ; les ministres se retirèrent, et le cortége, gravissant la colline, continua sa marche lente et silencieuse jusqu'à la chapelle du château, où le cercueil fut renfermé jusqu'au moment où il devait en partir pour être transporté à Rueil, suivant le désir qu'avait exprimé la reine mourante, de reposer à côté de l'impératrice Joséphine, sa mère. »

Divers articles du testament de la reine Hortense méritent une mention toute particulière. On remarquait, parmi les legs, une pendule dorée, destinée au gouvernement de Thurgovie. « Je désire, disait la reine,
« qu'elle soit placée dans la salle du Grand-Conseil, afin
« que ce souvenir lui rappelle le noble courage qu'il a

« mis à me conserver une tranquille hospitalité dans
« ce canton. » Deux mille florins étaient donnés à
l'école protestante d'Ermatingen, et autant à l'école
catholique de cette commune, pour subvenir à l'éducation des enfants pauvres. En chrétienne éclairée,
la duchesse de St-Leu souhaitait voir cesser la séparation existant entre les deux établissements, et manifestait le vœu que les employés de l'administration,
les maîtres et les écoliers, se regardassent entre eux
comme membres de la même famille. Un déjeûner en
plaqué était offert à M. le colonel Dufour, de Genève,
pour qui la reine professait une haute estime.

CHAPITRE III.

Translation des restes mortels de la reine Hortense à Rueil.—Défaut d'égards du gouvernement français pour la douleur de Louis-Napoléon.—Démarches de M. le duc de Montebello auprès du Directoire fédéral et de plusieurs cantons. Quel est le résultat de ces démarches.— Révélations de la *Gazette de Berne* concernant Louis-Philippe.—Nouvelles preuves d'estime et d'attachement données à Louis-Napoléon dans le canton de Thurgovie.—Refus formel de cet État d'expulser le prince. Effets de ce refus auprès du Cabinet des Tuileries. — Le duc de Montebello se rend à Paris.—Louis-Napoléon est élu député au Grand-Conseil de Thurgovie, puis président de la Société des Carabiniers.— Son discours à la réunion de Diessenhofen. — Il fait un riche présent au Tir fédéral de Saint-Gall. —*Relation historique des évenements du 30 octobre 1836, à Strasbourg*, par M. Laity.— Saisie de cette brochure.—Procès devant la Cour des Pairs. — Lettre de Louis-Napoléon à M. Laity.—Lettre de M. de Châteaubriand. — Lettre du commandant Parquin.—Manœuvres du parti aristocratique suisse pour nuire au neveu de l'Empereur. — Dénouement du procès Laity. — Pourquoi ce procès.—Paroles remarquables de M. Michel (de Bourges).

La permission et les autres pièces nécessaires pour la translation des restes mortels de la reine Hortense à Rueil, avaient été délivrées sans difficulté. Le cercueil était parti d'Arenenberg, accompagné par M. le comte Louis Tascher de la Pagerie et son fils. Il y avait lieu de penser que, dans le deuil, et sous l'impression d'une perte aussi douloureuse, le prince n'aurait point à souffrir les tourments de la persécution, ni à envisager l'affligeante perspective d'un nouvel exil; mais, ombrageux comme tout pouvoir d'origine contestable, Louis-Philippe n'avait pas abandonné son projet de demander à la Suisse l'éloignement du neveu de l'Empereur. On recommençait à parler d'ouvertures faites dans ce but par l'ambassadeur de France : néanmoins, ce ne fut qu'en février 1838 qu'il n'exista plus de doutes à cet égard.

Le duc de Montebello s'était, en effet, rendu à Lucerne, le 30 janvier, pour communiquer au Vorort la demande du Cabinet des Tuileries relativement au prince. Le nouvel avoyer, M. Kopp, avait répondu qu'il ne pouvait traiter cette question que d'une manière officielle, et que le Directoire fédéral, n'ayant pas le droit de s'immiscer dans des affaires de cette nature, devrait se borner à communiquer au gouvernement de Thurgovie la réclamation dont il s'agissait. M. le duc de Montebello n'avait pas été plus heureux dans ses négociations confidentielles, sur le même sujet, auprès de la République de Berne ; plusieurs autres tentatives du même genre avaient eu lieu ailleurs, sans obtenir de résultat. Chacun s'étonnait de cette singulière persistance d'un gouvernement étranger, si méticuleux, quoique paraissant et se disant bien affermi. On n'était pas moins surpris qu'un des fils du maréchal Lannes, d'un des fidèles compagnons d'armes de Napoléon Ier, acceptât et accomplît la mission de persécuter incessamment le neveu de l'Empereur ; mais bientôt cette sorte d'inconséquence sembla dépassée, lorsqu'on eut appris par la *Gazette universelle suisse*, organe de l'aristocratie bernoise, que le gouvernement de Louis-Philippe attachait beaucoup d'importance à ce qu'on appliquât à Louis-

Napoléon la disposition du Traité de Vienne, qui interdit aux membres de la famille Bonaparte le séjour de l'Italie (les États Romains exceptés), de la Belgique et de la Suisse. Il était vraiment curieux de voir le chef de la branche cadette des Bourbons, roi de par une révolution, invoquer les traités de 1815, se mettre, pour ainsi dire, sous la sauvegarde de conventions impunément enfreintes déjà tant de fois, devenues, par conséquent, dérisoires, et suivant lesquelles, à tout prendre, son élévation au trône de Charles X ne pouvait être considérée que comme une usurpation.

Tandis que la diplomatie se fatiguait en menées et en petites intrigues pour arriver à ses fins, Louis-Napoléon était l'objet de manifestations non équivoques de la part des Thurgoviens. S'étant rendu, le 29 janvier, à son château de Gottlieben pour s'y établir, il avait été accueilli avec les plus vives démonstrations de joie. Un arc de triomphe était dressé sur la route qu'il devait parcourir, une grande partie de la population, accourue sur son passage, l'avait reçu, têtes découvertes, en faisant entendre les cris de *Vive Napoléon!* Le souvenir des bienfaits de sa mère, et ceux qu'il répandait lui-même avec tant de largesse et de discernement, le rendaient cher à tous les habitants : on put encore remarquer combien était vive et sincère leur affection pour sa personne, à la suite d'un accident (1) dont il avait failli être victime.

(1) Le 24 février 1838, le prince Louis-Napoléon, emporté par un cheval fougueux, allait périr dans un affreux précipice, lorsqu'un morceau

De son côté, le gouvernement de Thurgovie opposait à la demande d'expulsion un refus positif et formel, que le Directoire fédéral, poussé à bout par l'insistance du duc de Montebello, transmettait, en définitive, à cet ambassadeur.

Malgré l'échec qu'il venait d'essuyer, le gouvernement du roi Louis-Philippe ne renonça point au projet d'éloigner un jeune homme que son nom et ses qualités personnelles rendaient dangereux pour la nouvelle dynastie. Il y avait dans le citoyen de Thurgovie un compétiteur dont il était prudent de ne pas tolérer le voisinage, et l'on ne devait reculer devant aucun moyen, fût-ce la guerre, pour le jeter hors de l'asile qu'il avait choisi. Les hauts politiques du palais des Tuileries se montraient peu rassurés, comme on le voit, par l'insuccès de l'expédition du 30 octobre 1836 (1). Le duc de Montebello fit, au commencement de mai, un voyage à Paris, où probablement il était appelé afin de donner des explications et de se concerter avec le Cabinet sur les mesures que nécessitait un refus aussi opiniâtre.

Précisément vers l'époque où l'on conspirait ainsi, à Paris, contre les droits et la dignité de la Suisse, le district thurgovien de Diessenhofen nommait

---

de bois, qui, par le plus heureux hasard, se trouvait sur le bord, a arrêté la chute du cavalier et de sa monture. Cet obstacle néanmoins ne les a pas empêchés de rouler l'un sur l'autre. Le prince était parvenu à se relever seul, mais il avait une forte contusion à la jambe et à la tempe gauche, et son poignet droit avait été foulé assez violemment pour que pendant un mois il ne pût en faire usage.

(1) La tentative de Louis-Napoléon à Strasbourg.

Louis-Napoléon député au Grand-Conseil cantonal. Le prince, vu l'état des choses, n'accepta pas cette distinction. Peu de temps après, il était élu, à l'unanimité, président de la Société des Carabiniers de Thurgovie. Comme la réunion de cette Société se tenait à l'endroit où, deux mois auparavant, on l'avait élu membre du Grand-Conseil, il adressa à l'assemblée le discours suivant, qui fut écouté dans un silence religieux :

« Messieurs,

« Je prends la parole pour vous remercier de la nou-
« velle preuve d'estime que vous me donnez en me
« nommant président de votre Société de Carabiniers;
« mais puisque je me trouve dans un lieu où, il y a
« quelque temps, on m'a montré tant d'amitié, je
« saisirai cette occasion de remercier aussi pour une
« nomination plus importante. Il y a quelques mois,
« on avait demandé au peuple suisse de renvoyer un
« homme qui était citoyen, et le peuple suisse répon-
« dit qu'il le garderait. — Oui, oui, nous le garde-
« rons ! s'écria l'assemblée d'une voix unanime. — Je
« vous avoue que jamais je n'ai craint qu'il m'abandon-
« nât, car j'ai toujours compté sur le sentiment de justice
« du peuple, et je ne me suis pas trompé, puisqu'au
« lieu de me renvoyer, mes concitoyens m'ont élu
« membre du Grand-Conseil. Il me serait difficile de
« vous exprimer les divers sentiments qui m'ont
« agité lorsque j'ai reçu la nouvelle de ma nomina-
« tion : quoique extrêmement touché d'un tel suffrage,

« je pensai que, dans l'intérêt du pays même, je ne
« devais pas l'accepter. Le monde ne juge pas d'après
« les intentions que l'on a, mais d'après les faits. Il
« n'y a guère plus d'un an que j'ai voulu me dévouer
« pour une grande cause, et on a pris mon dévoue-
« ment pour une mesquine ambition personnelle. Si
« j'étais entré dans une assemblée politique, j'aurais
« eu le même sort ; on eût mal interprété mes paroles,
« on eût calomnié mes intentions, j'aurais par-là été
« privé de vous être utile, et j'aurais suscité au can-
« ton de nouvelles difficultés. Mon devoir était donc
« de refuser, car on doit sacrifier tout avantage per-
« sonnel, lorsqu'on croit ne pas pouvoir remplir,
« comme on le voudrait, la mission qui vous est con-
« fiée. J'espère que les habitants de Diessenhofen
« comprendront les raisons qui m'ont guidé dans cette
« circonstance, et que, malgré mon refus, ils auront
« toujours la même amitié pour moi. Je désire qu'ils
« sachent que j'y attache un grand prix.

« Permettez-moi donc, Messieurs, de porter un
« toast aux habitants de Diessenhofen, qui ont mon-
« tré que le malheur avait plus d'attrait à leurs yeux
« que la puissance, et qui, courageux et indépendants,
« possèdent deux des premières qualités d'un peuple
« libre. »

Des vivats répétés accueillirent ces paroles, qui avaient profondément ému l'auditoire. On remarquait particulièrement le ton assuré du prince et les expressions choisies dont il se servait, quoiqu'il parlât en allemand.

Le prince eut l'avantage de gagner un des premiers prix du tir à la carabine. Peu de temps après, il envoya au Tir fédéral, qui cette année-là devait avoir lieu à Saint-Gall, un fusil double, magnifique, incrusté d'or et d'argent, estimé 2,000 francs, et ayant appartenu à Joseph-Napoléon. Ce prix était destiné au tireur qui ferait le meilleur coup dans la cible dite *Esprit public* (1).

Un procès politique dont les débats devaient présenter le plus vif intérêt, vint alors exciter l'attention générale. La Chambre des Pairs de France, dans sa séance du 21 juin, avait reçu communication d'une ordonnance royale qui lui déférait le jugement d'un attentat commis par la voie de la presse, et qui consistait dans une publication intitulée : RELATION HISTORIQUE DES ÉVÉNEMENTS DU 30 OCTOBRE 1836, *par M. Armand Laity, ex-lieutenant d'artillerie, ancien élève de l'Ecole Polytechnique.* On croyait, et il semblait résulter de certains indices, que Louis-Napoléon était le véritable auteur de cette brochure. Tout Paris voulut la lire, et la saisie de quelques centaines d'exemplaires ne put la dérober à la connaissance de la majeure partie des citoyens. L'impression que produisait cette lecture était le sentiment de la grande différence qui existait entre le récit de M. Laity et les narrations officielles des événements de Strasbourg.

Ces dernières versions avaient représenté la tentative du 30 octobre 1836 comme une échauffourée sans consistance et sans profondeur, extravagante

(1) Ce prix fut remporté par M. BECKER, de Glaris.

dans son but, désespérée dans ses moyens, et qui même s'était rapetissée jusqu'au ridicule du travestissement. Sous la plume de M. Laity, les faits prenaient un caractère tout autre. Il soutenait que le nom de Napoléon porté par le prince éveillait de vives sympathies dans l'armée et dans la population. Il prétendait en administrer les preuves. Il énumérait des officiers-généraux, des régiments, des villes, dont les sympathies n'étaient pas douteuses. A en croire la brochure, le parti napoléonien avait alors des ramifications dans les diverses classes de la société, jusqu'aux plus hautes comme aux plus influentes ; et si le plan du complot était celui que l'écrivain déroulait, on ne pouvait s'empêcher de convenir qu'il était redoutable, habile et bien combiné. M. Laity, chose digne de remarque, avait pris une part directe aux événements dont il était l'historien, et son témoignage avait une certaine autorité. Il reçut du prince, avant sa comparution, la lettre suivante :

Arenenberg, le 2 juillet 1838.

« Mon cher Laity,

« Vous allez donc paraître devant la Cour des Pairs, parce que vous avez eu le généreux dévouement de reproduire les détails de mon entreprise, de justifier mes intentions et de repousser les accusations dont je suis l'objet. Je ne comprends pas l'importance que met le gouvernement à empêcher la publication de cette brochure. Vous savez qu'en vous autorisant à la publier, mon seul but a été de repousser les lâches calomnies dont les organes du ministère m'ont accablé pendant les cinq mois que je suis resté en prison ou sur mer ; il y allait de mon honneur et de celui de mes amis de prouver que ce n'était pas une folle exaltation qui m'avait amené à Strasbourg en 1836. On dit que votre brochure est une nouvelle conspiration, tandis qu'au contraire, elle me justifie du reproche d'avoir jamais conspiré, et qu'il est dit dans les premières pages que nous avons attendu près de deux ans pour publier les détails qui me concernent, afin que les esprits fussent plus calmes, et qu'on pût juger sans haine et sans prévention.

« Si, comme j'aime à le croire, un esprit de justice anime la Cour des Pairs, si elle est indépendante du pouvoir exécutif, comme le veut la Constitution, il n'y a pas possibilité qu'on vous condamne ; car, je ne saurais trop le répéter, votre brochure n'est pas un appel à la révolte, mais l'explication simple et vraie d'un fait qui avait été défiguré. Je n'ai d'autre appui dans le monde que l'opinion publique, d'autre soutien que l'estime de mes concitoyens. S'il est impossible à mes amis et à moi de me défendre contre d'injustes calomnies, je trouverai que mon sort est le plus cruel de tous. Vous connaissez assez mon amitié pour vous pour comprendre combien je suis peiné de l'idée que vous pourriez être victime de votre dévouement; mais je sais aussi qu'avec votre noble caractère, vous souffrez avec résignation pour une cause populaire. On vous demandera, comme le font déjà certains journaux, où est le parti napoléonien. Répondez: « Le parti n'est nulle part, et la cause partout. » Ce parti n'est nulle part, parce que mes amis ne sont pas enrégimentés ; mais la cause a des partisans partout, depuis l'atelier de l'ouvrier jusque dans les conseils du roi ; depuis la caserne du soldat jusqu'au palais du maréchal de France. Républicains, juste-milieu, légitimistes, tous ceux qui veulent un gouvernement fort, une liberté réelle, une attitude gouvernementale imposante, tous ceux-là, dis-je, sont napoléonistes, qu'ils s'en rendent compte ou non ; car le système impérial n'est pas l'imitation bâtarde des Constitutions anglaise ou américaine, mais bien la formule gouvernementale des principes de la révolution : c'est la hiérarchie dans la démocratie, l'égalité devant la loi, la récompense pour le mérite, c'est enfin un colosse pyramidal à base large et à tête haute.

« Dites qu'en vous autorisant à cette publication, mon but n'a pas été de troubler la tranquillité de la France, ni de remuer des passions mal éteintes, mais de me montrer à mes concitoyens tel que je suis, et non tel que la haine intéressée m'a dépeint. Mais si un jour les partis renversaient le pouvoir actuel (l'exemple des cinquante dernières années nous permet cette supposition), et si, habitués qu'ils sont depuis vingt-trois ans à mépriser l'autorité, ils sapaient toutes les bases de l'édifice social, alors peut-être le nom de Napoléon serait une ancre de salut pour tout ce qu'il y a de généreux et de vraiment patriote en France. C'est pour ce motif que je tiens, comme vous le savez, à ce que l'honneur de l'aigle du 30 octobre reste intact malgré sa défaite, et qu'on ne prenne pas le neveu de l'Empereur pour un aventurier ordinaire. On vous demandera sans doute où vous avez puisé toutes les assertions que vous annoncez ; vous pouvez dire que vous les tenez de moi, et que je certifie sur l'honneur qu'elles m'ont été garanties par des hommes dignes de foi.

« Adieu, mon cher Laity ; j'espérerais dans la justice, si l'intérêt du moment n'était pas la seule morale des partis.

« Recevez l'assurance de ma sincère amitié.

« LOUIS-NAPOLÉON. »

Ce qui surtout donnait du relief à la publication incriminée, c'était la citation qu'on y faisait d'une lettre écrite à Louis-Napoléon par M. de Châteaubriand, et dans laquelle cependant l'illustre écrivain ne place le prince qu'au quatrième rang :

Après Henri V,

Après Louis-Philippe,

Après la République.

Du reste, voici cette lettre ; je la reproduis textuellement :

« Prince,

« J'ai lu avec attention la petite brochure (1) que

(1) Il s'agissait de l'écrit intitulé : *Rêveries politiques*, composé en 1832, et qui est la première publication de Louis-Napoléon.

vous avez bien voulu me confier ; j'ai mis par écrit, comme vous l'avez désiré, quelques réflexions naturellement nées des vôtres, et que j'avais déjà soumises à votre jugement.

« Vous savez, prince, que mon jeune roi est en Ecosse (1); que, tant qu'il vivra, il ne peut y avoir pour moi d'autre roi de France que lui. Mais si Dieu, dans ses impénétrables desseins, avait rejeté la race de St.-Louis ; si notre patrie devait revenir sur une élection (celle de Louis-Philippe d'Orléans comme roi) qu'elle n'a pas sanctionnée ; et si ses mœurs ne lui rendaient pas l'état républicain possible, alors, prince, il n'y a pas de nom qui aille mieux à la gloire de la France que le vôtre.

« Je garderai un profond souvenir de votre hospitalité et du gracieux accueil de Madame la duchesse de St.-Leu (la reine Hortense, mère de Louis-Napoléon) ; je vous prie de mettre à ses pieds l'hommage de ma reconnaissance et de mon respect.

« Je suis, avec haute considération, prince, votre très-humble et très-obéissant serviteur.

« Lucerne, 7 septembre 1832.

« CHATEAUBRIAND. »

Cette lettre, que nous pouvons aujourd'hui qualifier avec raison de *prophétique*, était de nature à frapper les esprits ; toutefois, on doit le reconnaître, elle subordonnait la fortune politique de l'héritier de

---

(1) Dans Holy-Rood, palais de la ville d'Édimbourg, qu'habitait alors le duc de Bordeaux, avec son aïeul, le roi Charles X.

Napoléon à des éventualités qui la laissaient presque sans espérance, par conséquent fort éloignée d'avoir rien de redoutable pour le gouvernement issu de Juillet 1830. M. de Châteaubriand, contrairement à un bruit répandu dans Paris, ne fut point poursuivi. Sur quoi une poursuite se serait-elle fondée ? Sur le passage duquel il résulte que le titre et le pouvoir conférés au chef de la famille d'Orléans n'ont point reçu la sanction nationale ?... Est-ce qu'il n'y avait pas là une incontestable vérité ?

Le but de la mise au jour de l'écrit qui amenait M. Laity devant la Cour des Pairs, était clairement exposé dans la lettre suivante, qui fut adressée par M. le commandant Parquin à la *Gazette d'Augsbourg* :

« Arenenberg, le 4 juillet 1838.

« Monsieur le Rédacteur,

« Je proteste, au nom du prince Napoléon, de la manière la plus formelle, contre la supposition que la brochure de M. Laity a été publiée dans l'intention d'exciter à la révolte en France. Le prince a autorisé la publication de cet écrit, parce qu'un homme d'honneur ne saurait souffrir que des calomnies intéressées égarent l'opinion publique. Depuis l'affaire de Strasbourg, on a toujours répété qu'il y avait eu, de la part du prince, folie dans la pensée, ineptie dans l'exécution, faiblesse lors de sa mise en liberté, engagement envers le gouvernement avant son départ pour l'Amérique. Devait-il souffrir tout cela sans permettre qu'on y répondit? Non. Le blâme, on le supporte, parce que c'est le lot ordinaire des vaincus ; mais la fausseté historique, on la repousse, car il suffit pour cela de faire connaître la vérité. Les pièces les plus incriminées de la brochure de M. Laity (les proclamations) ont été publiées par le gouvernement lui-même. En quoi donc consiste son attentat? Nous ne pouvons croire qu'on accuse un homme de reproduire les articles des journaux du gouvernement; nous ne pouvons croire que la morale soit bannie de la politique, et que la conscience ne soit pour rien dans la décision des juges.

« Recevez l'assurance, etc.

« Ch. Parquin,

« *Officier de la Légion-d'Honneur.* »

Dans certaine partie de la Suisse, la malveillance ne restait pas oisive en présence des persécutions exercées contre Louis-Napoléon et contre ses amis. Un journal dévoué à l'aristocratie et au jésuitisme publiait, dans son numéro du 11 juillet, une correspondance de Fribourg dont voici le texte :

« Sans être encore en mesure d'articuler rien de précis, nous n'hésitons point à attribuer au prince Louis Bonaparte une part indirecte, mais fort active, aux événements qui ont le plus gravement compromis la Suisse dans ces dernières années. Le temps nous révèlera les vues secrètes des hommes qui, à une certaine époque, lui firent décerner, au mépris de tous les usages établis, un grade élevé dans l'armée fédérale, et imaginèrent de porter sur le pavois, au camp de Thoune de 1834, un jeune étranger à peine naturalisé dans le canton de Thurgovie, sans autre titre à ces honneurs inouïs que son nom, son immense fortune et sa malencontreuse participation à l'insurrection des États Romains. Le bruit se répandit dans le temps, qu'il était question de le porter à la présidence d'une nouvelle République helvétique en projet, afin d'avoir un Napoléon à opposer aux puissances indisposées contre la Suisse. Dans la pensée de cet ambitieux et de quelques hommes attachés à son char, ce poste n'était probablement qu'un marchepied pour s'élancer ensuite plus haut, à la faveur des circonstances que sa position lui eût permis d'exploiter. »

Un tel article, certes, tendait à aggraver la position de l'illustre proscrit. Mais les projets qui y étaient supposés portaient un cachet d'invraisemblance trop marqué pour qu'on ne rangeât pas cette dénonciation anonyme au nombre de celles qu'on s'était déjà permis de faire mensongèrement contre la Suisse, et qui n'avaient pas eu les conséquences que les ennemis de la liberté et de l'indépendance helvétiques osaient en espérer.

Le 10 juillet 1838, ainsi qu'on doit bien le penser, fut un jour de jubilation pour les hommes hostiles à la cause napoléonienne. La Cour des Pairs, dans son audience de ce jour-là, prononçait contre M. Laity un arrêt qui le condamnait à 5 ans de détention (1),

(1) M. Laity a subi cette peine dans la citadelle de Doullens.

10,000 francs d'amende, et à la surveillance de la haute police pendant toute sa vie.

A l'audience du 9, le procureur-général s'était attaché à rappeler les lignes de la brochure, où, suivant lui, la France était dépeinte comme cherchant et attendant un chef, et dans lesquelles Louis-Napoléon était désigné comme le seul qui réunît les sympathies de la nation. « Ils ont oublié, s'était-il écrié avec em-
« phase, qu'avant que l'aigle impériale vînt jusqu'aux
« tours de Notre-Dame, elle avait à franchir les popu-
« lations dévouées à notre dynastie, elle avait à lutter
« contre les couleurs nationales ! »

Le même jour, 9 juillet, par une singulière coïncidence, le prince Louis-Napoléon était nommé protecteur de la *Société des Naufrages*, conjointement avec LL. MM. Louis-Philippe, la reine d'Angleterre et quelques autres têtes couronnées.

On apprenait en même temps qu'il venait d'accorder 3,000 francs pour l'établissement d'une salle d'asile à Rueil, afin de consacrer le lieu où reposent les restes mortels de l'impératrice Joséphine, son aïeule, et de la reine Hortense, sa mère.

La sévérité de l'arrêt prononcé par la Cour des Pairs excita en Suisse, ainsi qu'en France, une improbation générale. Le *National Genevois* disait dans son numéro du 21 juillet :

« Le dénouement du procès Laity ferait douter de l'affermissement de la nouvelle dynastie sur le trône de France.... Quelle petitesse ! Si la tentative du 30 octobre 1836 n'avait pas excité de sympathie parmi les populations, y avait-il lieu de supposer que son apologie fût plus dangereuse qu'elle-même ? C'est dénier à une nation aussi grande, aussi éclairée qu'est la France, l'intelligence et la justesse d'appréciation dont elle est si fière, que de supposer qu'il faut un arrêt judiciaire pour lui dévoiler le mérite et l'importance d'un écrit. La Restauration, elle aussi, a fait rendre une foule de jugements de ce genre ; les de Broë, les Marchangy, les Bellart, les Mangin, valaient bien MM. Frank-Carré et Plougoulm ; la Restauration n'en a pas moins eu une fin malheureuse ; et ce n'est pas en suivant ses errements que le pouvoir qui a pris sa place réussira jamais à se consolider.

« Veut-on savoir l'effet produit par l'arrêt de la Cour des Pairs ? — Un sentiment de compassion en faveur de l'infortuné jeune homme qui a été assez courageux, assez dévoué pour sacrifier sa liberté, son avenir, à ses convictions ; un sentiment d'intérêt pour le parti napoléonien représenté par des hommes de cette trempe et qui naturellement doivent s'être mis à la hauteur de leur chef ; un sentiment de mépris pour des juges qui, la plupart, créatures de l'Empereur, n'ont cependant pas cru devoir se récuser, ni renvoyer au jury l'appréciation d'un délit de presse sur lequel, seul, il était apte à prononcer ; enfin un sentiment de défiance envers un pouvoir qui manque à son origine et oublie que s'il s'appuyait sur le peuple, il n'y aurait ni conspirations ni brochures qui pussent le faire tomber. »

La poursuite dirigée contre M. Laity a été expliquée de diverses manières. Le public et la presse ont cherché vainement à se rendre compte des motifs qui avaient déterminé le gouvernement français. De toutes les hypothèses, la plus probable était, sans doute, le besoin d'avoir des raisons plus ou moins spécieuses pour demander aux cantons suisses l'expulsion du prince Louis-Napoléon. Voici ce qu'on lisait à ce sujet dans une lettre de Berne, en date du 4 juillet, et publiée par la *Gazette d'Augsbourg* du 14 :

« On s'occupe beaucoup du procès Laity, parce que l'on croit que la condamnation de ce jeune homme déterminera le gouvernement français à renouer des négociations pour obtenir l'expulsion du prince Louis-Napoléon Bonaparte du territoire de la Confédération. Les efforts que le gouvernement français a faits pour prouver que le prince avait joué un rôle actif dans la publication de la brochure, indiquent de sa part le projet de se créer un prétexte pour rédiger une note énergique contre les cantons. Les hommes de toutes les nuances d'opinion blâment sévèrement le gouvernement français d'avoir attaché une si haute importance à cette brochure et d'avoir ainsi suscité de nouvelles difficultés entre la France et la Suisse. Quand donc le gouvernement français comprendra-t-il que nous ne pouvons empêcher Louis-Napoléon Bonaparte, citoyen du canton de Thurgovie, d'écrire ou de faire écrire par d'autres, tout ce qui lui plaît ? Si la Constitution du pays nous avait permis d'agir autrement, nous aurions eu égard aux représentations de la France, afin d'éviter des désagréments nouveaux, tout en accordant au prince Napoléon l'estime dont il est digne ; mais le gouvernement français a employé la menace, et il a rencontré une vive résistance. Nous espérons encore qu'il appréciera mieux notre politique, et comprendra enfin que nous ne défendons pas un prétendant, mais notre honneur national et nos libertés. »

Le défenseur de M. Laity, M. Michel (de Bourges) lui-même, ne pouvait se décider à admettre ce qu'on présumait être le véritable motif qui avait poussé le gouvernement de Louis-Philippe dans cette mauvaise voie. Un des passages de sa plaidoirie se fait surtout remarquer par les mots suivants, qui révèlent bien ses doutes à cet égard :

« Voudrait-on exclure le prince Louis-Napoléon
« Bonaparte de la Suisse ?... Ceci, Messieurs les Pairs,
« est une très grande question d'État, vous le voyez.
« Au mot de proscription, j'ai déjà vu s'élever de gé-
« néreuses sympathies, et il n'est pas un magistrat (vous
« êtes tous des magistrats ici) qui consentirait, par un
« verdict de condamnation, à exclure le prince Louis-
« Napoléon de la Suisse. Si, en effet, la Suisse lui est
« enlevée, il ne lui reste plus que l'Angleterre.... »

Le gouvernement français ne tarda pas à faire cesser toute incertitude au sujet du but qu'il s'était proposé en appelant l'attention universelle sur les 95 pages de la brochure de M. Laity. Comme on l'avait présumé, il était à la recherche d'un grief apparent contre Louis-Napoléon et contre le pays qui lui donnait asile. Ce prétexte était trouvé.

CHAPITRE IV.

Retour de M. le duc de Montebello en Suisse.—Sa Note au Directoire fédéral. Communication en est donnée à la Diète. Effet qu'elle y produit. — Système d'intimidation exercé envers la Suisse. Esprit des populations helvétiques dans ces graves conjonctures.—Réflexions du *National Genevois*. — Correspondance de Lucerne. — Séance de la Diète du 6 août 1838. La Note du gouvernement français est à l'ordre du jour. Nomination d'une Commission de sept membres. Discours de M. Rigaud, chef de la Députation de Genève. Déclaration énergique faite par M. Monnard, chef de la Députation vaudoise. — Blâme infligé à la façon d'agir du gouvernement de Louis-Philippe par la presse française libérale.

M. le duc de Montebello, après avoir assisté aux débats du procès Laity, était de retour en Suisse. La Diète fédérale, réunie à Lucerne en session ordinaire, était occupée des affaires du canton de Schwytz, où de graves dissentiments, suivis de collisions sanglantes, avaient éclaté. A la fin de la séance du 3 août, le Président annonça que, dans l'après-midi du 1er août, il avait reçu de l'ambassadeur de France une note que le Conseil d'État directorial avait décidé de porter à la connaissance de l'assemblée.

Cette note, dont il fut donné immédiatement lecture, était conçue en ces termes :

« *A leurs Excellences Messieurs les Avoyer et Membres du Conseil d'État du canton de Lucerne, Directoire fédéral.*

« Le soussigné, ambassadeur de Sa Majesté le roi des Français près la Confédération helvétique, a reçu l'ordre de son gouvernement de faire à LL. EE. Messieurs les Avoyer et Membres du Conseil d'État du canton de Lucerne, Directoire fédéral, la communication suivante :

« Après les événements de Strasbourg et l'acte de généreuse clémence dont Louis-Napoléon Bonaparte avait été l'objet, le roi des Français ne devait pas s'attendre à ce qu'un pays ami, tel que la Suisse, et avec lequel les anciennes relations de bon voisinage avaient été naguère si heureusement rétablies, souffrirait que Louis Bonaparte revînt sur son territoire, et, au mépris de toutes les obligations que lui imposait la reconnaissance, osât y renouveler de criminelles intrigues, et avouer hautement des prétentions insensées, et que leur folie même ne peut plus absoudre depuis l'attentat de Strasbourg. Il est de notoriété publique qu'Arenenberg est le centre d'intrigues que le gouvernement a le droit et le devoir de demander à la Suisse de ne pas tolérer dans son sein. Vainement Louis Bonaparte voudrait-il le nier ! Les écrits qu'il a fait publier à grands frais, tant en Allemagne qu'en France, celui que la Cour des Pairs a récemment condamné, auquel il est prouvé qu'il avait lui-même concouru, et qu'il a fait distribuer, témoignent assez que son retour d'Amérique n'avait pas seulement pour objet de rendre les derniers devoirs à une mère mourante, mais bien aussi de reprendre des projets et d'affecter des prétentions auxquelles il est démontré aujourd'hui qu'il n'a jamais renoncé.

« La Suisse est trop loyale et trop fidèle alliée, pour permettre que Louis Bonaparte se dise à la fois l'un de ses citoyens et le prétendant au trône de France ; qu'il se dise français toutes les fois qu'il conçoit l'espérance de troubler sa patrie au profit de ses projets, et citoyen de Thurgovie, quand le gouvernement de sa patrie veut prévenir le retour de ses criminelles tentatives.

« C'est donc avec la plus entière confiance, qu'au nom de son gouvernement, le soussigné présente à LL. EE. Messieurs les Avoyer et Membres du Conseil d'État de Lucerne, Directoire fédéral, en les priant de la porter à la connaissance de la haute Diète, la demande expresse que Louis-Napoléon soit tenu de quitter le territoire de la Confédération helvétique.

« Le soussigné regarde comme superflu de rappeler ici à Leurs Excellences les règles du droit des gens en pareille matière. Il ajoutera seulement, en finissant, et d'après l'ordre qu'il a reçu, que la France aurait préféré ne devoir qu'à la volonté spontanée et au sentiment de bonne amitié de sa fidèle alliée une mesure qu'elle se doit à elle-même de réclamer enfin, et que la Suisse ne lui fera sûrement pas attendre.

« Le soussigné saisit avec empressement cette occasion pour renouveler à LL. EE. Messieurs les Avoyer et Membres du Conseil d'État de Lucerne, Directoire fédéral, les assurances de sa haute considération.

« Lucerne, le 1er août 1838.

« Duc de MONTEBELLO. »

La Haute Diète, en recevant cette communication, conserva une attitude, un calme dignes des mandataires d'États indépendants et ayant la conscience de leur bon droit. Il fut décidé que la délibération serait mise à l'ordre du jour de la séance du 6, l'assemblée devant se garder, surtout en pareille matière, d'agir avec précipitation.

M. de Montebello fut frappé de l'accueil fait à sa note, mais il se rassura en songeant à l'influence que la minorité aristocratique et la crainte déguisée sous le nom de prudence pourraient exercer sur le Sénat helvétique. Il était d'ailleurs question d'une suite de notes que plusieurs cabinets, agissant de concert avec la France, se disposaient à envoyer au Directoire fédéral; on disait même qu'une réclamation de l'Autriche en faveur des couvents du canton d'Argovie était arrivée à Berne le 22 du mois précédent. Une telle ligue, à la vérité, devait offrir un étrange spectacle. C'était chose curieuse que de voir tous les rois trembler, parce que dans un petit coin de l'Europe vivait un jeune homme qui s'appelait *Bonaparte*. Déjà les feuilles ministérielles françaises allaient jusqu'à montrer les troupes autrichiennes se réunissant nombreuses dans le Vorarlberg, en attendant que les troupes françaises se dirigeassent vers les bords du Léman.

Il semblait douteux, en effet, que la Suisse résistât à un système d'intimidation se manifestant à l'orient comme à l'occident de ses frontières, et le seul parti que, selon toute apparence, elle eût à prendre, était de céder. Rien cependant, dès le début, ne fit présumer aux hommes clairvoyants qu'elle se soumettrait à cette humiliation. Presque tous les citoyens se sentaient attaqués, blessés dans leur honneur ; presque tous approuvaient la conduite du gouvernement thurgovien, et l'on était généralement d'avis qu'il fût fait, quelles que dussent en être les conséquences, une réponse négative à la note du 1er août. La fraction disposée à courber la tête se composait d'un petit nombre d'individus, les uns timides par nature, les autres esclaves de l'égoïsme le plus étroit, ceux-ci obéissant à l'esprit de parti, ceux-là enfin, toujours prêts à s'unir, sinon à se vendre, à l'oppression étrangère.

Fidèle interprète de la pensée publique, le *National Genevois* faisait les réflexions suivantes :

« Plus d'un cœur suisse, nous en sommes persuadés, se sera soulevé d'indignation à la vue d'une pareille exigence ; plus d'un citoyen se sera demandé si sa patrie était, ou non, indépendante ; si la neutralité de la Confédération était effectivement reconnue ; si la Suisse était, ou non, vassale des grandes puissances. Et, en réfléchissant que sa conduite à l'égard de Louis-Napoléon est une conséquence de celle tenue envers ce prince par le gouvernement français lui-même, comment qualifier la note du 1er août ?

« En effet, après l'insuccès de la tentative de Strasbourg, lorsque le jeune prince se trouvait en état d'arrestation, assurément le ministère pouvait livrer le coupable à la justice, et lui demander compte de cette attaque à main armée contre l'ordre de choses actuel. Au lieu de cela, il convient à la politique de la dynastie régnante de dérober le neveu de Napoléon à l'action des tribunaux, de le transporter, *sans conditions et sans aucun engagement de sa part*, sur les rives américaines. Le prince, bientôt rappelé en Suisse pour fermer les yeux à sa mère expirante, revient à Arenenberg; il y fixe de nouveau son séjour; et, depuis ce temps, ses actes n'offrent rien de répréhensible, rien de suspect. Si l'on parle de lui, ce n'est que pour signaler quelque bienfait dû à son caractère naturellement généreux. Certes, la Confédération, et particulièrement le gouvernement de Thurgovie, ne pouvaient dans un cas semblable, et vu surtout sa qualité de citoyen suisse, le repousser de leur territoire. Se seraient-ils montrés plus rigoureux, plus cruels à son égard que le gouvernement qu'il avait voulu renverser? C'eût été plus qu'une anomalie, qu'une monstruosité, c'eût été une lâcheté! Ils auraient avili, annihilé le titre de *citoyen suisse*, en méconnaissant et rejetant d'une manière aussi indigne un homme revêtu de cette qualité. D'ailleurs, ils n'avaient pas le droit de le rejeter, de le méconnaître; ce droit, ils ne l'ont pas encore..... S'ils viennent à l'usurper, il n'y aura plus de Suisses, mais seulement des esclaves sans nom et se reniant eux-mêmes, au premier froncement de sourcil d'un maître étranger.

« Mais la brochure Laity, objecte-t-on, a renouvelé des prétentions qu'on aurait pu croire éteintes : elle témoigne que la conspiration est permanente et n'attend qu'une occasion favorable. Cette brochure, répondrons-nous, est une justification, une apologie, si l'on veut, de la tentative échouée ; par conséquent, elle n'est que l'œuvre d'un amour-propre blessé par la qualification d'*échauffourée*, donnée officiellement au complot de Strasbourg ; elle ne constitue point une nouvelle attaque; on n'y trouve qu'un récit exact de celle qui n'a pas réussi. Qu'est-ce que cela? Et au surplus, fût-elle un nouveau brandon lancé au milieu des esprits, ce brandon aurait pu aussi bien partir de Douvres, de Jersey, de Stuttgard, de Philadelphie, que d'Arenenberg ; or, ce n'est ni à Arenenberg ni dans aucune autre localité suisse que l'écrit a été imprimé ; c'est à Paris, au siége même du gouvernement qui se dit offensé. La Suisse n'y est pour rien ; que vient-on lui demander?....»

On lisait dans une correspondance de Lucerne, attribuée à un personnage éminent, connu pour ses opinions modérées :

« Quelle sera l'issue de la querelle que nous suscite le gouvernement français? Il ne s'agit plus, comme en 1836, lors de l'affaire *Conseil*, d'épiloguer sur telle ou telle expression de nature à déplaire à notre adversaire. Ce n'est point avec des mots qu'on parviendra à trancher la difficulté ; le Cabinet français veut des faits. Or, si la Suisse souscrivait aux exigences dont elle est l'objet, elle devrait être rayée sur-le-champ du rang des nations libres....

« J'aurais beaucoup à dire sur les imputations dirigées à tort et à travers dans la note française, contre le jeune prince héritier du nom de Napoléon. Des allégations ne sont pas des preuves, et quand on vient nous représenter Arenenberg comme un foyer de conspiration, je crois connaître assez bien le propriétaire de cette résidence et son entourage, pour mettre en doute les assertions déclamatoires du Cabinet des Tuileries. Il est probable que la peur de ce nouveau prétendant a considérablement grossi les criminelles intentions qu'on lui attribue. Quant à la brochure qui a fait traduire M. Laity devant la Cour des Pairs, et dont la note du 1er août fait un grief au prince, je l'ai lue attentivement, et je n'y ai pu voir qu'une réfutation des récits calomnieux que la presse ministérielle avait accrédités à propos de l'événement de Strasbourg, et des vues de celui qui en fut le principal auteur.

« Au reste, je n'ai pas mission de défendre le neveu de l'Empereur; mais il m'est impossible de voir en quoi la Confédération viole les règles du droit des gens, en conservant sur son territoire un homme qui, pourvu de la naturalisation dans un canton qu'il habite depuis vingt ans, possède les mêmes droits que tout autre citoyen suisse. Libre au gouvernement français de faire de subtiles distinctions entre sa qualité de descendant de la dynastie impériale et celle de citoyen suisse ; la Confédération n'est pas tenue de voir l'affaire sous le point de vue qui convient au roi des Français ; elle doit encore moins épouser des inimitiés qui ont leur source dans des considérations purement personnelles.

Les citoyens paisibles, mais animés de sentiments d'équité et de patriotisme, raisonnaient comme le *National Genevois* et comme le correspondant de Lucerne. Les conservateurs eux-mêmes, pour la plupart, s'accordaient avec les libéraux et les radicaux sur l'obligation de repousser l'acte à la fois injuste et inconstitutionnel qu'une volonté étrangère, quasi-menaçante, demandait à la Confédération. La voie que celle-ci avait à suivre semblait donc tracée d'avance; et cette voie, assurément, n'était pas sans danger.

La séance de la Haute Diète du 6 s'ouvrit en présence d'une foule considérable, et qui, loin de manifester de l'agitation, se faisait remarquer par son calme imposant. Ainsi qu'on l'avait annoncé, la délibération sur la note du gouvernement français était à l'ordre du jour. L'avoyer du canton de Lucerne, M. Kopp, présidait l'assemblée. La discussion eut lieu avec solennité ; les députés des cantons motivèrent successivement leurs votes, et il fut décidé par une majorité de 13 Etats et un demi, qu'on demanderait au gouvernement de Thurgovie des renseignements sur la question de savoir si le prince était réellement citoyen de ce canton ; si les intrigues dont le château d'Arenenberg, à en croire la note, était le foyer, se trouvaient bien constatées. On nomma une Commission de sept membres, chargée d'entrer en correspondance avec le gouvernement de Thurgovie, et de soumettre des propositions à la Diète. Cette Commission se composait de MM. Kopp, député de Lucerne ; Hess, député de Zurich ; Burckhardt, député de Bâle-Ville ; Schindler, député de Glaris ; Rigaud, député de Genève; Monnard, député de Vaud ; et Kohler, député de Berne. Sur ces sept membres, six s'étaient prononcés plus ou moins fortement pour un refus d'adhérer à l'expulsion demandée.

Voici l'opinion qu'avait exprimée Genève, par l'organe de M. Rigaud, son premier député :

« En analysant la note du gouvernement français,
« on y trouve trois idées principales : 1° Un reproche
« indirect adressé à la Suisse de ce qu'elle a souffert
« que Louis-Napoléon revînt sur son territoire après
« son retour d'Amérique ; 2° la demande expresse
« qu'il soit tenu de quitter les Etats de la Confédéra-
« tion, demande faite au nom du droit des gens ;
« 3° enfin, la désignation d'Arenenberg comme étant
« un foyer d'intrigues, fait sur lequel on s'appuie pour
« motiver le renvoi exigé.

« Sur le premier point, on pourrait demander
« comment, après les événements de Strasbourg, le
« gouvernement français, en faisant partir Louis-
« Napoléon Bonaparte pour l'Amérique, ne lui a pas
« fait prendre l'engagement d'honneur de ne point
« revenir dans un pays où l'on savait qu'il laissait
« une mère, et où il exerçait des droits politiques.

« Comment pouvait-on s'attendre qu'après l'acte de
« clémence dont parle la note, la Suisse prendrait à
« l'instant le rôle auquel son puissant voisin avait
« spontanément renoncé ? Si la Confédération eût agi
« ainsi, il n'y aurait pas eu assez de voix pour s'élever
« contre une mesure qu'on aurait au moins qualifiée
« d'obséquieuse: d'ailleurs, ici se présente une ques-
« tion qui se lie à celle que nous allons traiter : La
« Suisse pouvait-elle renvoyer Louis Bonaparte ? Le
« peut-elle encore aujourd'hui ? Est-ce une obligation
« qui lui est imposée par le droit des gens ? La députa-
« tion de Genève, après un examen consciencieux,
« n'hésite pas à répondre par la négative. Consultez,
« en effet, sur ce point, le droit constitutionnel et le
« droit fédéral.

« Le député de Thurgovie vous a prouvé que
« Louis-Napoléon, reçu bourgeois fort antérieurement
« aux événements où il s'est compromis, jouissait de
« la plénitude de ses droits de citoyen (1), et qu'aux
« termes des articles 17 et 19 de la Constitution, il ne
« pouvait être l'objet d'une mesure exceptionnelle. On
« demande que la Diète intervienne ; mais où sont ses
« droits? On ne peut les trouver dans le Pacte fédéral;
« il oblige, au contraire, sur ce point, à respecter la
« souveraineté cantonale. Si, malgré cette absence de
« tout droit, la Diète statuait, et si le gouvernement de
« Thurgovie se refusait à exécuter ses ordres, nous de-
« vrions donc faire occuper militairement ce canton ;

(1) Cette réception avait eu lieu le 30 avril 1832.

« et dans quel but? Pour l'obliger à violer les principes
« de sa Constitution. Le droit constitutionnel et fédé-
« ral s'oppose donc à ce que la Diète adhère à la mesure
« réclamée par la France.

« Les traités et le droit des gens doivent-ils lui
« imposer d'autres obligations? Non-seulement les trai-
« tés se taisent, mais encore on a rappelé que, depuis
« 1830, la partie relative aux délits politiques en avait
« été retranchée sur la demande de la France.

« La France, en nous faisant cette demande, peut-
« elle nous offrir la réciprocité? Non; le droit constitu-
« tionnel des Français s'oppose au renvoi de tout ci-
« toyen. Les Français jouissent à cet égard des mêmes
« droits que nous réclamons pour les Suisses. La preuve
« en est dans l'obligation où l'on s'est trouvé de faire
« des lois d'exception pour interdire le séjour de la
« France aux descendants de la famille Bonaparte aussi
« bien qu'aux membres de la branche aînée des Bour-
« bons. Il est donc impossible que la Diète adhère à la
« demande qui lui est faite, sans sortir des attributions
« que lui assigne le droit fédéral.

« Les petits États doivent veiller plus que d'autres
« à faire toujours respecter leurs droits; leur principale
« force est la force morale; ils doivent savoir qu'une
« concession en amène une autre et ne tarde pas à être
« suivie de la déconsidération.

« Quant aux intrigues qui auraient lieu à Arenen-
« berg, c'est le cas où, si elles existent, le droit des
« gens imposerait des obligations à la Suisse; car un
« État ne doit pas tolérer des actes de nature à compro-

« mettre la tranquillité des Etats voisins ; et c'est avec
« satisfaction que Genève a entendu le député de Thur-
« govie s'exprimer positivement à cet égard; et certes,
« Louis-Napoléon serait bien coupable vis-à-vis de la
« Suisse, si, abusant de l'hospitalité qu'il y a reçue,
« il eût compromis sa nouvelle patrie pour des intérêts
« qui lui sont personnels.

« En résumé, la députation de Genève déclare
« qu'elle ne peut adhérer à la demande de renvoi con-
« tenue dans la note; qu'elle désire que dans la réponse
« qui sera faite, des explications loyales soient données
« sur notre position, et qu'on y ajoute l'assurance de
« la surveillance qu'exerce le gouvernement de Thur-
« govie. Le renvoi de la note à ce gouvernement, pour
« recevoir de lui de nouvelles explications, et la no-
« mination d'une Commission n'étant point en opposi-
« tion avec ces vues, le député de Genève peut y
« adhérer. »

Le premier député du canton de Vaud, M. Monnard, avait parlé plus énergiquement encore contre
la note. « Le canton de Vaud, s'était-il écrié, repousse
« de toutes ses forces les prétentions qui sont mises
« en avant contrairement au droit des gens, et qui
« portent atteinte à l'indépendance de la Suisse et à sa
« neutralité. Il les repousse en vertu des instructions
« générales dont il est muni, et qui l'autorisent, si l'in-
« dépendance de la Suisse était menacée, à aller jus-
« qu'à la guerre ! »

Le langage des députés de Vaud et de Genève, Etats
voisins de la frontière française, par conséquent exposés

aux premiers coups, était significatif. Ce qu'il y avait surtout à remarquer, c'était qu'aucun des cantons ne paraissait favorable aux prétentions du gouvernement français. Quelques-uns seulement, parmi lesquels figurait Neuchâtel, épiloguaient sur la double qualité de citoyen suisse et de citoyen français qu'aurait prise, suivant l'occasion, le prince Louis Bonaparte ; Bâle-Ville se bornait à demander que Thurgovie obligeât le prince, comme tout citoyen de cet Etat, à ne faire aucune tentative contre la France, et qu'on présentât au gouvernement du roi Louis-Philippe une déclaration dans laquelle cette assurance serait donnée. Les députés sarniens eux-mêmes, qui, durant la crise de 1836, s'étaient montrés favorables aux exigences de M. Thiers, gardaient une grande réserve au milieu des nouveaux embarras suscités à la Confédération.

L'obstination que, malgré ces circonstances, continuait de manifester le Cabinet des Tuileries, était vivement blâmée par les feuilles libérales. « Comment ! disait à ce sujet le *Constitutionnel*, pour si peu la paix de l'Europe serait mise en question ! Cette paix, si laborieusement maintenue, dépendrait d'un *oui* ou d'un *non* prononcé par la Diète helvétique ! C'était bien la peine, en vérité, de se montrer si complaisant et si résigné pendant huit années.... On dira de nous que nous n'avons d'énergie que contre les faibles, et qu'après avoir donné au monde le signal de la liberté, nous avons pris à tâche de détruire l'œuvre de nos mains. »

Le *Bon Sens*, de son côté, rappelait que dans les sociétés antiques l'hospitalité était l'accomplissement le plus sacré des devoirs. « Aujourd'hui, ajoutait-il, c'est une cause de guerre ! Oui, de guerre ! Car, que fera le gouvernement français, si, pénétré du sentiment de sa dignité qu'on outrage, de ses droits qu'on viole, de son indépendance qu'on menace, le Directoire fédéral refuse d'obéir à qui n'a pas qualité pour lui commander ? Ce sera la guerre, n'est-ce pas ? Et on aura recours au canon, parce qu'il est la dernière raison des rois ! A la bonne heure. Il ferait beau voir une armée française se mettre en campagne pour disputer le lambeau de terre où la proscription l'a poussé... à qui ? au neveu d'un homme par qui l'armée française a été conduite triomphante pendant quinze ans sur tous les champs de bataille de l'Europe ! Il faut vivre sous le régime constitutionnel pour assister au spectacle de ces étranges choses, pour voir frappée d'un éternel ostracisme la famille d'un homme à qui on élève des statues et dont on glorifie officiellement la mémoire !.... Mais, à ce propos, que le ministère nous permette de lui adresser une question. Pourquoi ne fait-il pas pour le duc de Bordeaux ce qu'il a fait pour Louis Bonaparte ? Est-ce que les prétentions du premier paraîtraient plus légitimes au gouvernement actuel que les prétentions du second ? Ou bien est-ce que le duc de Bordeaux lui inspire de moins vives inquiétudes ? Cependant le duc de Bordeaux a un parti en France, un parti puissant par ses richesses, redoutable par son activité, un parti qui s'appuie sur le clergé, un parti qui fait continuellement appel à la religion des souvenirs et à la sainteté des traditions, un parti qui a ses organes dans la presse, ses dignitaires au palais du Luxembourg, ses orateurs au palais Bourbon, ses représentants officiels dans une foule d'emplois. Pourquoi la raison d'Etat, invoquée contre le neveu d'un empereur qui a méconnu le droit divin, ne l'est-elle pas contre le petit-fils d'un roi qui a régné en vertu du droit divin ?... J'entends : le duc de Bordeaux est sous la protection d'une monarchie puissante ; Louis Bonaparte, au contraire, sous la protection d'une faible république. A merveille ! Mais alors que venez-vous parler de logique et d'équité ? »

CHAPITRE V.

Une commune du canton de Zurich confère le droit de bourgeoisie à Louis-Napoléon. — Le camp de Sursée. — M. de Belleval. — Le général Delort. — Une dépêche de M. Molé. Texte et appréciation de cette dépêche. — Mesures de rigueur dans le grand-duché de Bade et sur un point de la frontière française envers les voyageurs venant de la Suisse. — Le général Gourgaud à Vincennes. — Décision du Grand-Conseil de Thurgovie. — Lettre de Louis-Napoléon à cette assemblée. — Séance de la Diète fédérale du 27 avril : communication de la décision du Grand-Conseil de Thurgovie. — Craintes exprimées par le journal l'*Europe Industrielle*. — Il n'y a pas encore à désespérer du maintien de la paix.

Chose digne de remarque, au milieu d'une crise qui devenait de jour en jour plus alarmante, la commune d'Obertrass, près de Zurich, décida, à l'unanimité, de conférer les droits de bourgeoisie à Louis-Napoléon. Une autre commune zuricoise se proposait de suivre cet exemple.

A cette même époque, le camp fédéral s'ouvrait à Sursée ; puis on écrivait de Paris que M. le baron de Belleval venait de recevoir une mission particulière pour la Suisse, et que le général Delort avait quitté la capitale, emportant l'ordre de visiter la frontière de l'Est. Les feuilles ministérielles se livraient à une amère critique du langage tenu par plusieurs députations dans la séance de la Diète du 6 août. Le *Journal des Débats*, notamment, faisait observer que, parmi les sept membres composant la Commission chargée de recevoir la réponse du gouvernement de Thurgovie, se trouvaient MM. Monnard, de Vaud, et Rigaud, de Genève, les deux députés qui avaient protesté avec le plus de véhémence contre la demande du gouvernement français. La conduite de M. Monnard, représentant un canton radical, n'excitait point la surprise du *Journal des Débats*, mais il s'étonnait de celle du député genevois, qui, disait-il, ne pouvait avoir été dirigé, en cette circonstance, que par le désir de racheter l'impopularité de son gouvernement aux yeux du reste de la Suisse.

La nouvelle la plus importante était celle de l'envoi à Berne d'une dépêche de M. Molé, alors président du Conseil des Ministres. Cette dépêche, œuvre de colère, espèce d'*ultimatum* qui devait être communiqué au Directoire fédéral par le duc de Montebello, était ainsi conçue :

« Paris, le 14 août 1838.

« Monsieur le Duc,

« J'ai sous les yeux vos dépêches du 5 et du 10 août, et j'ai lu attentivement tous les détails qu'elles renferment sur la séance de la Diète où a été discutée la note que vous avez présentée, au nom de la France, pour obtenir l'expulsion de Louis-Napoléon Bonaparte.

« Je ne dirai rien de la violence des discours qui ont été prononcés, ni de la manière dont quelques orateurs ont parlé de la France et de son alliance. La France a trop la conscience de sa force et de sa dignité pour ne pas dédaigner un langage que la Suisse elle-même, nous n'en doutons pas, serait loin d'avouer. Mais vous représenterez de nouveau au Vorort qu'il s'agit de savoir si la Suisse prétend, sous le manteau de l'hospitalité qu'elle exerce, recueillir dans son sein et encourager de sa protection des intrigues, des intentions hautement avouées, et qui ont pour objet de troubler un État voisin. Est-il un homme de bonne foi qui puisse admettre que Louis Bonaparte soit naturalisé suisse, bourgeois de Thurgovie, et prétende en même temps à régner sur la France? La Suisse a-t-elle le droit de laisser se former sur son territoire des entreprises qui, quoique dénuées de chances sérieuses de succès, peuvent avoir pour effet, comme au mois d'octobre 1836, de donner un grand scandale politique, et d'entraîner quelques insensés ou quelques dupes?

« Il est impossible que le bon sens public ne fasse pas justice, en Suisse comme ailleurs, de l'argument qu'on nous oppose et que l'on puise dans ce droit de bourgeoisie donné à Louis Bonaparte par le canton de Thurgovie. Louis Bonaparte a-t-il rempli la condition exigée par l'article 25 de la Constitution de ce canton? A-t-il renoncé à la France, son ancienne patrie? S'il l'a fait, comment expliquer alors toute sa conduite et ses actes les plus récents : la brochure de Laity, la mission qu'il avait donnée à Laity, et la lettre de son écriture trouvée chez Laity?

« Ne serait-ce pas se jouer de toute vérité que de se dire tour à tour, selon l'occurrence, Suisse ou Français; Français, pour attenter au bonheur de la

France ; Suisse, pour conserver l'asile où, après avoir échoué dans de coupables tentatives, on ourdit de nouvelles intrigues et on prépare de nouveaux coups? Louis Bonaparte a assez prouvé, assurément, qu'il n'était accessible à aucun sentiment de reconnaissance, et qu'une plus longue patience du gouvernement français ne ferait que le confirmer dans son aveuglement et l'enhardir à de nouvelles trames.

« Maintenant, Monsieur le Duc, la France se doit à elle-même de ne pas souffrir plus longtemps que la Suisse autorise par sa tolérance les intrigues d'Arenenberg. Vous déclarerez au Vorort que si, contre toute attente, la Suisse, prenant fait et cause pour celui qui compromet si gravement son repos, refusait l'expulsion de Louis Bonaparte, vous avez ordre de demander à l'instant vos passeports.

« Aussitôt que cette dépêche vous sera parvenue, vous irez en donner lecture à M. l'avoyer Kopp, et vous lui en laisserez copie, si vous le jugez convenable. Toutefois, vous ne vous séparerez pas de M. l'avoyer sans lui donner encore une fois l'assurance que la France, forte de son droit et de la justice de sa demande, usera de tous les moyens dont elle dispose, pour obtenir de la Suisse une satisfaction à laquelle aucune considération ne saurait la faire renoncer.

« Agréez, Monsieur le Duc, l'assurance de ma haute considération.

« MOLÉ. »

Brutal dans sa forme comme dans son but, le factum de M. Molé avait du moins le mérite de simplifier la question. M. le duc de Montebello se rendit, le 17, chez le président de la Diète, pour lui communiquer les nouvelles instructions qu'il venait de recevoir de son gouvernement, et desquelles il résultait que le Cabinet des Tuileries voulait une adhésion pleine et entière à la demande contenue dans la note du 1er août. Toute réponse évasive serait envisagée comme un refus de souscrire à cette demande ; et la Suisse, avait ajouté l'ambassadeur, n'aurait à s'en prendre qu'à elle des conséquences qu'entraînerait la conduite de sa représentation fédérale.

Déjà tous les voyageurs venant de Suisse en France étaient l'objet, à St.-Louis près d'Huningue, d'une visite rigoureuse ; les passeports subissaient des formalités inusitées sur les autres parties de la frontière. Obéissant à l'influence française, le grand-duc de Bade faisait défendre aux habitants d'Arenenberg et de Wolfsberg d'entrer dans la ville de Constance et de passer sur le territoire badois. Le général Gourgaud, en terminant l'inspection du 2e régiment d'artillerie à Vincennes près de Paris, avait prévenu les officiers des batteries mises sur le pied de guerre qu'ils devaient se tenir *réellement* prêts à partir au premier jour. « Une fois l'ordre de départ reçu, avait-il dit, vous pouvez être sûrs que, huit jours après, *vous serez en ligne.* » Plusieurs généraux qui étaient à la campagne rentraient à Paris, où ils avaient été rappelés par ordre supérieur.

Ainsi qu'on a pu l'observer en lisant la dépêche de

M. Molé, il était enjoint à l'ambassadeur français de demander ses passeports, si la Diète ne répondait pas catégoriquement qu'elle se soumettait sans restriction aux exigences qui lui avaient été notifiées. A cette déclaration belliqueuse, dont M. le duc de Montebello attendait un grand effet, le président du Vorort répondit froidement que la nouvelle démarche faite auprès de lui ne changeait absolument rien à la question qui allait être débattue au sein de la Diète; que, plus que jamais, la Confédération était résolue à prendre conseil de son bon droit, sans se laisser influencer par des considérations de nature à blesser la dignité d'un peuple libre.

La visite que les ministres de Prusse, d'Autriche, de Bade, etc., crurent devoir faire à M. Kopp, dans le but d'appuyer la demande précitée, ne fut pas plus efficace. « Ou la Suisse a tort, leur dit l'honorable avoyer de Lucerne, et dans ce cas elle fera droit à la demande de la France; ou elle n'a pas tort, et, dans ce cas, rien ne la fera fléchir! »

On sut, peu de jours après, la décision de Thurgovie. Le Grand-Conseil, assemblé à Weinfeld le 22, avait déclaré, à la suite d'une longue délibération, que le canton ne se rendait pas à la demande du gouvernement français, tendant à l'expulsion de Louis-Napoléon. Cette déclaration était fondée sur ce que le prince était naturalisé thurgovien. Il résultait, en outre, de la décision du Grand-Conseil, que, Louis-Napoléon fût-il l'auteur de quelque conspiration, il n'appartenait, dans l'état des choses, ni à la Diète, ni à

ami de me défendre. Voilà la seule démarche qui, à ma connaissance, ait eu lieu depuis mon retour. Mais le ministère français, pour arriver au but où il tend, continue toujours ses fausses allégations; il prétend que la maison où ma mère vient de mourir, où je vis presque seul, est un *centre d'intrigues ;* qu'il le prouve, s'il le peut ! Quant à moi, je démens cette accusation de la manière la plus formelle, car ma ferme volonté est de rester tranquille en Thurgovie, et d'éviter tout ce qui pourrait nuire aux relations amicales de la France avec la Suisse. Mais, Messieurs, pour avoir encore une preuve de la fausseté des accusations portées contre moi, lisez certains articles récents des feuilles ministérielles, et vous y verrez que, non content de me poursuivre jusque dans ma retraite, on tâche encore de me rendre ridicule aux yeux de tout le monde, en débitant sur mon compte d'absurdes mensonges.

« Messieurs les Membres du Grand-Conseil, c'est à vous que je m'adresse, à vous avec qui, jusqu'à présent, j'ai vécu en frère et en ami, c'est à vous de dire aux autres cantons la vérité sur mon compte.

« L'invasion étrangère qui, en 1815, renversa l'empereur Napoléon, amena l'exil de tous les membres de sa famille. Depuis cette époque, je n'avais donc légalement plus de patrie, lorsqu'en 1832 vous me donnâtes le droit de bourgeoisie du canton : c'est donc le seul que je possède. Le gouvernement français, qui maintient la loi qui me considère comme *mort civilement,* n'a pas besoin de s'adresser à la Suisse pour savoir qu'il n'y a qu'en Thurgovie où j'aie des droits de citoyen. Quand il s'agit de me persécuter, le gouvernement me reconnaît, alors seulement, comme Français; à Strasbourg, il faisait dire par le procureur-général qu'il me regardait comme étranger.

« Messieurs, j'ose le dire, j'ai montré par mes actions, depuis cinq ans, que j'avais su apprécier le don que vous m'avez fait; et si maintenant, à mon grand regret, je devenais un sujet d'embarras pour la Suisse, ce n'est pas à moi qu'on devrait s'en prendre, mais à ceux qui, se fondant sur de fausses assertions, avancent des prétentions contraires à la justice et au droit des gens.

« Recevez, Messieurs, l'assurance de mon estime et de ma haute considération.

« Arenenberg, le 20 août 1838.

« LOUIS-NAPOLÉON BONAPARTE. »

Le député de Thurgovie, M. Kern, informa la Diète, dans la séance du lundi 27 août, de ce qui avait été résolu le 22 par le Grand-Conseil de son canton; et afin d'éclairer complètement l'assemblée, M. le chancelier fédéral, sur l'invitation du même député, donna lecture de la lettre de Louis-Napoléon, en date du 20, reproduite ci-dessus. Du reste, comme le faisait observer M. Kern, l'opinion de Louis-Napoléon sur sa qualité de citoyen de Thurgovie n'avait aucune importance; il s'agissait peu, dans l'espèce, des qualités que l'individu se reconnaissait à lui-même, il s'agissait de celles qu'il avait effectivement d'après la loi.

M. Kern repoussa ensuite, comme étant de la plus insigne fausseté les renseignements donnés au gouvernement français par les espions qu'on voyait sans cesse rôder autour d'Arenenberg. Il termina en faisant réserve, dans tous les cas, des droits souverains de son État, et en se référant à l'opinion qu'il avait émise le 6 août.

Après avoir entendu quelques observations de son président, et appris de lui qu'il possédait plusieurs documents diplomatiques, notamment une lettre de M. le ministre Molé à l'ambassadeur de France en Suisse, datée du 14 août (1), la Diète ordonna le renvoi de l'affaire à la Commission des Sept.

C'était un spectacle touchant que l'attitude du petit État de Thurgovie se montrant courageusement l'avocat et le protecteur d'un proscrit, contre un roi qui disposait d'une armée de *quatre cent mille hommes*, et qu'assistaient, en cette circonstance, presque toutes les têtes couronnées. L'histoire offre peu de traits semblables. Le nom de *Thurgovie* sera toujours honoré!

Une grande partie de la population française se déclarait contre les mauvaises dispositions que le gouvernement de Louis-Philippe manifestait envers la Suisse. On craignait de voir paraître une seconde édition du *blocus hermétique*; le dommage causé, en 1836, à l'industrie et au commerce, se présentait à la

(1) Voir cette lettre aux pages 81, 82 et 83.

mémoire. L'*Europe Industrielle* se distinguait, entre les autres feuilles publiques, par sa vive et prudente sollicitude. Son langage mérite d'être cité :

« Nous demandons ce que fera la France au cas où la Suisse viendrait à résister sérieusement aux exigences de M. de Montebello. Trois expédients se présentent : le premier, passablement honteux, serait de laisser la demande d'expulsion dans le néant, et de plier pavillon devant le canton de Thurgovie ; le second serait l'entrée d'un corps d'armée en Suisse ; et le troisième, le blocus hermétique. C'est probablement ce dernier parti qu'on adoptera, si la Confédération ne consent pas à souscrire aux conditions que lui impose M. Molé. Mais cette mesure n'apportera-t-elle pas la perturbation dans nos relations commerciales ? En occasionnant, à la vérité, un grand préjudice à la Suisse, nous causons un dommage tout aussi réel à notre commerce et à notre industrie. Le dernier différend avec les Vingt-deux cantons a mis cette vérité en évidence, et le blocus hermétique, quoique de courte durée, n'a pas laissé d'exciter les plus vives réclamations de la part des populations de l'Est, ainsi que de la part de Lyon et de Marseille. Déjà ces deux dernières villes s'émeuvent au seul bruit d'une rupture avec la Suisse. Lyon a des rapports journaliers avec ce pays, et Marseille lui fournit, au moyen du transit, d'immenses quantités de marchandises.

« La France vend beaucoup plus aux Suisses qu'elle ne leur achète, et le solde de toutes les marchandises se fait, par conséquent, en numéraire. Établissez le blocus, et vous infligez sur-le-champ une rude punition à notre commerce, parce que les Thurgoviens n'auront pas voulu expulser Louis-Napoléon. En supposant que la France arrive, par ce moyen, à ses fins, il sera toujours plus difficile de stipuler des indemnités. Le canton de Thurgovie n'est point en état de payer les millions que perdront nos négociants, et la Confédération elle-même n'en viendrait pas à bout. Le temps où la République de Berne avait, dans les caves de l'Hôtel-de-Ville, un trésor de trente millions, que nous avons emporté en 1798, n'existe plus. On fait aujourd'hui, là comme ailleurs, un meilleur usage de l'argent; les Bernois, en faisant des routes et d'autres travaux d'intérêt cantonal, imitent en cela la France, qui ne laisse pas séjourner le produit des impôts dans les caisses publiques.

« Les articles d'exportation pour la Suisse se composent principalement de vins, d'eaux-de-vie, d'esprits, de sel, d'huiles d'olives et de graines, de garance, de fruits, de savons, de drogueries, de cuirs, d'armes, de fontes moulées, de quincaillerie, de draps, de toiles peintes, de soieries, d'objets d'art, de luxe, de mode, et de produits de la librairie. Le blocus portera, par conséquent, dans ces différentes branches d'industrie, une perturbation réelle, car il s'agit d'un débouché de plus de trente millions ; et en prenant le commerce général, importations et exportations confondues, on arrête un mouvement annuel de plus de cent soixante millions. Ceci est à considérer dans un temps où la politique se résume, en quelque sorte, dans les intérêts positifs des nations. »

Le *Phare Industriel* raisonnait dans le même sens ; toutefois, ces appréhensions semblaient être vaines, le Cabinet des Tuileries ne pouvant, selon l'opinion générale, que se déclarer satisfait. Maintenant, disait-on, que la décision du Grand-Conseil de Thurgovie est connue, on peut prévoir la marche que va suivre la lutte engagée avec la Suisse.... Nous avions craint que l'irritation, excitée au sein des cantons par des exigences injustes et maladroites, ne les emportât au-delà des bornes de la modération, et ne rendît leur cause moins favorable. Il n'en a pas été ainsi ; le Grand-Conseil de Thurgovie n'a consulté que la raison et les lois ; et, à l'heure qu'il est, la décision souveraine de la Diète ne peut ni être douteuse, ni se faire attendre longtemps. Or donc, voici quelle sera, indubitablement, la réponse de la Diète à la demande du gouvernement français : Vous demandez l'expulsion de Louis-Napoléon Bonaparte ; Louis-Napoléon est notre concitoyen, il n'est pas réfugié politique, et nos lois ne nous permettent pas de chasser un de nos concitoyens de notre territoire, sans qu'il ait été condamné par les tribunaux. Cette expulsion peut encore moins avoir lieu sur l'ordre d'un gouvernement étranger. Vous prétendez que notre concitoyen se livre parmi nous à des intrigues qui menacent votre repos et la stabilité de vos institutions. Où sont ces intrigues ? Tout le monde en Suisse les ignore, et vous-même vous ne pouvez les signaler. Mais si elles existent, c'est à nous de les surveiller et de les punir, et nous en prenons l'engagement solennel. Déjà nous avons fait promettre au jeune prince de renoncer à toutes menées qu'il pourrait être tenté de pratiquer contre la France, et de vivre exclusivement en citoyen suisse. Nous lui ferons respecter sa promesse. Que demandez-vous de plus?.... Telle doit être, dans toute sa vérité, la réponse de la Suisse; et, en face d'une telle réponse, que peut faire le Cabinet, s'il ne veut franchir toutes les bornes de la raison et de la prudence? Rien autre chose, assurément, que prendre note des promesses de la Confédération, et se déclarer satisfait.

CHAPITRE VI.

Le *Journal des Débats* annonce l'emploi de mesures coërcitives. — Tableau comparatif des forces disponibles de l'un et de l'autre côté. —Ordre du jour de M. le colonel Rilliet-Constant aux troupes du camp de Sursée. — Fête de la Société des Carabiniers du Grand-Saccornex. — Séance de la Diète fédérale du 31 août : Rapport de la Commission des Sept. — Soulèvement de l'opinion publique contre les propositions de la majorité et de la seconde minorité. Celle de la première minorité (MM. Rigaud et Monnard) contient un refus formel d'expulser Louis-Napoléon. —Séance de la Diète du 3 septembre : communication de la dépêche de M. Molé. Incident curieux. Question de la révision du Pacte fédéral. Ajournement de la Diète au 1er octobre.

Le ministère français, sans égard pour les considérations qui déterminaient l'opinion de la presse libérale et industrielle, était loin de se montrer pacifique. Son langage, dans le *Journal des Débats*, était à peu près celui-ci : « Le gouvernement ne pourrait pas accepter comme satisfaction l'assurance que Louis Bonaparte est citoyen suisse ; Louis Bonaparte est aujourd'hui ce qu'il était hier, et il sera demain ce qu'il jugera de son intérêt d'être. Toutes les enquêtes et toutes les déclarations du monde n'ôteront rien, n'ajouteront rien à ce qui est. Avant de faire remettre la demande d'expulsion à la Diète helvétique, le gouvernement français savait très bien que Louis Bonaparte, serré de si près, se réfugierait dans sa qualité de Suisse, comme il reprendrait celle de Français et d'héritier de Napoléon dès demain, s'il entrevoyait quelque avantage à le faire. Il faut espérer que la justice manifeste de la demande du gouvernement français l'emportera sur des susceptibilités dont l'obstination aurait des résultats bien fâcheux. Nous le désirons ardemment ; mais nous sommes convaincus que si l'on refusait cette justice à la France, le gouvernement userait, pour se la faire rendre, de tous les moyens que la force du pays met entre ses mains. »

Au jugement de quiconque regardait cet article comme sérieux, il ne paraissait pas probable que la question pût se dénouer autrement que par les armes. D'ailleurs, le langage du *Journal des Débats* était conforme à celui de la dépêche du 14 août. Néanmoins certains journaux français se formalisaient en voyant le tableau que l'*Observateur Suisse* avait cru devoir faire des forces de la Confédération, comparées à celles dont disposait le gouvernement du roi Louis-Philippe. Comment expliquer cette étrange susceptibilité ? Quand un gouvernement semble prêt à abuser de sa supériorité sous le rapport du nombre, pour écraser un petit État et lui dicter des lois, n'est-il pas naturel que les défenseurs du pays menacé ne prennent conseil que de leur courage, cherchent à démontrer qu'ils ne sont pas aussi faibles qu'on paraît le croire; et que les réduire en esclavage ne serait pas chose facile? Si ce développement avait été fait dans un but d'attaque, à la bonne heure, on aurait eu raison de le traiter de rodomontade ;

mais lorsqu'il n'y était question que de défense, et d'une défense très-légitime, devait-on y voir un sujet de blâme ?

Voici les détails dans lesquels entrait l'*Observateur* :

« L'armée française se compose, à la vérité, de la masse imposante de 67 régiments d'infanterie de ligne, 21 régiments d'infanterie légère, 50 régiments de cavalerie, 17 régiments d'artillerie et du génie, et des compagnies de vétérans ; mais ces forces ne peuvent être employées au service de campagne ; elles sont en garnison dans les forts et forteresses de second ordre. Il y a dans Paris et aux environs 14 régiments d'infanterie, 15 de cavalerie et deux d'artillerie ; — dans Lyon et aux environs, 12 régiments d'infanterie, 7 de cavalerie, un d'artillerie ; — dans la Vendée et la Bretagne, 13 régiments d'infanterie, 7 de cavalerie, 1 d'artillerie ; — en Afrique, 10 régiments d'infanterie et 6 de cavalerie.

« Les autres forces, se composant de 39 régiments d'infanterie, 16 de cavalerie et 13 d'artillerie, sont aux Pyrénées et en garnison à Bordeaux, Strasbourg et autres forteresses de premier ordre. Les régiments de ligne sont de 3,000 hommes, ceux d'infanterie légère de 2,000, ceux de cavalerie de 800, y compris l'artillerie ; toutes ces forces dépassent 300,000 hommes ; mais on ne peut rappeler les troupes qui sont à Alger et aux Pyrénées, et l'on ne saurait dégarnir Paris et Lyon, où il règne toujours une certaine fermentation. 60,000 hommes ont été envoyés à la frontière belge, et si la question hollando-belge se complique, il faudra envoyer un corps d'armée sur le Rhin. Par conséquent, on ne pourrait employer contre la Suisse que les troupes de la Bourgogne et du Midi ; ce qui ne donnerait que 50 à 60,000 hommes, et encore faudrait-il pour cela que les régiments fussent portés au complet. D'ailleurs, la France est grevée d'une dette publique de 150 millions de rentes ; il est donc douteux que la Chambre des Députés accorde au ministère un crédit particulier pour tourmenter la Suisse. Suivant des lettres dignes de foi que nous recevons de Paris, l'opinion publique se prononce énergiquement contre le ministère dans l'affaire de Napoléon. Les hommes de 1830, auxquels la mémoire de l'Empereur est chère, sont opposés au gouvernement sur cette question ; tous les bonapartistes sont de leur côté. Les légitimistes ne sont pas fâchés de voir Louis-Philippe dans l'embarras. Quant à la masse des contribuables, elle veut le maintien de la paix, les démonstrations militaires inutiles les fatiguent ; ce qui le prouve, c'est la dissolution presque complète de la garde nationale, qu'à Paris même on ne réunit que rarement. Son service se réduirait à rien dans une guerre impopulaire contre un Etat aussi faible que la Suisse, et l'armée n'y trouverait pas l'occasion de se couvrir de gloire.

« En ce qui concerne les forces de la Suisse, nous avons une armée de 67,000 hommes et une landwehr de 30,000 hommes ; ce n'est point tout : les milices inscrites s'élèvent à 170,000 hommes, dont 9,000 arquebusiers qui tirent bien. Les cantons de l'Ouest, qui sont rapprochés de la France, présentent une masse de milices très-imposante. Berne a 40,000 hommes, Vaud 26,000, Genève 5,500, Soleure 2,700, Bâle-Ville et Bâle-Campagne 4,500. Les hommes de la Suisse orientale ne se feraient pas attendre. On peut disposer de 450 pièces d'artillerie, et les arsenaux ne manquent pas; nos soldats sont braves, mais il faut que l'exemple leur vienne d'en haut. Que le Vorort prenne une attitude digne et ferme, et la nation le secondera.

La France, il est vrai, présentait alors une situation des plus étranges. Ses relations au dehors se compliquaient de toutes parts; à peine un différend était-il aplani, que soudain il en naissait un autre; et d'où cela venait-il? De ce que son gouvernement, faible avec les forts, se dédommageait de ses soumissions, en voulant faire de la force contre les faibles.... A cette époque-là on ne parlait que de guerre : guerre avec le Mexique, guerre avec Buénos-Ayres, guerre peut-être avec la Hollande et la Prusse, guerre pour ou contre la Belgique, guerre avec la Suisse; jamais il n'y avait eu plus d'hostilités à la veille de se déclarer.

L'ordre du jour suivant, publié le 23 août, à la levée du camp de Sursée, par M. le colonel Rilliet-Constant, de Genève, n'était pas de nature à satisfaire les hauts politiques qui comptaient trouver une Suisse sans voix et sans vigueur:

« Chers et fidèles frères d'armes,

» Nous allons nous séparer, peut-être pour ne plus nous revoir; à mon âge on peut le craindre

« Recevez ici l'expression sincère et profonde de mon entière satisfaction.

« Je remporte dans mes foyers l'idée consolante que ma patrie possède de vrais soldats, et qu'à l'heure du danger, les enfants de la Suisse seront dignes de leurs aïeux.

« Conservez, chers camarades, les vertus du soldat ; soyez toujours braves, dévoués, fidèles ; ayez confiance dans des chefs qui vous aiment, qui sont vos concitoyens, qui attendent de vous seuls leur honneur et leur réputation. Respectez-les, c'est vous respecter vous-mêmes.

« Soyez disciplinés ; la discipline, c'est l'âme des armées ; c'est elle seule qui rend les succès profitables, et qui permet de réparer les revers.

« Et vous, Messieurs les officiers, faites que cette discipline résulte, non de la rigueur et de la contrainte, mais de la considération que vous inspirez par votre conduite, votre dévouement et votre instruction ; surtout ayons toujours devant les yeux cette grande image de la patrie ; soyez toujours prêts à lui sacrifier vos biens, votre vie, vos intérêts, et, ce qui est plus difficile, vos préjugés et vos opinions ; elle mérite ces sacrifices, cette belle patrie ; nous l'avons reçue pure et libre de nos pères, transmettons-la sans tache à nos descendants.

« Que Dieu, protecteur de la Suisse, vous ramène dans vos foyers ; vivez-y heureux et paisibles, et au premier roulement du tambour, retrouvons-nous comme nous nous quittons.

« Unis, dévoués et attachés les uns aux autres, nous conserverons au moins le plus précieux des biens, l'honneur.

« Au camp de Sursée, le 23 août 1838.

Le colonel commandant de la 2ᵉ brigade,

« Louis RILLIET-CONSTANT. »

Les éloges donnés aux troupes par l'honorable colonel étaient bien mérités. Un officier du camp écrivait à un de ses amis : « Si quelqu'un, en état de juger nos soldats, les a vus à leur arrivée et les a examinés au bout de huit jours, sous le rapport des manœuvres, de l'ordre, de la tenue et de la propreté, cet homme aura dit : De tels soldats, bien conduits, pourraient tenir tête aux meilleures troupes de l'Europe, et repousser l'invasion étrangère... » Le bataillon tessinois surtout s'était fait remarquer par son attitude martiale. On rendait particulièrement justice à la manière distinguée dont M. le colonel Rilliet-Constant avait rempli les fonctions de commandant en chef.

Peu de jours après la publication de cet ordre du jour remarquable, avait lieu la fête annuelle de la Société des Carabiniers du Grand-Sacconnex, commune genevoise. Au dîner qui suivit le tir, un des députés au Conseil Représentatif, M. l'avocat Cougnard aîné, dans une chaleureuse improvisation, engageait les citoyens à rester unis, et déclarait qu'au milieu de circonstances aussi critiques, et des dangers qui menaçaient la Suisse, Genève comptait sur les carabiniers du Grand-Saconnex. « Placés à l'un des premiers postes et en sentinelles avancées, ils sauraient, disait l'honorable orateur, défendre courageusement l'intégrité du territoire, appuyés qu'ils seraient par leurs frères d'armes des autres parties du canton. » Les paroles de M. Cougnard avaient excité le plus vif enthousiasme parmi les membres de l'assemblée; et l'expression de leurs sentiments donnait au Conseil d'État une nouvelle assurance qu'il pourrait, à l'heure du péril, avoir foi dans le dévouement des habitants de cette commune frontière.

Cependant le peuple suisse attendait avec quelque impatience la décision de la haute assemblée fédérale relativement aux exigences du gouvernement français.

Ce fut dans la séance du 31 août qu'eut lieu la distribution des rapports de la Commission qui avait été chargée de recevoir les explications du gouvernement thurgovien et de donner un préavis. Après une délibération assez longue, dans laquelle plusieurs députations réclamaient la communication des documents annoncés par le président, notamment de la lettre de M. Molé à l'ambassadeur de France, cette communication fut votée à l'unanimité, et l'ajournement au lundi suivant, de la discussion du fond, fut prononcé par 14 Etats.

Voici quelles étaient les conclusions du préavis que formulait la majorité de la Commission des Sept, majorité composée des députés de Zurich, de Bâle-Ville, de Glaris et de Berne :

« 1. Le gouvernement du haut État de Thurgovie sera requis d'obtenir de Louis-Napoléon Bonaparte la déclaration formelle qu'il a renoncé à la qualité de Français, et qu'il ne formera plus aucune prétention en cette qualité;

« 2. Cette déclaration devra être envoyée, dans le plus court délai possible, au haut Vorort, qui sera alors autorisé à faire à la note de l'ambassadeur de France, en date du 1er août, une réponse dans laquelle, en s'appuyant sur les considérations et les faits exposés plus haut, il sera déclaré qu'on ne peut accorder l'expulsion demandée; mais que, d'ailleurs, la Suisse désire continuer de vivre en bonne harmonie avec tous ses voisins, et en particulier avec la France, et que, loin d'approuver les attaques dirigées contre le repos et la sûreté des États voisins, elle les a fortement blâmées;

« 3. Dans le cas où il ne serait pas satisfait à la demande énoncée au § 1er, la Diète se réserve de prendre des résolutions ultérieures. »

Une minorité de la Commission, composée de deux membres, M. Rigaud, de Genève, et M. Monnard, de Vaud, présentait les conclusions suivantes :

« Attendu qu'il résulte des rapports authentiques mis sous les yeux de la Diète, que Louis-Napoléon Bonaparte jouit des droits de citoyen thurgovien, et qu'aux termes de la Constitution de Thurgovie, aussi bien que d'après le droit fédéral, nulle disposition exceptionnelle d'expulsion ne peut être prise à son égard, il sera adressé une réponse dans ce sens à la note de l'ambassadeur de France, en date du 1er août. La Diète rappellerait, à cette occasion, que, respectant les devoirs que lui impose le droit international, elle veille à l'accomplissement de tout ce qu'il prescrit à l'égard des États voisins. La Diète s'occuperait immédiatement des mesures à prendre en vue des circonstances nouvelles dans lesquelles pourrait se trouver la Suisse. »

Enfin, une autre minorité (M. l'avoyer Kopp, de Lucerne) concluait ainsi :

« 1. Vu l'art. 25 de la Constitution du haut État de Thurgovie, la Diète ne peut reconnaître Louis-Napoléon Bonaparte comme citoyen thurgovien ;

« 2. Le gouvernement de S. M. le roi des Français aura à porter devant les tribunaux compétents du canton de Thurgovie sa plainte tendant à l'expulsion de Louis-Napoléon Bonaparte ;

« 3. Les hautes puissances qui ont garanti l'indépendance et la souveraineté de la Suisse seront informées, sans délai, de la demande de la France et du présent arrêté de la Diète, et il leur sera exprimé l'attente qu'elles prêteront à la Suisse l'appui nécessaire pour le maintien de son indépendance et de sa souveraineté. »

Les conclusions de la majorité, ainsi que celles de la seconde minorité de la Commission, causèrent parmi les populations suisses un mécontentement général. « A la tournure que prend en Diète notre démêlé avec la France, disait le journal l'*Helvétie*, on s'aperçoit facilement que l'avis de la peur l'emporte ;

on y ressent déjà l'influence des courses de l'ambassadeur français et des conférences qu'il a eues avec certains hommes qui ne méritent plus le nom de Suisses. Comme on le voit, une majorité de quatre des membres de la Commission ne se contente pas des explications si franches et si loyales de l'État de Thurgovie ; elle voudrait, par des moyens détournés, faire obtenir à Louis-Philippe plus qu'il ne demande. La famille de Napoléon a été bannie à perpétuité par une décision inique et arbitraire ; elle a été privée de ses droits politiques et civils ; c'est un fait qu'il ne dépend pas de Louis Bonaparte de changer, et c'est ce fait qui l'a obligé, pour ne pas être sans patrie, à rechercher la bourgeoisie de Thurgovie. L'abus de la force a déchiré son titre de citoyen français ; il est maintenant Suisse ; on ne doit pas en exiger davantage ; il ne consentira jamais à avouer, de son plein gré, qu'il n'est plus Français. A tous les maux que la politique européenne lui a fait subir, veut-elle encore ajouter le déshonneur et les tourments de la conscience ? »

L'*Helvétie* critiquait en même temps le rôle mesquin que la députation de Berne avait joué dans toute la session de la Diète.

Le *National Genevois* faisait remarquer que sur les sept membres de la Commission, les députés de Vaud et de Genève étaient les seuls qui eussent abordé franchement la question et qui l'eussent résolue d'une manière équitable, précise et digne de la Suisse.

« Ils ont été en cette circonstance, ajoutait la feuille

genevoise, les fidèles organes des populations. Honneur à eux ! Il y a encore lieu d'espérer que plusieurs de leurs collègues se rallieront à leur opinion, lors d'une votation décisive. Malgré les précautions que ceux-ci prennent pour dissimuler leur pensée ; malgré l'intention qu'ils auraient, les uns de soumettre Louis-Napoléon à une nouvelle épreuve, vraiment superflue; les autres d'engager (chose inutile) le gouvernement français à s'adresser aux tribunaux thurgoviens, ils tendent tous, dans leurs conclusions, à un refus. Seulement on doit regretter que l'affaire traîne en longueur, et que cette division de sentiments fournisse déjà aux ennemis de la Suisse un prétexte pour la ridiculiser et prédire une nouvelle soumission de sa part. Nous ne signalerons donc pas davantage la faute que commettent cinq des commissaires en formulant des propositions qui, eussent-elles quelque chance d'être adoptées par la Diète, ne contiennent aucun élément de satisfaction pour le gouvernement français ; nous croyons encore qu'ils n'y donneront pas suite, car, s'il devait en être autrement, nous leur rappellerions que tous ambages et détours sont inutiles ; que c'est un *oui* ou un *non* qu'exige le Cabinet des Tuileries ; que par conséquent la Diète est placée dans l'alternative d'obéir ou de résister. D'ailleurs, les populations se prononcent hautement pour une marche qui honore et même qui relève le nom suisse. Cette disposition des esprits est la meilleure boussole qu'aient à consulter les députations cantonales ; c'est elle qui, dans cette grave occurrence, devra les guider. »

La Diète s'assembla le lundi 3 septembre pour délibérer, ainsi que le portait son ordre du jour, sur la réponse à faire à la note française. Le président ayant donné communication des ouvertures verbales qu'il avait reçues, et particulièrement de la dépêche de M. Molé, en date du 14 août, adressée à M. de Montebello, la discussion s'ouvrit. La majorité de la Commission maintint son préavis ; MM. Rigaud et Monnard soutinrent avec une nouvelle énergie l'opinion qu'ils avaient émise dans leur rapport, et qui ne différait en rien de celle du député de Thurgovie. La seconde minorité (M. Kopp) persista également dans sa proposition. Les représentants de Bâle-Campagne, de St.-Gall et du Valais, se trouvant suffisamment autorisés, demandèrent que la Diète prît sur-le-champ une décision ; mais les autres députations ne croyant pas devoir voter sur cette affaire délicate sans des instructions précises de leurs États, il fut décidé par une majorité de 12 voix que la Diète s'ajournait au 1er octobre, afin que la question pût être portée devant les Grands-Conseils cantonaux. 10 États, parmi lesquels on comptait Thurgovie, Vaud et Genève, s'étaient prononcés en faveur d'un ajournement au 24 septembre.

Dans la séance du 5, après une votation sans résultat sur la révision du Pacte fédéral, le président déclara la Diète ajournée au 1er octobre. Cette séance fut marquée par un incident assez grave. La députation de Vaud ayant demandé combien le Vorort avait reçu, depuis le 1er août, de lettres de l'agent d'affaires suisse à Paris, et combien de son côté il en avait écrit à cet agent, le président répondit que le Vorort n'en avait reçu qu'*une*, et que lui-même n'en avait écrit *aucune*. Cette réponse excita un étonnement général. Quant à la question de révision du Pacte fédéral, le moment n'était pas opportun pour la résoudre, bien que les circonstances dussent éclairer enfin les cantons sur la nécessité de substituer à des institutions sans vigueur une charte nationale en harmonie avec les réformes opérées depuis 1830, et qui fût de nature à imprimer plus de dignité, plus de consistance, aux rapports de la Confédération avec l'étranger. La question alors essentielle était celle de l'existence de la Suisse; avant de discuter comment on voulait être, il fallait savoir si l'on était.

CHAPITRE VII.

Aucun des trois rapports de la Commission des Sept ne satisfait le gouvernement français. Le *Journal des Débats* menace la Suisse d'une déclaration de guerre. — Le *Courrier Français* et le *National* critiquent fortement la dépêche de M. Molé. — Manifestation du sentiment public dans toute la Suisse. — Genève prend des mesures de précaution. — Adresse au Grand-Conseil de Thurgovie. — Réception de M. Monnard à Lausanne, et de M. Rigaud à Genève. — Les petits cadeaux entretiennent l'amitié ; M. de Salvandy. — Une prophétie. — Circulaire de l'Association nationale suisse. — Le *Constitutionnel*, le *Courrier Français* et le *Journal du Peuple* combattent énergiquement toute idée de guerre avec la Confédération.

L'ajournement de la Diète au 1er octobre fut regardé presque partout comme un acte d'irrésolution et même de faiblesse. Cette mesure était mieux comprise quand on réfléchissait que le vote de chaque députation, au lieu d'être facultatif, résultait d'un mandat spécial, et qu'il y avait, dans une circonstance aussi grave, notamment depuis la notification de l'*ultimatum* du 14 août, nécessité absolue de consulter le peuple suisse. C'était, d'ailleurs, un moyen de constater que la décision, quelle qu'elle fût, n'émanait point d'un petit nombre de volontés individuelles, mais du pays tout entier.

Le gouvernement du roi Louis-Philippe ne se méprenait pas sur la véritable valeur des trois rapports de la Commission des Sept. Considérés au fond, ils se résumaient dans un refus. Les concessions à l'aide desquelles ce refus était revêtu de certaines formes par cinq des commissaires, n'avaient aucun mérite à ses yeux. A quoi bon ces formes? La dépêche du 14 août n'avait-elle pas simplifié la question? S. M. le roi des Français voulait une expulsion immédiate : rien de plus, rien de moins. Cédez, ou sinon... Ces trois mots renfermaient toute la politique que l'on suivait à l'égard d'une nation d'environ deux millions cinq cent mille âmes, jalouse, à juste titre, de ses droits et de sa liberté. Le *Journal des Débats* exposait rudement le mauvais accueil fait par ses patrons aux divers projets de la Commission. Aucun ne lui semblait de nature à satisfaire le gouvernement français. Il se demandait ensuite : « Que ferons-nous si la Diète refuse d'expulser Louis Bonaparte? — Nous ferons, déclarait-il sans ménagement, ce qui sera dans notre intérêt. Nous avons réclamé justice, nous l'aurons. — Est-ce la guerre? — Peut-être. Nous ne renonçons pas, certes, à l'idée de voir le gouvernement recourir à l'emploi de la force, et contraindre la Suisse, par les armes même, s'il le faut, à expulser Louis Bonaparte. »

Cependant, le *Courrier Français* blâmait sévèrement la manière dont était conçue la dépêche de M. Molé. « Quel peuple, disait-il, à moins d'avoir abdiqué tout sentiment d'honneur national, ne répondrait par un refus? » Les autres journaux indépendants ne relevaient pas avec moins de force le langage du ministre, et, chose des plus significatives, la publication de cette dépêche produisait, à la Bourse de Paris, une baisse sensible.

Oui, assurément, tout le prouvait, la question était simplifiée, et l'on ne comprenait pas pourquoi les cinq commissaires en dissidence avec MM. Rigaud et Monnard passaient indifférents, même le 3 septembre, à côté du nouvel état de choses. Leur siége, apparemment, était fait d'avance, et ils tenaient à n'y rien changer, sans égard pour les événements. L'opinion publique, qui, devant les diverses phases de ce grave différend, n'était point demeurée stationnaire, appréciait mieux la situation; elle la voyait telle que l'avait nettement dessinée la lettre du 14 août, et elle se produisait ainsi dans une des feuilles suisses libérales (1) :

« Tout en exprimant l'indignation que nous cause la dépêche de M. Molé, nous devons reconnaître que cette pièce diplomatique a simplifié la question, et fermé toute issue au doute et aux faux-fuyants. On pouvait croire d'abord que le Cabinet des Tuileries, agissant dans un intérêt dynastique, voulait être suffisamment éclairé sur la position de Louis-Napoléon Bonaparte dans le canton de Thurgovie, et sur la pensée de ce canton relativement aux prétentions que pourrait encore élever ce prince. Mais le gouvernement français, bien loin de s'en tenir à une démarche qui n'aurait eu rien de blessant pour les droits et l'honneur d'États indépendants, a poussé l'oubli de toute convenance et de toute justice jusqu'à notifier que Louis-Napoléon fût-il expressément re-

(1) Le *National Genevois.*

connu *citoyen suisse*, il ne s'en rapporterait, sur ce point, ni au gouvernement thurgovien ni à Louis-Napoléon lui-même; qu'il le considérerait toujours comme Français, et qu'il exigerait absolument son expulsion.

« Il est aisé de voir qu'ici se manifeste une volonté étrangère, pleine de présomption et de l'idée de la supériorité de ses forces, volonté qui ne conserve aucun ménagement pour ceux à qui elle s'adresse, ni aucun respect pour leur existence comme nation. La question, ainsi que nous le disons plus haut, est bien simplifiée : ce n'est point un individu, c'est un principe, et un principe vital que les Grands-Conseils sont appelés à défendre; il ne leur reste plus qu'à opter, sans détours pour la résistance ou pour la soumission.

« Aussi est-ce chose parfaitement inutile que de discuter maintenant la qualité de l'illustre ressortissant de Thurgovie. L'arrêté du Grand-Conseil de ce canton, corroboré par la déclaration formelle et en date du 20 août, faite par Louis-Napoléon, n'a laissé aucune incertitude sur ce point; c'est ce que MM. Rigaud et Monnard ont reconnu : de là les sages et dignes conclusions de leur rapport. Et d'ailleurs, la plupart des Grands-Conseils eussent-ils la faiblesse d'adopter la proposition de MM. Hess, Schindler, Burckhardt et Kohler, ou même celle de M. Kopp, cette concession serait sans portée, le ministère français ayant déjà déclaré, par l'organe du *Journal des Débats*, qu'aucune des propositions ne pouvait le satisfaire, et que, bon gré, mal gré, l'expulsion aurait lieu.

« On objecte qu'un refus, c'est la guerre, et la guerre avec une puissance formidable ; quoiqu'il soit difficile de s'arrêter à l'idée que Louis-Philippe, qui s'est efforcé jusqu'à présent, et à tout prix, de conserver la paix, se décide à la troubler pour soutenir une exigence qu'aucun motif sérieux ne saurait justifier.

« Eh bien ! si c'était effectivement la guerre, les chances, on l'a déjà démontré, ne seraient pas toutes défavorables à la Suisse. Celle-ci possède les moyens de lutter quelque temps avec avantage. Puis fallût-il, enfin, céder à la force, elle n'en aurait pas moins eu le courage de protester énergiquement contre ce monstrueux abus de la puissance du nombre ; elle pourrait, en déposant les armes, dire avec une noble assurance, comme François Ier, fait prisonnier à Pavie : *Tout est perdu, fors l'honneur !* »

Le sentiment public se manifestait aussi avec vigueur dans d'autres cantons. La question de savoir si Louis-Napoléon était Suisse ou Français était mise à l'écart, puisqu'on ne permettait même pas à la Confédération de respecter les droits par elle conférés à ce prince, et que, Suisse ou non, il fallait qu'il partît. La plupart des citoyens s'accordaient à dire : Louis-Napoléon fût-il étranger, comme le prétend M. Kopp ; fût-il Suisse, comme le soutiennent MM. Rigaud et Monnard, nous ne pouvons nous soumettre aux exigences du gouvernement français sans perdre notre libre arbitre à l'intérieur, cette indépendance dont nos aïeux furent si fiers, et dont, aujourd'hui, nous sommes encore si glorieux. La réputation d'hospitalité que la Suisse possède depuis des siècles prouve son droit incontestable d'accueillir qui bon lui semble ; et du moment où elle offre à ses voisins la garantie qu'ils n'ont rien à craindre de l'exercice de ce droit, ils n'ont absolument rien à réclamer. Aux armes donc, si l'on persiste à nous imposer un acte de servilité et de faiblesse !

Ces élans de patriotisme ne se bornaient point à des paroles. Dans l'incertitude où l'on était sur les événements qui allaient suivre, les gouvernements cantonaux ne négligeaient aucune mesure de précaution. Le sage axiome : *Si vis pacem, para bellum* (Si tu veux la paix, prépare-toi à la guerre), n'était point oublié. A Genève notamment, des quantités considérables de plomb étaient achetées par le département militaire ; on confectionnait des cartouches et d'autres munitions de guerre ; l'artillerie était mise en bon état ; M. le colonel Dufour était chargé de visiter la frontière du canton, afin de reconnaître les positions les plus avantageuses pour la défense. En même temps, l'adresse suivante était destinée au Grand-Conseil de Thurgovie :

« Très-honorés Messieurs, chers et fidèles Confédérés,

« Nous avons lu avec une vive satisfaction votre déclaration unanime du 22 août dernier, en réponse à la note de l'ambassadeur français. Nous éprouvons le besoin de vous en témoigner notre reconnaissance.

« Vous avez su maintenir le principe sacré et inviolable de la souveraineté, en le conciliant avec les devoirs du droit international.

« Vous avez bien mérité de la Suisse.

« Vous avez démontré que Louis-Napoléon Bonaparte, dont on demande l'expulsion du territoire helvétique, est citoyen du canton de Thurgovie dès l'année 1832; qu'il jouit de tous les droits attachés à cette qualité, qu'il a acceptée; et que vous ne lui en reconnaissez aucune autre.

« Vous avez repoussé, comme étant sans fondement, l'allégation contenue dans la note de l'ambassadeur français, que l'habitation de Louis-Napoléon est un centre d'intrigues contre le gouvernement actuel de la France.

« Vous avez refusé de souscrire à la demande de ce gouvernement, en déclarant que vous ne souffririez sur le territoire de votre canton aucun acte qui fût de nature à compromettre la sûreté des États voisins, et que vous sauriez punir, conformément à la Constitution et aux lois du pays, les actes de cette nature qui seraient prouvés.

« Cette réponse est la seule que, dans les circonstances actuelles, l'honneur et la dignité de la Confédération lui permettent de faire, et les soussignés ne doutent pas qu'elle ne fût aussi le texte de celle de la haute Diète à la note de l'ambassadeur français.

« Comme vous, nous ne pouvons voir dans Louis-

Napoléon qu'un citoyen du canton de Thurgovie, quelles que soient les déclarations qu'on pourrait exiger de lui.

« La question qui préoccupe la nation est donc claire et nettement posée; le bon sens national sait la dégager de toute considération individuelle. Il ne s'agit plus des œuvres ou des projets de Louis-Napoléon; le gouvernement français demande à la Suisse l'expulsion, sans jugement, d'un de ses citoyens.

« Cette demande est, sous tous les rapports, inadmissible, et les droits internationaux ne sauraient aller jusque-là.

« Si la Confédération pouvait adhérer à une pareille exigence, elle ne serait plus une nation indépendante et libre : elle perdrait, et avec raison, tout droit quelconque à l'estime et à la considération du monde entier.

« Aussi, en réfléchissant à ce qu'on voudrait lui imposer, la Suisse entière s'est émue; elle porte ses regards plus haut et plus loin : elle s'inquiète de son avenir. Elle a compris que le moment était venu de donner une réponse courte et catégorique à cette question que chacun s'adresse avec angoisse : L'étranger sera-t-il maître chez nous ?...

« L'immense majorité de la nation, n'en doutez pas, très-honorés Messieurs, partage votre manière de voir, et tous les cantons applaudiront comme nous à votre honorable décision.

« Nous avons appris avec douleur la scission qui s'est manifestée dans le sein de la Commission de la

Diète, et ensuite dans cette haute assemblée, sur une question qui, après la déclaration de votre députation, après la séance si remarquable du 6 août, aurait dû réunir l'unanimité des membres de la Commission et la grande majorité des États, au projet simple et digne de cette minorité de deux membres qui se fondait essentiellement sur votre décision du 22 août.

« Qu'importent les déclarations que le projet de la majorité de la Commission voudrait exiger de Louis-Napoléon ? Quoi qu'il dise, il restera ce qu'il est aux yeux du gouvernement français, qui veut son expulsion, sans égard à la qualité qu'il a ou qu'il peut prendre quant à ses droits de citoyen.

« Ce n'est pas par des subtilités ou des faux-fuyants qu'un peuple qui se respecte, quelque faible qu'il soit, peut répondre à une demande injuste et qu'il ne saurait accorder sans violer les institutions les plus sacrées.

« Si le gouvernement français ne se contente pas de la garantie que vous avez donnée et que la haute Diète renouvellerait solennellement quant aux devoirs que le droit des gens lui impose, c'est que ce gouvernement, qui se dit notre ami et notre allié, veut humilier la Suisse ou lui dicter des lois : c'est ce que le peuple ne saurait souffrir, sans cesser d'exister comme peuple indépendant.

« Nous espérons que l'honneur de la Confédération sortira intact des délibérations des Grands-Conseils, qui auront à se prononcer sur la réponse à faire à la note de l'ambassadeur français; mais, en attendant, persistez, très-honorés Messieurs, dans votre noble résolution.

« Comptez sur l'appui que vous prêtera, dans cette grave conjoncture, le peuple suisse, et soyez certains que lui aussi dira avec votre honorable député à la Diète, M. Kern :

« Fais ce que dois, advienne que pourra !

« Nous avons l'honneur d'être avec une haute considération et un profond respect,

« Très-honorés Messieurs et chers Confédérés,

« Vos très-humbles et très-obéissants serviteurs.

« Genève, le 8 septembre 1838.

« G.-H. DUFOUR, *quartier-maître-général;* RILLIET-CONSTANT, *colonel fédéral;* F. COUGNARD, *lieutenant-colonel, député;* MAYOR, *docteur chirurgien-major, député;* J. HORNUNG, *député;* J. VEILLARD, *capitaine de chasseurs, député;* BERTON, *capitaine d'artillerie, député;* J. MORIN, *docteur chirurgien-major, député;* L. EMPEYTA, *capitaine d'artillerie, député;* COUGNARD aîné, *député;* C.-L. DECREY, *capitaine de chasseurs;* L. DUROVERAY, *capitaine, député;* Jacq. COUGNARD, *capitaine d'artillerie;* MORIN-DERIAZ, *député;* A. MORIN, *pharmacien.* »

Cette adresse ferme et digne, éloignée de toute forfanterie, inspirée par les convictions les plus respectables, était signée avec empressement. Thurgovie recevait de tous côtés des témoignages de sympathie et des encouragements à persévérer dans la voie où il était courageusement entré. Les deux membres de la 1re minorité de la Commission, MM. Monnard et Rigaud, à leur retour de Lucerne, étaient l'objet, le premier à Lausanne, le second à Genève, d'une manifestation touchante et patriotique.

Chose digne de remarque au milieu de la querelle qui semblait devoir jeter une certaine froideur dans les relations du ministère français et des gouvernements suisses, M. de Salvandy, ministre de l'instruction publique en France, envoyait à la Bibliothèque de Genève une collection composée, en grande partie, d'ouvrages arabes, turcs, sanscrits, persans et indiens (1). Le *National Genevois*, qui faisait mention de cet envoi, dans son numéro du 12 septembre, publiait, le même jour, le petit article suivant :

« Nous ne sommes ni superstitieux ni crédules, on le sait ; néanmoins, nous croyons devoir signaler une ancienne prophétie qui se rapporterait précisément à la circonstance actuelle :

« L'an mil huit cent trente-huit un Roy demandera
« Un faict qu'hospitalier Peuple refusera. »

Il ne semblait nullement probable que le peuple suisse démentît la fin de cette curieuse prédiction. Déjà, pour parer aux éventualités, on travaillait à organiser des guérillas, ainsi qu'il résultait de la circulaire ci-après, rédigée dans le canton de Vaud, et ayant par-

(1) M. de Salvandy remplissait la généreuse promesse qu'il avait faite à M. le professeur Jean Humbert, de Genève. Ce présent se composait de 16 ouvrages, parmi lesquels on remarquait la *Relation de l'expédition de Morée*.

ticulièrement en vue l'appui dont pourrait avoir besoin le parti de la résistance :

« ASSOCIATION NATIONALE SUISSE.

« L'Association nationale suisse, section du district de Lausanne, a reçu et complété le *Projet de réglement provisoire pour les guérillas suisses*, qu'elle avait élaboré en 1836, alors que la patrie était en danger. Elle a pensé que le moment était venu d'appeler l'attention des citoyens sur une organisation qui remplit une lacune grave. Autant il convient d'éviter toute provocation et toute fausse bravoure, autant il faut prendre ses précautions quand il en est temps encore. Cette manifestation est surtout opportune à la veille de la convocation des Grands-Conseils appelés à donner des instructions positives à leurs députés. Les autorités pourront se convaincre que le peuple est résolu à verser son sang pour la défense de la liberté et de l'indépendance de la Suisse, et qu'il n'attend qu'un appel à son énergie.

« L'action des gouvernements, celle des chefs, ne peuvent-elles pas être paralysées par l'effet d'une surprise ou par toute autre cause? A Lucerne, ne commence-t-on pas à fléchir? Que la triste expérience de 1815 serve de leçon! En se mettant en mesure de faire prévaloir sa souveraineté, et de maintenir son indépendance par lui-même, envers et contre tous, le peuple suisse écartera jusqu'à la possibilité de la faiblesse, jusqu'à l'idée de la trahison.

« Sont appelés à faire partie des guérillas plusieurs milliers de Suisses en état de combattre, qui ne sont ni dans le contingent, ni dans la réserve, ni dans les grandes sociétés de Carabiniers : ce sont, d'un côté, des jeunes gens pleins d'ardeur, qui ne sont pas encore inscrits dans l'élite ; de l'autre, des hommes de toutes armes, et de tous grades, que leur âge affranchit du service militaire, mais qui ont conservé des forces et acquis l'expérience des manœuvres ; sans compter un grand nombre d'individus capables de servir, qui ne rentrent dans aucune de ces catégories.

« L'Association fait d'ailleurs observer que ce projet n'est point un acte offensif dirigé contre les Français, mais une simple mesure défensive contre leur gouvernement. »

(*Suivaient les signatures.*)

La distinction faite ici entre les Français et le gouvernement du roi Louis-Philippe était juste ; on se montrait généralement opposé, en France, à une rupture avec la Confédération. C'est ce que le *Journal du Peuple* s'empressait de proclamer :

« La Suisse refusant l'expulsion, et M. Molé voulant l'expulsion, rien que l'expulsion, il faut que M. Molé se retire pour faire place à une administration qui entende mieux la dignité de la France, ou que la question soit vidée par les armes. Les feuilles ministérielles sont à la guerre ; que sont pour ces feuilles le commerce et l'amitié d'un peuple libre auprès de la plus légère satisfaction d'amour-propre des maîtres qui les paient? Que quelques hommes désirent la guerre pour renouveler certaines turpitudes, c'est possible ; mais la nation ne pourrait voir qu'un acte de démence dans cet effet de la susceptibilité dynastique à laquelle elle est parfaitement étrangère. Du reste, cette affaire donne naturellement lieu à la question : Pourquoi n'a-t-on jamais demandé à l'Autriche l'expulsion de la branche aînée des Bourbons?... Orgueilleuse et injuste avec les faibles, humble avec les puissants ; ces mots caractérisent tous les rapports de notre diplomatie avec l'étranger. »

Le *Journal de Paris* croyait que si la Diète suisse opposait un refus à la demande du Cabinet des Tuileries, il y aurait déclaration de guerre, mais point de guerre, les soldats français ne pouvant se battre qu'avec peine contre les Suisses, et l'armée connaissant trop bien l'opinion de la France, pour se mettre en opposition avec elle.

Le *Constitutionnel* signalait l'impopularité du duc de Montebello, et il l'expliquait en ces mots :

« Le duc de Montebello ne représente pas la France auprès du gouvernement suisse ; il la représente auprès d'un parti. Notre ambassadeur est systématiquement hostile à la révolution qui a restitué à la Suisse ses garanties démocratiques ; il est l'homme des aristocrates et des absolutistes, c'est-à-dire du parti vaincu en 1831 et des cabinets étrangers. »

Le *Courrier Français* ne pouvait voir, sans en être profondément affligé, la guerre près d'éclater entre deux peuples intéressés à vivre en bons voisins. On lisait dans ce journal, qui était alors un des organes de publicité les plus sérieux et les plus estimés :

« La tournure qu'ont prise nos différends avec la Suisse a laissé entrevoir dans ce pays la possibilité d'une guerre prochaine avec la France, et déjà les partis cherchent à s'y préparer et à la soutenir au besoin. On songe à organiser une association nationale ayant pour objet de fournir à tous les jeunes gens et à tous les hommes d'un âge mûr qui se trouvent hors des cadres de l'armée et des milices, mais qui sont animés de patriotisme et de bonne volonté, un moyen de s'organiser en corps de volontaires. Dans ce but, on remet en lumière un *Projet de règlement provisoire pour les guérillas suisses*, élaboré en 1836, et revu pour les circonstances actuelles. En vain le journal qui fait cette publication s'attache à dire que ce n'est point une menace contre la France, qu'il ne s'agit que d'une mesure de précaution pour la Suisse ; il n'en est pas moins déplorable que le gouvernement ait fait naître des circonstances telles, qu'on cherche à rendre nationale de l'autre côté de notre frontière l'idée d'une guerre entre deux peuples qui sont faits pour s'aimer et rester unis. »

CHAPITRE VIII.

Opinion du *Morning-Chronicle* et du *Morning-Herald* sur la conduite de la royauté de Juillet envers la Suisse. — Le *Phare Industriel* publie un article remarquable. — Bruit d'une prochaine invasion du territoire français par les Suisses. — L'un des propagateurs de ce bruit, le *Courrier de l'Ain*, persiste à vouloir, pour le moins, la conquête de six villages.—Ascension du Mont-Blanc par mademoiselle d'Angeville. — Il est question d'un mouvement de troupes françaises.—Intrigues et menées. —Tir de Lancy.—Les Genevois ne s'endorment pas.—Marche de plusieurs régiments français vers la frontière.—Décision du Grand-Conseil d'Argovie.—Les officiers de la garnison de Berne.—Nouvelle circulaire du Comité de l'Association nationale suisse. — Discours de l'aumônier d'un bataillon bernois. — Adresse des officiers zuricois au Grand-Conseil de leur canton.

Les journaux anglais ne voyaient point avec indifférence les tracasseries dont la Suisse était l'objet. Le Cabinet de St-James avait d'ailleurs refusé de se joindre aux Puissances qui étaient intervenues officieusement dans le débat, pour engager le Directoire fédéral à satisfaire aux exigences du gouvernement français. Cette abstention devait-elle être attribuée au sentiment du bon droit de la Suisse, ou bien à une politique toujours intéressée ? — Qu'importe ! J'enregistre ce fait qui, du reste, s'accorde avec le langage suivant, que tenait le *Morning-Chronicle* :

« Le ministère français, dans sa conduite envers la Confédération helvétique, suit une marche ignoble et illibérale qui mettra la France dans une fausse position vis-à-vis de ses alliés naturels et de ses ennemis; car elle perdra l'amitié des uns et ne trouvera que des amis perfides dans les autres. »

Le même journal critiquait vivement un article de la *Revue des Deux-Mondes* tendant à établir que la Suisse devait toujours éprouver les effets de la bienveillance ou de la force de la France.

« Si quelque chose, disait-il, doit engager la Suisse à résister, c'est assurément l'emploi de semblables arguments. Eh quoi! parce que la Suisse peut laisser ouverte la frontière de l'Autriche ou de la France, il faudra qu'elle se soumette aux volontés de la France et de l'Autriche, ou qu'elle devienne l'objet et la victime de violences. En d'autres temps, les gouvernements de France et d'Autriche étaient animés de sentiments bien différents. Mais, répondra-t-on, la Suisse devait alors leur plaire. — D'où, sans doute, il faut conclure que si, aujourd'hui, elle se montre moins docile, chacun de ces deux pays peut envoyer une armée sur son territoire; c'est-à-dire que l'on voudrait traiter la Suisse comme Cracovie, et la France adopterait les principes de la Sainte-Alliance! C'est mettre Louis-Philippe sur la même ligne que le prince de Metternich et le czar Nicolas : vit-on jamais rien de plus monstrueux! »

Partageant à cet égard l'opinion du *Morning-Chronicle*, une autre feuille anglaise, le *Morning-Herald*, prétendait que la demande d'expulsion de Louis-Napoléon ne donnerait à la nouvelle dynastie ni plus de considération, ni plus de sécurité. Il pensait que la nation suisse, toujours animée des sentiments qui soutinrent ses fondateurs dans des luttes gigantesques, ne permettrait point qu'on lui dictât les termes de l'hospitalité réclamée par un étranger tel que le jeune prince, qu'il fût, ou non, naturalisé. La résolution énergique avec laquelle elle défendrait ses droits, ne pouvait, suivant la feuille anglaise, en assurant à la Confédération les respects de l'Europe, qu'engager Louis-Philippe à réfléchir avant de porter la main sur son indépendance.

Les organes du commerce français continuaient aussi à se prononcer fortement contre la guerre. Le *Phare Industriel*, entre autres, publiait cet article remarquable et qui, aujourd'hui, si les mêmes circonstances se présentaient, pourrait être encore, en grande partie, convenablement appliqué :

« La guerre entre la France et la Suisse, ce serait le triomphe de tous nos concurrents, de tous nos rivaux ! Ce serait la victoire pour l'Angleterre, la victoire pour la Belgique, que nous pouvons nous vanter d'avoir dépassées sur plusieurs points, et que nous sommes bien près d'atteindre sur tous ! Ah ! certes, ces deux puissances paieraient bien cher ceux-là qui pourraient décider notre gouvernement à une guerre qui nous détournerait du but vers lequel nous marchons à si grands pas depuis quelque temps (1).

(1) Le commerce général de la Suisse avec la France a atteint, en 1854, le chiffre de 353 millions. Il n'était encore, à l'époque où parut cet article,

« Le blocus commercial aurait tous les inconvénients de la guerre, moins toutefois le sang répandu. Quant aux conséquences pécuniaires, elles seraient les mêmes. La perturbation ne serait pas moins grande, et plus d'une maison française qui ne marche qu'avec les secours des capitaux de Bâle, de Zurich et de Genève, pourrait bien souffrir, plus que ses commanditaires, d'hostilités qui entraîneraient naturellement la rupture des liens qui unissent les deux pays. Déjà, on peut se le rappeler, plusieurs des fabriques de l'Alsace ont été exposées à des périls semblables lors du blocus hermétique, à la suite de l'affaire Conseil; il y aurait danger à les replacer, elles et beaucoup d'autres, dans une position pareille, d'autant plus funeste que les mesures dont elle est le résultat sont maintenues plus longtemps.

« Il ne serait pas moins à craindre non plus d'interrompre, même pour un temps limité, les relations commerciales de la Suisse avec la France; car notre territoire est devenu la grande route de transit pour toutes les marchandises qui vont ou viennent de la Suisse en Angleterre ou dans le Nord. L'Allemagne, et notamment la Prusse, sont intéressées à nous ravir cette source importante de profits, à la conservation de laquelle nous sacrifions aujourd'hui des sommes considérables pour l'établissement d'un canal de com-

que de 160 millions. Augmentation, en 16 ans, de 193 millions. (Voir le *Tableau des forces matérielles et morales des XXII cantons*, par M. B. Franscini, membre du Conseil fédéral. — Alex. Michod, éditeur, à Lausanne.)

munication avec le Rhône, et d'un chemin de fer de Strasbourg à Bâle.

« Est-ce donc dans un pareil moment qu'il faut briser violemment des rapports que nous avons tant de peine à resserrer ? »

Tous les hommes que guidait une sollicitude réelle pour les intérêts de la France, applaudissaient à cet éloquent plaidoyer en faveur du maintien de la paix. Mais quelques journaux, habiles à exploiter, les uns les susceptibilités et les frayeurs dynastiques, les autres l'amour-propre des ministres, leurs patrons, ne cessaient d'envenimer la querelle, et semblaient prendre à tâche de mettre le Cabinet des Tuileries dans la nécessité de recourir à la force des armes. Plusieurs feuilles préfectorales de départements voisins de la frontière suisse contribuaient beaucoup à faire croire indispensable l'emploi de mesures violentes. L'une de ces feuilles, par exemple, le *Courrier de l'Ain*, feignait de prendre au sérieux le langage de la *Gazette universelle* de Berne, journal aristocratique, qui avait présenté *ironiquement*, comme probable, une invasion du territoire français par les troupes suisses. En partant de ce thème, il était facile de créer un vaste champ de conjectures plus ou moins alarmantes. Aussi, saisissant avec ardeur cette occasion de déprécier l'organisation militaire helvétique, la feuille préfectorale s'écriait-elle arrogamment : « Trente mille hommes seraient à Berne et à Genève avant que le Vorort eût rassemblé le contingent qui devrait envahir la Franche-Comté. »

Or, je puis affirmer qu'il suffit d'un coup de tambour pour mettre contingents et réserve sur pied. Les milices du canton de Vaud particulièrement se sont distinguées mainte fois par leur empressement et par leur ardeur martiale ; la Franche-Comté touche au territoire vaudois ; la feuille préfectorale, qui parlait si inconsidérément, l'avait-elle donc oublié ? Chose certaine, ce projet d'invasion n'a jamais existé que dans les colonnes de la Gazette de Berne, ci-dessus qualifiée ; et si je relève l'inconvenance de l'espèce de défi porté alors, sous ce faux prétexte, aux milices suisses, c'est principalement en vue de rendre justice à nos voisins, que représentaient si défavorablement, d'un côté une presse égarée par l'esprit de caste, de l'autre quelques journalistes batailleurs et conquérants jusqu'au ridicule.

A ce propos, je ne puis omettre de rappeler que le *Courrier de l'Ain*, après avoir montré l'occupation de Genève et de Berne comme ne présentant aucune difficulté, ajoutait que *les communes françaises cédées à la Suisse en 1815 seraient conquises au pas de course et sans coup férir*. Cette prétention ne paraissait guère opportune, au moment où l'on voulait chasser de son refuge le neveu de Napoléon ; mais que faisait une inconséquence de plus ? Messieurs les écrivains du juste-milieu n'y regardaient pas de si près ! « Comme on le voit, disait à ce sujet le *National Genevois*, le *Courrier de l'Ain* a conservé les idées de conquête qu'il avait en 1836 ; il veut à toute force déchirer les traités de 1815, pour reprendre....—quoi?—six villages, ni plus ni moins, tandis que la France est encore veuve de sa frontière du Rhin ; tandis que la Prusse est à 50 lieues de Paris ; tandis que la nationalité polonaise se meurt.... Ah ! *Courrier*, tu fais le brave, mais fais-le contre les forts ; reprends des cités, des provinces, aux monarchies qui se sont alongées ou arrondies aux dépens de la France, et qui la tiennent en échec ; mais, de grâce, laisse à notre petite République quelques villages indispensables à ses communications, lesquels villages seraient, d'ailleurs, bien fâchés de tomber sous ton système de gouvernement. »

Pendant que certaines gens rampaient dans les bas-fonds de la politique, une femme s'élevait à des hauteurs incommensurables, et vers lesquelles peu d'hommes avaient osé porter leurs pas. Le courage de cette femme, son mépris des plus grands dangers, le succès de son audacieuse entreprise, firent un instant diversion aux préoccupations nées du différend qui divisait la France et la Suisse. Les amateurs de nouvelles, en attendant des bulletins de guerre, lisaient avidement ces détails curieux partis de Chamouny (Savoie), à la date du 5 septembre :

« Toute notre vallée est en émoi. Depuis l'ascension de M. de Saussure, aucun fait n'avait produit autant de sensation que celui dont nous venons d'être témoins. Une femme a eu le courage de gravir le Mont-Blanc ; cette femme est française : c'est Mlle d'Angeville, sœur du député de l'Ain. Partie d'ici avant-hier, à six heures et demie du matin, elle a été coucher au rocher des Grands-Mulets, et hier, à midi, elle a atteint le sommet de la montagne ; elle y est restée environ une heure, et y a écrit quelques notes ; les guides qui ont accompagné cette demoiselle ne peuvent en dire assez sur le courage et la force avec lesquels elle a surmonté les obstacles de ce voyage difficile et périlleux. Avant elle, une seule femme avait osé le tenter : c'était une paysanne de cette vallée, et encore, une fois au grand plateau, elle ne voulait plus continuer, et on l'a portée de force jusqu'au haut. Mlle d'Angeville, au contraire, a conservé une présence d'esprit qui ne s'est pas démentie un seul instant ; elle encourageait ses guides ; elle a causé et plaisanté avec eux tout le temps. Aussi, le matin, quand elle est redescendue, c'était un enthousiasme difficile à dépeindre : on a tiré le canon en son honneur ; les habitants de la vallée se sont portés à sa rencontre.

« Une particularité prouve l'énergie de cette dame, qui avait une connaissance parfaite du danger. Il paraît qu'elle avait emporté deux pigeons très-bien dressés, porteurs chacun d'une lettre : l'une de ces lettres annonçait sa mort, l'autre un voyage heureux. Effectivement, arrivée au sommet, à ce fameux dôme du Goûter, non sans péril, mais sans accident, elle donna la liberté au pigeon porteur de la bonne nouvelle. L'intelligent oiseau prit aussitôt son vol vers Genève, où il était attendu avec la plus vive anxiété. »

En redescendant avec Mlle d'Angeville des régions voisines du ciel, nous retrouvons les misères de la politique naine suivie par Louis-Philippe et ses ministres ; la situation, au lieu de s'être améliorée, n'a fait qu'empirer. Les interprètes de la pensée gouvernementale, le *Journal des Débats* en particulier, s'étaient d'abord montrés satisfaits de ce que la Diète eût ajourné sa réponse, afin de consulter ses commettants. Ils se flattaient que ceux-ci, en majeure partie, seraient favorables à l'expulsion exigée. Mais bientôt, à ce sentiment avaient succédé des doutes sur les dispositions de la plupart des Grands-Conseils, et il ne s'agissait de rien moins que de diriger des troupes vers la frontière, avant d'avoir reçu une réponse définitive.

« On annonce, lisait-on dans le *Réparateur* de Lyon, du 13 septembre, un prochain mouvement de troupes, par suite duquel la garnison de Lyon serait encore augmentée. Si les bruits répandus à ce sujet ne sont pas sans fondement, cette augmentation de forces sur ce point ne saurait être qu'un commencement de démonstration contre la Suisse, puisque la garnison est plus que suffisante pour le service de la place et des forts qui l'entourent. »

Le gouvernement philippiste travaillait, déjà depuis quelque temps, à s'assurer, en cas de guerre, l'appui du parti se qualifiant de *conservateur*. Le sous-préfet du petit arrondissement français qui touche à la frontière occidentale de la Suisse (1) venait de parcourir les Etats de Vaud et de Genève. Il y

---

(1) L'arrondissement de Gex.

avait visité des officiers et des sous-officiers sortis des régiments capitulés, et quelques personnages connus pour leurs opinions rétrogrades ; son but était de savoir quel concours le gouvernement français pourrait attendre d'eux, s'il favorisait une tentative réactionnaire en Suisse. M. Girod (de l'Ain), pair de France, président du Conseil d'État, et ami intime de Louis-Philippe, se trouvait alors à Genève, où il s'efforçait de gagner à la cause du roi, son maître, l'aristocratie de ce canton.

L'opinion, malgré toutes ces intrigues, on le reconnaissait facilement, penchait du côté de la résistance ; elle se manifestait dans chaque occasion. Au banquet du Tir de l'Oiseau de Lancy, que le Maire et les membres du Conseil Municipal de cette commune genevoise honoraient de leur présence, on applaudissait avec enthousiasme des couplets inspirés par la circonstance, et dans lesquels était fortement exprimé l'espoir que la Suisse conserverait son indépendance et pourrait, toujours, signer sans honte la paix avec l'étranger.

Bien que formant des vœux pour le maintien de la paix, Genève continuait de se précautionner contre les chances de guerre. Non-seulement les fortifications, les arsenaux, les dépôts d'armes, en un mot, tout ce qui pouvait servir à la défense du pays, avait été inspecté par M. le colonel Dufour ; mais, en outre, le premier contingent avait reçu l'ordre de se tenir prêt.

C'est qu'aussi les dispositions hostiles du gouvernement français n'étaient pas douteuses : on savait que des dépêches télégraphiques pressaient la marche de plusieurs régiments vers la frontière. Le général Schneider inspectait la garnison de Dijon ; il arrivait de Besançon, après avoir également inspecté les troupes casernées dans cette ville : partout les mouvements militaires offraient, depuis quelques jours, une activité remarquable. Le résultat de la délibération du Grand-Conseil d'Argovie, qui s'était réuni le premier de tous pour s'occuper de la note française, semblait-il de mauvais augure au ministère Molé? lui faisait-il pressentir une imposante majorité se prononçant contre la demande d'expulsion? Il y avait lieu de le supposer.

Effectivement, dans sa séance du 7 septembre, après une discussion fort animée, le Grand-Conseil argovien avait adopté, à une majorité de 105 voix contre 55, un projet d'instructions à sa députation en Diète, parfaitement conforme au préavis présenté par MM. Rigaud et Monnard. Ce projet avait réuni l'unanimité des membres du Petit-Conseil et la presque unanimité de la Commission de neuf membres que le Grand-Conseil avait chargée de l'examiner. Voici quelle en était la teneur :

« La naturalisation thurgovienne légalement accordée à Louis-Napoléon Bonaparte étant un fait authentiquement prouvé, la députation s'opposera énergiquement et fermement à la demande de la France, vu que cette demande est inconvenante et blesse au plus haut degré la position reconnue à la

Suisse par le droit des gens et les traités internationaux ; elle contribuera à ce qu'il y soit fait une réponse négative convenable, avec la réserve formelle de la souveraineté de chaque canton et de l'indépendance de la Confédération en général ; elle appuiera toutes les décisions qui tendront à conserver intacte la position légale de la Suisse ; elle repoussera avec la fermeté et la dignité d'un peuple dont l'indépendance est menacée, toute tentative de la part de l'étranger, de s'immiscer dans nos affaires de police intérieure ; enfin, elle déclarera avec les autres cantons que la Suisse, tout en remplissant fidèlement les devoirs que lui impose le droit des nations, veillera à l'observation des égards qui lui sont dus en vertu du même droit, par les États voisins. »

Le *National Genevois* exprimait vivement la satisfaction qu'il avait éprouvée en voyant la marche des délibérations des Grands-Conseils cantonaux s'ouvrir d'une manière aussi digne. Il concluait de divers autres symptômes non moins frappants, que la majorité des instructions serait contraire à la demande de M. de Montebello.

On apprenait qu'une réunion d'officiers bernois appartenant à toutes les opinions, non-seulement avait donné son adhésion à l'adresse des Genevois au Grand-Conseil de Thurgovie, mais de plus, avait chargé trois de ses membres de s'entendre avec le Département militaire, à l'effet de compléter le matériel de guerre que nécessitaient les circonstances.

Le Comité de l'Association nationale suisse venait

de publier une circulaire par laquelle, en annonçant que la réunion générale de cette année aurait lieu le 23 septembre à Langenthal, dans le canton de Berne, il indiquait comme objet principal des délibérations la situation actuelle de la Suisse à l'égard de la France. Les passages relatifs à cette situation étaient caractéristiques :

« Depuis la révolution de Juillet, la Suisse a dû subir, de la part du gouvernement français, une série d'humiliations toujours accompagnées de l'assurance, donnée, en quelque sorte, sous la foi du serment, que c'était la dernière fois que le maintien de la paix nous imposait l'obligation de céder. Il était cependant à prévoir que nous aurions sans cesse à nous plaindre des mauvais procédés du gouvernement français. Ce qui se passe aujourd'hui en est la preuve. Comme ses dispositions hostiles à notre égard n'ont fait que s'accroître de jour en jour, il n'est pas surprenant que les exigences actuelles de Louis-Philippe laissent bien en arrière ses actes des années précédentes. La querelle qu'il nous suscite, non-seulement lèse les droits des individus, mais elle met en question les principes les plus importants, l'existence d'une nation libre ; elle peut s'interpréter de la manière suivante : Les autorités suisses doivent-elles être l'instrument aveugle d'une police étrangère guidée par des considérations iniques ?

« Le Cabinet français réclame des autorités fédérales et de l'État de Thurgovie, d'une manière impérieuse et menaçante, l'expulsion de Louis-Napoléon

Bonaparte, qui depuis 1832 se trouve en possession de la qualité de citoyen de Thurgovie, et par conséquent du droit d'indigénat helvétique dont aucun jugement ne l'a privé, mais qui, au contraire, a été reconnu solennellement et à l'unanimité par le Grand-Conseil. Cette demande du gouvernement français est si attentatoire aux droits d'un peuple libre, elle est si contraire aux maximes du droit des gens, elle est tellement de nature à altérer les bases de notre bien-être matériel et moral, en même temps qu'elle accuse le malheureux aspect sous lequel la Diète a traité cette affaire, que le peuple doit aviser aux moyens de prévenir les conséquences qu'elle pourrait amener.

« La présence à la réunion qui va avoir lieu, de tous les patriotes, lors même qu'ils ne seraient pas membres de la Société, ne pourrait qu'être très-agréable dans les circonstances présentes. Tous les amis de la patrie, qui ont à cœur l'indépendance et l'honneur de la Suisse, sont expressément invités à se rencontrer en grand nombre à l'assemblée de Langenthal, afin de témoigner par leur présence l'intérêt qu'ils prennent à une affaire d'une aussi haute importance, et de concourir aux délibérations tendant à assurer, par le concours du peuple et des autorités attachées à la patrie, le maintien des droits de la nation.

« Berne, le 10 septembre 1838.

« LE COMITÉ DE L'ASSOCIATION NATIONALE SUISSE.
« *Le Prés*. KASTHOFER. *Le Secrétaire*, SCHNEIDER. »

Trois jours avant la publication de cette circulaire, les officiers de la garnison de Berne donnaient à M. le professeur Monnard une sérénade à laquelle une grande partie de la population prenait part, en faisant entendre de nombreux vivats. Le dimanche suivant, l'aumônier du 8e bataillon, M. le curé Reiser, de Courchavon, choisissant pour texte de son sermon le combat de David contre Goliath, rappela à ses concitoyens la gloire des anciens Suisses, et les nobles efforts qu'ils avaient faits pour conquérir leur indépendance. Il leur fit comprendre que le faible ne devait pas craindre de résister à l'oppression du fort, lorsqu'il avait de son côté, comme dans la querelle si imprudemment soulevée, la justice et le bon droit. Les paroles de cet ecclésiastique furent bien accueillies par les soldats ainsi que par les officiers.

Les miliciens zuricois ne restaient point en arrière de leurs Confédérés de Berne. Dans une adresse au Grand-Conseil, les chefs de bataillon du premier contingent, après avoir rappelé la conduite du gouvernement français envers la Suisse, déclaraient qu'ils étaient prêts à combattre pour l'honneur, le bon droit et la liberté de la patrie. Ils terminaient en priant le Grand-Conseil de donner à sa députation en Diète des instructions propres à maintenir intacts les plus précieux des biens que pût posséder une nation.

CHAPITRE IX.

Réunion de l'Association nationale suisse. Deux adresses : l'une au Grand-Conseil de Berne; l'autre, aux Français : texte de cette dernière. — Adhésion des Grands-Conseils de Berne, de Lucerne et de Vaud à la proposition Rigaud-Monnard. Texte du projet d'instructions du Grand-Conseil vaudois. Discours de MM. Briatte et De la Harpe. — Délibération du Conseil Représentatif de Genève. Résultat. Discours de M. le colonel Dufour. Discours de M. le colonel Rilliet. Critique de l'attitude prise, dans la discussion, par M. *de Sismondi*. Souvenirs du temps de Louis XIV et de la régence d'un duc d'Orléans. — Manifestation en l'honneur de plusieurs députés genevois.

La réunion convoquée par le Comité de l'Association nationale suisse à Langenthal, le dimanche 23 septembre, se composait d'environ six mille citoyens venus de divers cantons. Il y fut décidé qu'une adresse serait présentée immédiatement au Grand-Conseil de Berne pour l'engager à adhérer aux propositions de MM. Rigaud et Monnard, et qu'on ferait connaître au peuple français le véritable état des choses. Voici le texte de l'adresse qui fut rédigée par le Comité, conformément à cette dernière décision :

« Français !

« Le premier rempart est tombé, la Pologne est sacrifiée : faut-il que les deux boulevards de la France et de la liberté subissent le même sort ?

« La Belgique, par l'influence malfaisante des protocoles; la Suisse, par les exigences diplomatiques, verraient-elles leur existence menacée? Non, Français, une telle politique ne peut pas trouver accès auprès de votre peuple ni dans votre Chambre des Députés ; et ceux qui en sont les auteurs réfléchiront eux-mêmes aux dangers qu'il y aurait, dans la situation où se trouve aujourd'hui l'Europe, à pousser, par de puériles prétentions, un peuple qui n'est occupé que de lui-même, à une lutte sérieuse pour son indépendance et son honneur. Vous penserez qu'il y a encore d'autres Confédérés que ces citoyens équivoques qui ne savent pas résister à l'or ni aux artifices diplomatiques.

« Dans tous les cas, Français, nous comptons sur les sentiments d'honneur qui sont innés en vous, et sur votre intérêt bien entendu, comme sur notre propre force et la protection du ciel.

« LE COMITÉ DE L'ASSOCIATION NATIONALE SUISSE. »

(Suivaient les signatures.)

Le lendemain, 24 septembre, le Grand-Conseil de Berne, après une discussion des plus animées, adoptait, à une majorité de 106 voix contre 104, le projet Rigaud-Monnard. Les frères Schnell, qui n'avaient rien négligé pour amener un résultat contraire, donnèrent leur démission, l'un de conseiller d'État, l'autre de landammann. MM. Kohler et Stettler, qui étaient au nombre des 104 opposants, furent remplacés, comme députés à la Diète, par MM. Neuhaus et Manuel.

L'Helvétie publia aussitôt un supplément orné d'une couronne portant cette légende : *Le Grand-*

Conseil a bien mérité de la patrie ! La feuille bernoise ajoutait à l'annonce de l'heureuse nouvelle les détails qui suivent :

« Parmi les 104 députés qui ont repoussé la proposition du Conseil Exécutif, il faut bien se garder de croire que tous ont voté dans le sens de MM. Schnell. Ces 104 voix représentent une foule d'opinions diverses qui ont surgi dans les débats. Il n'y a guère qu'une minorité de 40 à 50 voix qui ait proposé de souscrire *pleinement* à la demande française ; le reste des voix de cette minorité ne consentait pas à l'expulsion, et se rattachait plus ou moins au projet de la majorité de la Commission diétale.

« Lorsque les représentants bernois, harassés de fatigue, quittèrent l'Hôtel-de-Ville, ils furent accueillis par de bruyants et nombreux vivats, entremêlés des cris : *A bas les Schnell ! Vive Monnard ! Vive Rigaud !* Le peuple se rendit ensuite devant la demeure des conseillers patriotes, et fit entendre des acclamations accompagnées de chants. »

Le même jour, 24 septembre, le Grand-Conseil de Lucerne se prononçait, à la majorité de 61 voix contre 24, pour l'adoption du préavis du Petit-Conseil, conçu tout-à-fait dans le sens de la proposition Rigaud-Monnard.

Cette proposition avait été adoptée, le 21, par le Grand-Conseil du canton de Vaud, à une majorité de 83 voix contre 78 ; l'expulsion pure et simple n'avait obtenu qu'*une* voix (celle de M. Correvon). Je reproduis ici le projet d'instructions tel qu'il fut voté :

« Le Grand-Conseil vaudois approuve le vote émis par sa députation sur la demande en expulsion de Louis-Napoléon Bonaparte, renfermée dans la note de l'ambassadeur de S. M. le roi des Français près la Confédération Suisse.

« La députation est, en conséquence, chargée de repousser cette demande de toutes ses forces.

« Elle commencera par faire observer que le gouvernement français n'allègue aucun fait de nature à justifier sa prétention, et que lors même que Louis-Napoléon Bonaparte ne serait pas suisse, la privation du droit d'asile ne pourrait être prononcée qu'ensuite de faits constatés par les autorités suisses.

« Mais il y a plus ; tout en insistant sur cette observation, la députation se fondera essentiellement sur ce qu'il résulte de rapports authentiques, mis sous les yeux de la Diète et des Grands-Conseils, que Louis-Napoléon Bonaparte jouit des droits de citoyen thurgovien, et qu'aux termes de la Constitution de Thurgovie, aussi bien que d'après le droit fédéral, nulle disposition exceptionnelle ne peut être prise à son égard.

« Elle votera pour que la Diète rappelle, à cette occasion, que, respectant les devoirs que lui impose le droit international, elle veille à l'accomplissement de tout ce qu'il prescrit à l'égard des États voisins.

« En confirmant les pouvoirs généraux donnés à la députation par les présentes instructions, le Grand-Conseil l'autorise de plus à concourir à toutes les mesures que pourraient exiger les circonstances. La députation votera, entre autres, pour que la Diète s'occupe immédiatement des mesures de défense à prendre en vue des circonstances dans lesquelles pourrait se trouver la Suisse. »

Une sérénade aux flambeaux, accompagnée de chants nationaux et de plusieurs salves d'artillerie, fut donnée aux députés vaudois à la Diète, MM. Monnard et De la Harpe, en reconnaissance de la manière dont ils avaient défendu, dans cette haute Assemblée, les intérêts de la patrie. Cette manifestation populaire avait réuni une foule considérable.

Entre autres orateurs qui, dans le Grand-Conseil du canton de Vaud, s'étaient fait remarquer par leur énergie, on doit citer M. Briatte.

« Si nous cédons, avait dit l'honorable député,
« nous verrons toutes nos libertés successivement
« attaquées et détruites; notre militaire, avili, ces-
« sera d'exister; aucun homme de bon sens ne
« voudra plus se prêter à une vaine mascarade. Si
« la patrie doit périr, que ce soit du moins avec hon-
« neur et sur les champs de bataille. On ne peut pas
« se le dissimuler, si nous refusons, la guerre est pos-
« sible, peut-être même probable, puisque l'ambas-
« sadeur de France a reçu l'ordre de demander ses
« passeports, ce qui équivaut, à peu près, à une dé-
« claration de guerre. Le moment est donc décisif,
« et la détermination à prendre aujourd'hui doit être
« bien réfléchie, et telle qu'il ne puisse jamais être
« question de revenir en arrière. »

M. De la Harpe, président du Conseil d'Etat et second député à la Diète, ne s'était pas exprimé avec moins de résolution.

« En considérant la manière dont le gouvernement
« français se comporte envers la Suisse depuis huit
« ans, on est tenté de croire, disait-il, que ce gouver-
« nement a conçu le plan de la vexer et de l'humilier
« dans chaque occasion. Je pourrais citer la violation
« des capitulations militaires, la rigueur exercée en-
« vers Bâle-Campagne (1), le blocus hermétique de
« 1836, l'affaire des marchands de bois Cellard (2),
« la querelle actuelle et d'autres encore. »

Après avoir ensuite examiné toutes les éventualités d'une guerre entre la France et la Suisse, et rappelé l'exemple de Léonidas et des trois cents Spartiates, celui d'Athènes dans la guerre des Perses, quelques actes de dévouement du moyen âge, et d'autres faits honorables, qui, sans remonter à la lutte du 14e siècle, ont illustré les Suisses, M. De la Harpe concluait qu'un peuple a toujours des chances de salut, quand il se conduit vaillamment ; et que la Confédération, dans cette nouvelle épreuve, pourrait espérer, sinon une seconde bataille de Morat, du moins un nouveau Saint-Jacques.

La délibération du Conseil Représentatif de Genève n'offrit pas moins d'intérêt que celle du Grand-

(1) Par suite d'un différend survenu entre deux Français appartenant à la religion juive et le gouvernement de Bâle-Campagne, les relations de ce demi-canton avec la France avaient été momentanément interrompues.

(2) Cette simple contestation entre particuliers avait été élevée par M. le duc de Montebello à la hauteur d'une question de droit international. C'était une vexation à l'adresse du canton de Lucerne.

Conseil vaudois. Le projet d'instructions présenté par le Conseil d'État ne s'écartait point de la proposition que MM. Rigaud et Monnard avaient faite en Diète : La députation genevoise devait repousser la demande d'expulsion, attendu que Louis-Napoléon Bonaparte jouissait des droits de citoyen dans le canton de Thurgovie, droits qu'il réclamait lui-même par sa lettre du 20 août. La députation devait, en outre, exprimer le désir que, dans la réponse, on fît connaître à la France que la Confédération attachait un haut prix à l'observation des principes consacrés par le droit international, et qu'elle se montrerait toujours vigilante à les faire respecter dans chacun des divers États qui la composaient. Enfin la députation était autorisée, quelque décision que prît la Diète sur la proposition de la minorité, à user de ses pouvoirs généraux pour toutes délibérations ultérieures, ainsi que pour les mesures à prendre en vue des circonstances dans lesquelles la Suisse pourrait se trouver.

Ce projet fut adopté par le Conseil Représentatif à une majorité considérable (138 voix contre 94).

La discussion, ouverte le 19 septembre, avait continué le 24 et le 25. Une affluence extraordinaire se pressait ces jours-là dans les tribunes publiques, aux abords de la salle des séances et dans la cour de l'Hôtel-de-Ville. Après avoir lu un rapport sur la note du gouvernement français et sur les délibérations auxquelles cette pièce avait donné lieu dans la haute Assemblée fédérale, M. Rigaud s'était attaché à justifier, en reproduisant ses arguments avec une nouvelle force, le projet d'arrêté qu'il avait proposé à la Diète, de concert avec M. Monnard. Suivant lui, la Suisse ne pouvait, sans se déshonorer, accéder à la demande dont M. de Montebello était l'organe. Citoyen de Thurgovie, ainsi que l'établissait la déclaration formelle de cet Etat, Louis-Napoléon ne pouvait être renvoyé. En adoptant la proposition de la majorité de la Commission des Sept, on portait à la souveraineté cantonale la plus grave atteinte, et l'on risquait d'allumer la guerre civile en Suisse. La Confédération était forte de son droit; il ne fallait pas qu'elle abandonnât le terrain favorable où elle se trouvait placée, la France elle-même, dans son intérêt, ne pouvant vouloir que la Suisse, qui couvrait sa frontière sur une étendue de 70 lieues, perdît sa force morale et son indépendance.

Les orateurs qui s'étaient montrés défavorables à l'opinion de M. Rigaud, par conséquent opposés au projet d'instructions, s'efforçaient particulièrement de prouver que Louis-Napoléon ne pouvait être considéré comme citoyen suisse, et que le roi des Français, effrayé avec raison des prétentions de ce membre de la famille Bonaparte, était fondé à exiger son éloignement, ou du moins une déclaration de sa part sur sa qualité de Français ou de Suisse. L'avis contraire avait d'énergiques soutiens dans différentes parties de l'assemblée, étroitement unies en cette grave circonstance. MM. Soret, second député à la Diète; Rieu, premier syndic; Duval, procureur général; Rilliet-Constant, colonel; Léonard Revilliod,

Sautter, Gaussen, Cougnard aîné, Delapalud, Prévost-Martin, De la Rive, Favre-Bertrand, Dufour, colonel ; Macaire, conseiller d'Etat, luttaient avec avantage contre MM. Girod, syndic ; Pictet de Rochemont, Odier-Odier, Saladin, Eynard-Lullin, Prévost-Vieusseux, Gautier, etc., voire même contre le célèbre *de Sismondi*, alors enrôlé sous le drapeau de la cause anti-nationale.

M. le colonel Dufour, plus en état que personne de réduire à leur juste valeur les motifs présentés à l'appui de la persécution dont le neveu de l'Empereur était l'objet, répondait en termes nets, précis et concluants, aux déclarations vagues, confuses et quelquefois violentes, des adversaires du projet d'instructions. Il avait commencé par faire la critique des dissertations auxquelles on s'était livré sur la question de savoir si Louis-Napoléon était, ou non, citoyen de Thurgovie. L'honorable colonel pensait que le peuple avait dû n'y rien comprendre.

« Pour moi, qui suis peuple, ajoutait-il, je n'y ai rien
« compris. On a dit constamment que Louis-Napoléon
« ne pouvait renoncer à sa nationalité du fond du
« cœur, et que, d'ailleurs, un acte de bannissement
« n'avait pu la lui retirer. Certes, Messieurs, il est
« Français dans ce sens qu'il est né en France, dans
« ce sens qu'un Bonaparte ne peut jamais se croire
« étranger à ce pays ; mais la Constitution de Thur-
« govie ne parle pas de naturalité ni de l'obligation,
« impossible à remplir, de cesser d'être du pays où
« l'on a pris naissance ; elle dit que celui qui aspire

« à être citoyen thurgovien doit renoncer aux droits
« de bourgeoisie étrangers qu'il ne peut posséder.
« Or, Louis-Napoléon, banni de France à perpétui-
« té, ne possédait, certes, aucun droit de bourgeoisie
« ni là ni ailleurs ; tout acte de renonciation
« était donc inutile, car on ne renonce pas à ce
« qu'on n'a pas. Du reste, à quoi bon de nouvel-
« les exigences ? à quoi bon de nouvelles décla-
« rations à cet égard ? Sa lettre du 20 août au
« Grand-Conseil de Thurgovie (lettre fort nette, fort
« précise et pleine de dignité, quoi qu'on en ait pu
« dire) n'est-elle pas claire ? Il y répète qu'il a ac-
« cepté la bourgeoisie de Thurgovie et qu'il n'en
« possède pas d'autre. Que veut-on de plus ? quelle
« autre déclaration peut-on lui demander ? »

Après avoir établi la véritable qualité de Louis-Napoléon, M. le colonel Dufour justifiait le caractère, les actes, les intentions même du jeune prince, en donnant ces détails non moins explicatifs que touchants :

« En 1830, il vient demander à être admis à l'École
« d'artillerie de Thoune ; il s'y présente comme sim-
« ple particulier, et s'y fait appeler Bonaparte. La
« révolution de juillet éclate au sein de ses occupa-
« tions militaires, pas une idée d'ambition ne se ma-
« nifeste en lui, il ne songe qu'à rentrer en France
« comme citoyen ; mais l'École n'était pas finie, que
« déjà le jeune Bonaparte était proscrit par ceux qui
« avaient remplacé la branche aînée des Bourbons.
« Il retourna en Italie le cœur navré, il se rangea,
« en simple combattant, dans les rangs des citoyens

« qui croyaient que 1830 était devenu le signal de
« l'émancipation générale des peuples. Son frère
« succomba dans cette lutte. La cause elle-même suc-
« combe; il revient en Suisse, il écrit au roi des Fran-
« çais de lui permettre de servir, comme soldat, dans
« les armées françaises. Le croirait-on ? La condition
« qu'on lui fait, c'est qu'il changera de nom. L'indi-
« gnation le gagne. Dans une position comme la
« sienne, pourrait-on lui faire un crime en France
« d'avoir accepté la qualité de citoyen suisse qui lui
« fut alors offerte ? Et en Suisse ne peut-on pas être
« indulgent pour une tentative hasardée plus tard
« pour reprendre au moins le nom qu'on voulait lui
« ravir. S'il est prétendant, il ne se pare pas de ce
« titre. Après l'événement de Strasbourg, il voulait
« rester en Amérique; c'est la maladie de sa mère
« qui l'a rappelé; sa mère est morte; où voulait-on
« qu'il allât après ? »

L'honorable orateur terminait par cette déclaration, qui était de nature à lever toute espèce de
doutes :

« Je puis l'attester autant que je connais le fond
« de la pensée de Louis-Napoléon Bonaparte : en re-
« venant, en restant, son intention était de vivre tran-
« quille, en dehors de toute ambition. Rien dans cette
« détermination n'a changé, et je ne crains pas, à
« cet égard, de démentir ici, publiquement, ceux qui
« l'accusent d'intrigues. Ne pensons pas, Messieurs,
« que jamais il compromette la Suisse.... »

M. le colonel Rilliet-Constant faisait entendre sur

la même question, des paroles non moins justes, non moins généreuses que celles qu'on vient de lire. Voici plusieurs passages de son discours :

« Je me présente dans le débat, entièrement li-
« bre de toute préoccupation, de toute sympathie
« pour le personnage aujourd'hui en cause ; il m'est
« complètement étranger ; je ne l'ai vu qu'à Genève,
« c'était chez M. de Sismondi et en présence d'un
« réfugié français d'une autre catégorie, de M.
« d'Haussez (1). Il me semble que le salon de M. de
« Sismondi représentait alors exactement ce que doit
« être la Suisse, un port où toutes les infortunes sont
« sûres de trouver un asile. Quelque étranger que
« me soit Louis-Napoléon, j'ai été blessé de la ma-
« nière dont quelques orateurs l'ont traité dans ce
« Conseil ; le malheur a toujours droit à des égards.
« Si, il y a quelques mois, on ne trouvait pas mau-
« vais qu'on lui permît de séjourner en Suisse, com-
« ment s'en indigne-t-on maintenant par le fait seul
« de la réclamation du gouvernement français?

« J'ai entendu avec une profonde douleur, je l'a-
« voue, les principes professés par M. de Sismondi,
« principes qui sont destructifs de toute souveraineté
« nationale, et surtout de l'existence genevoise, car
« les neuf dixièmes des familles de Genève ont dû
« leur existence, comme genevoises, aux malheurs
« des temps passés, à leur expatriation et à l'accueil
« généreux qu'elles ont trouvé dans notre patrie.

(1) M. d'Haussez était ministre de la marine lors de la chute de Charles X.

« Ces principes ne sont pas seulement attentatoires
« à la souveraineté de mon pays ; ils sont encore
« éminemment imprudents dans un Etat où la Na-
« tion et les Conseils sont préoccupés de questions
« graves relatives à l'indigénat. Les limites qu'on
« voudrait poser à cet égard me paraissent dange-
« reuses et inadmisibles.

« Quant à la note du 1er août, je trouve que la
« forme en est injurieuse et indigne d'une nation qui
« prétend donner le bon ton à l'Europe. La dépêche
« de M. Molé, qui est au fait une seconde note lan-
« cée pendant qu'on délibérait sur la première, est
« encore plus scandaleuse que celle-ci. Comment
« s'étonner, après cela, que les susceptibilités natio-
« nales se réveillent, que chacun réfléchisse si l'hon-
« neur n'exige pas que l'on résiste ? Car la suscep-
« tibilité des petits Etats fait une grande partie de
« leur force. Les plus vives jouissances des républi-
« cains suisses ne sont pas des jouissances maté-
« rielles, mais des jouissances de cœur et d'opinion.
« Ils sont accessibles à ce sentiment généreux qui
« leur fait dire avec une satisfaction intime : « Nous
« sommes quelque chose, nous sommes maîtres chez
« nous ! » Ils se soumettent sans regret aux plus durs
« sacrifices, pourvu qu'ils servent à maintenir leur
« position honorable et indépendante... »

M. Rilliet appelait ensuite l'attention sur la manière
dont le gouvernement d'un pays se disant ami et
allié de la Suisse, transmettait à celle-ci ses demandes depuis 1830 ; il signalait notamment les mauvais

procédés dont, à partir de 1834, la Confédération n'avait cessé d'être l'objet de la part du Cabinet des Tuileries. Profondément convaincu de la nécessité d'une résistance sérieuse à des injonctions humiliantes, il concluait en ces termes :

« Quand on a le bon droit de son côté, il faut avoir
« le courage de le soutenir, et ne pas calculer les
« chances d'une lutte qui peut bien compromettre
« quelques intérêts matériels, mais d'où les intérêts
« moraux ne peuvent manquer de sortir triom-
« phants. »

Si M. Rilliet-Constant avait été douloureusement impressionné par le langage de M. de Sismondi, on avait généralement éprouvé une vive surprise en voyant ce député, renommé comme historien, combattre la proposition Rigaud-Monnard, et étayer son avis d'une sorte de *droit international* à l'usage de la puissance et de la tyrannie. « En admettant ce droit, écrivait le *National Genevois*, il n'est plus d'asile pour le roi détrôné, ni pour aucun membre de sa famille ; plus d'asile pour le réfugié politique, à quelque opinion qu'il appartienne. Trouvât-il même hors du Continent européen, une place pour reposer sa tête, il n'est pas sûr qu'on l'y laisse tranquille, car cette place peut toucher à une colonie, à un rocher dépendant du royaume d'où il est proscrit. Mais, d'ailleurs, supposons qu'un Suisse tentât de substituer par la violence le régime monarchique à nos formes républicaines, et fût dans la nécessité de se sauver en France, nous demanderions vainement qu'il fût expulsé de ce pays voisin ; tout ce qu'on nous accorderait peut-être, ce serait son éloignement de la frontière (son internement)... Or, qui ne sait qu'Arenenberg est à environ trente lieues du territoire français ? Notez encore qu'il s'agirait d'un Suisse coupable envers la Suisse, sa patrie ; tandis qu'il est question ici d'un prince qui n'a que le tort d'être neveu de Napoléon ; d'un prince que l'on a injustement, dans un intérêt dynastique, dépouillé de ses droits de Français, et qui, par suite de cet affreux traitement, est devenu citoyen de Thurgovie. On a dit d'Homère qu'il dormait quelquefois ; il est probable que notre célèbre historien rêvait sur son banc, dans la séance du 19. C'est un malheur, car l'opinion publique, habituée à prendre les paroles de M. de Sismondi au sérieux, s'est affligée de voir son raisonnement et son ancien libéralisme aussi fortement en baisse, et elle s'est tournée du côté de l'honorable procureur-général (M. Duval), qui l'a habilement et vigoureusement réfuté. »

Aux observations qui précèdent je joignais celles-ci, comme rectification d'un jugement porté, dans le même débat, par l'auteur de l'*Histoire des Républiques italiennes* :

« M. de Sismondi a cité dans la discussion le roi d'Angleterre, Jacques II. De la conduite tenue par Louis XIV à l'égard de ce prince, il a voulu tirer des conclusions défavorables à l'hospitalité que la Suisse accorde à Louis-Napoléon. Il paraît que le savant historien a oublié la réception qui fut faite, le 7 janvier

1689, au roi exilé : celui-ci et la reine son épouse trouvèrent, à leur entrée dans l'appartement qui leur était préparé à St.-Germain-en-Laye, tout ce qui sert à la commodité et au luxe, des présents de toute espèce en vaisselle, en bijoux, en effets, une bourse de dix mille louis d'or, etc., etc.

« Le neveu de Napoléon, propriétaire établi dans la Thurgovie, au lieu d'avoir besoin des largesses de ce canton, se plaît, suivant l'exemple de son illustre mère, à y répandre des bienfaits.

« Louis-Napoléon est un jeune homme brave, instruit, à la hauteur de son époque ; tandis que Jacques, roi dévot, était l'objet des railleries de ses sujets ; on le chansonnait même en France, où il inspirait peu d'intérêt, témoin ce couplet fort connu :

> Quand je veux rimer à Guillaume,
> Je trouve aussitôt un royaume
> Qu'il a su ranger sous ses lois ;
> Mais quand je veux rimer à Jacques,
> J'ai beau rêver cent et cent fois,
> Je trouve..... qu'il a fait ses pâques.

« Et cependant, malgré les réclamations, les menaces, les victoires même de Guillaume, Louis XIV ne voulut jamais consentir à l'expulsion de Jacques II.

« M. de Sismondi aurait-il donc oublié, en outre, le fait relatif à Stanislas I, roi de Pologne ? Ce prince ayant perdu sa couronne, par suite des malheurs de Charles XII, roi de Suède, se retira à Wissembourg en Alsace. Le nouveau roi de Pologne, Auguste, fit, à cette occasion, porter des plaintes à la cour de

France, par *Sum*, son envoyé. Le duc d'Orléans, alors régent, lui répondit : *Mandez au roi, votre maître, que la France a toujours été l'asile des rois malheureux.*

« La Suisse a plus que tout autre Etat, le droit de faire, dans la circonstance actuelle, une semblable réponse, surtout si l'on considère qu'elle a été elle-même l'asile d'un duc d'Orléans, aujourd'hui roi des Français. »

Les principes de M. de Sismondi, quoique parés du vernis de l'éloquence, et appuyés de sa haute réputation, furent mal accueillis par la grande majorité du Conseil Représentatif; car il est à remarquer que sur les 94 voix contraires à la proposition Rigaud-Monnard, quelques-unes seulement se prononcèrent pour l'expulsion pure et simple. Les autres voulaient, soit une déclaration de Louis-Napoléon sur les prétentions qu'on lui supposait, soit une réponse portant que le prince n'étant justiciable que des tribunaux thurgoviens, la Diète n'avait pas le droit de le renvoyer.

Le vote des 134 fut sanctionné avec enthousiasme par la population. A peine en eut-on connaissance que les cris de *Vive Rigaud !* retentirent; l'honorable magistrat fut entouré, à sa sortie de l'Hôtel-de-Ville, par une foule considérable, qui l'accompagna jusqu'à son domicile. Les noms de plusieurs autres députés, notamment de MM. Rilliet et Dufour, furent l'objet de vifs applaudissements.

CHAPITRE X.

La majorité des cantons sera-t-elle pour ou contre l'expulsion ? — Lettres écrites d'Arenenberg par M. le vicomte de Querelles. — Est-il vrai que le Directoire fédéral ait demandé l'appui du gouvernement autrichien? — Préparatifs de guerre. — Louis-Napoléon prend la résolution de s'éloigner du territoire helvétique. Sa lettre au président du Petit-Conseil de Thurgovie. — La décision du Grand-Conseil de Fribourg est des plus hostiles au neveu de l'Empereur. — Nomination du lieutenant-général Aymar au commandement des troupes destinées à châtier la Suisse. — Genève redouble d'activité pour se prémunir contre une agression. —. Louis-Philippe paraît ne pas vouloir se contenter du départ volontaire du prince. — Revue aux Tuileries. — Mouvements militaires dans les départements de l'Est. — Effet produit à la Bourse de Paris par la dernière lettre de Louis-Napoléon. — Réflexions du *Bon Sens*, du *Morning-Herald* et de l'*Europe Industrielle*.

A la date du 25 septembre, la proposition Rigaud-Monnard réunissait déjà, en outre des adhésions d'Argovie, de Berne, de Lucerne, de Vaud et de Genève, celles de Thurgovie, de St.-Gall, de Soleure et du Valais ; on savait, de plus, que Zurich, Schaffhouse et Glaris étaient disposés à voter directement ou indirectement le refus d'expulsion. Il n'était donc pas douteux que la majorité ne fût acquise au parti de la résistance, sans compter même Bâle-Campagne et Appenzell (Rhodes-Extérieures), dont les votes, on le savait, répondraient aux exigences de la dignité helvétique.

Les adversaires de Louis-Napoléon n'avaient cependant négligé aucun moyen pour le déconsidérer auprès des patriotes. Les journaux français ministériels, toujours ardents à rechercher ce qui pouvait lui nuire, répandaient en dernier lieu le bruit qu'il avait demandé du service à l'empereur de Russie. Ce bruit s'étant propagé en Suisse, et y servant de texte à des attaques dirigées contre le caractère du prince, les lettres que voici furent envoyées d'Arenenberg au *National Genevois*, qui s'empressa de les rendre publiques :

« Monsieur le Rédacteur,

« Seriez-vous assez bon pour donner dans votre estimable journal, de la publicité à la lettre suivante que j'adresse au *Journal des Débats*.

« Recevez l'expression de mes sentiments distingués.

« Vte R. DE QUERELLES. »

« A M. le Rédacteur du *Journal des Débats*.
« Arenenberg, le 21 septembre 1838.

« Monsieur le Rédacteur,

« La presse ministérielle ne cessant de répéter que le prince Napoléon a demandé du service en Russie, je suis autorisé à démentir formellement cette nouvelle : ni lui, ni personne en son nom n'a adressé une demande semblable. Le seul fait qui ait pu prêter à cette interprétation est celui-ci. Le duc Max de Leuchtenberg, fils du prince Eugène, qui est traité par l'empereur Nicolas avec une bienveillance toute particulière, a voulu rendre un service à son cousin, en demandant à l'empereur de ne point se joindre aux autres puissances qui persécutent le prince en ce moment. Voilà la seule et unique démarche qui ait été faite à ce sujet.

« Je compte sur votre impartialité, Monsieur le Rédacteur, pour l'insertion dans votre journal, de cette rectification importante.

« Recevez l'assurance, etc.

« Le Vte RICHARD DE QUERELLES. »

On attribuait à la Confédération elle-même des démarches qu'elle n'avait jamais songé à faire. Interprétant faussement la présence à Milan de la députation suisse qui avait été chargée par le Directoire fédéral d'adresser des félicitations à l'empereur Ferdinand à l'occasion de son couronnement, certains journaux prétendaient que cette députation avait réclamé la protection de l'Autriche contre la France. Cette allégation était repoussée comme mensongère par tous les hommes impartiaux et sensés ; mais la presse française libérale n'en déplorait pas moins vivement que les circonstances eussent pu autoriser une supposition de cette nature. « En acceptant le fait tel qu'on nous le donne, écrivait le *Constitutionnel*, il est important de remarquer quelle modification la politique de notre Cabinet a apportée dans les relations de la Suisse. Autrefois c'était la France dont la Suisse invoquait l'assistance, l'Autriche était le voisin dont elle se méfiait le plus ; les rôles, comme on le voit, ont bien changé. »

Non, non, les rôles n'avaient pas changé ! L'envoi d'une députation fédérale n'était qu'un acte de voisinage, de simple courtoisie, qui ne tirait pas à conséquence, et auquel les conjonctures seules pouvaient prêter un autre caractère. Réclamer l'assistance de l'Autriche, c'eût été, la Confédération ne l'ignorait pas, joindre un mal à celui dont elle était menacée du côté opposé. M. le colonel Rilliet-Constant, dans le Conseil Représentatif de Genève, avait exprimé en ces termes sa pensée à cet égard : « Ce n'est pas la guerre qui est le plus à redouter, c'est l'intervention ! » L'Autriche, ainsi qu'on l'a vu maintes fois et récemment encore, se montre trop disposée à intervenir elle-même dans les affaires helvétiques, et à y exercer une sorte de domination, pour que la Suisse commette la faute de demander son appui. Etre en état, par son union, par ses institutions, par ses sentiments patriotiques, de défendre sa neutralité, de n'avoir besoin de l'assistance d'aucun de ses voisins, voilà, sans doute, le rôle qui lui convient le mieux ; mais eût-elle un moment de faiblesse ou dût-elle obéir à la nécessité, ses sympathies, ses intérêts la porteraient à demander la protection de la France.

Toutefois, le *Constitutionnel* avait raison dans la situation où se trouvaient les choses : la conduite du gouvernement français était bien capable de rapprocher la Suisse du gouvernement autrichien. Reconnaissant le peu d'effet de ses menaces et de ses manœuvres diplomatiques, le ministère Molé cédait à l'irritation de son amour-propre et paraissait résolu à employer la force brutale. Dans son aveuglement, il ne voulait pas attendre la réponse de la Diète ; il faisait acte d'hostilité avant même d'être instruit des votes de Vaud et de Genève. A quoi tiennent les destinées des peuples ! Dans les plis de quelles robes est renfermée parfois la paix ou la guerre ! Une collision qui pouvait être des plus désastreuses allait commencer, parce que le chef d'une nouvelle dynastie avait peur d'un prétendant sans armée, et qu'un ministre se sentait blessé dans son orgueil.

Le *Journal des Débats* annonçait, non pas comme un on-dit, mais comme un fait, que l'ordre avait été donné de former des bataillons de guerre, et sans retard, à Lyon, à Besançon, à Béfort. Pour justifier cette politique menaçante, il publiait que la Suisse serait bientôt un centre de propagande républicaine, que les réfugiés influents de l'Italie, Mazzini et les frères Ruffini, devaient s'y rencontrer, et qu'on y verrait les plus célèbres des contumaces du procès d'avril (1). Il fallait bien, quand on n'avait pas de bonnes raisons à faire valoir, recourir aux suppositions et aux mensonges. Le ministre de la guerre venait de décider, conformément aux intentions du duc

---

(1) Ce procès avait eu pour cause l'insurrection républicaine qui avait éclaté à Lyon en avril 1834, et dont la gravité avait nécessité l'emploi de troupes nombreuses, sous le commandement du maréchal Soult, assisté du prince royal lui-même.

d'Orléans, que, jusqu'à nouvel ordre, aucun congé de semestre ne serait accordé. Il n'était plus douteux que des mesures ne fussent prises pour faire approcher des troupes de la frontière de l'Est. Un officier-général, après s'être rendu récemment aux Rousses pour examiner les positions que les Français avaient fortifiées en 1814, était venu incognito à Genève et à Nyon, où il avait pris des informations sur l'état des milices suisses. On savait, en outre, que M. le sous-préfet de Gex avait reçu une lettre qui lui demandait quel nombre de troupes, infanterie et cavalerie, pourrait recevoir son arrondissement. Ainsi se réalisait le projet d'appliquer à la Suisse le fameux système d'intimidation.

Un événement de première importance vint tout-à-coup modifier la face des choses. On annonçait, depuis quelques jours, que Louis-Napoléon était décidé à s'éloigner de la Suisse. Cette nouvelle fut confirmée par la publication de la lettre suivante, que le gouvernement thurgovien avait reçue dès le 22 septembre :

« *A son Exc. M. le landammann Anderwert, président du Petit-Conseil du canton de Thurgovie.*

« Monsieur le Landammann,

« Lorsque la note du duc de Montebello fut adressée à la Diète, je ne voulus point me soumettre aux exigences du gouvernement français ; car il m'importait de prouver, par mon refus de m'éloigner, que j'étais revenu en Suisse sans manquer à aucun engagement; que j'avais le droit d'y rester, et que j'y trouverais aide et protection.

« La Suisse a montré depuis un mois par ses protestations énergiques, et maintenant par la décision des Grands-Conseils qui se sont assemblés jusqu'ici, qu'elle était prête à faire les plus grands sacrifices pour maintenir sa dignité et son droit. Elle a su faire son devoir comme nation indépendante ; je saurai faire le mien et rester fidèle à l'honneur. On peut me persécuter, mais on ne pourra jamais m'avilir.

« Le gouvernement français ayant déclaré que le refus de la Diète d'obtempérer à sa demande serait le signal d'une conflagration dont la Suisse pourrait être victime, il ne me reste plus qu'à m'éloigner d'un pays où ma présence est le sujet d'aussi injustes préventions, où elle serait le prétexte d'aussi grands malheurs.

« Je vous prie donc, Monsieur le Landammann, d'annoncer au Directoire fédéral que je partirai dès qu'il aura obtenu des ambassadeurs des diverses puissances les passeports qui me sont nécessaires pour me rendre dans un lieu où je trouverai un asile assuré.

« En quittant aujourd'hui volontairement le seul pays où j'avais trouvé en Europe appui et protection, en m'éloignant des lieux qui m'étaient devenus chers à tant de titres, j'espère prouver au peuple suisse que j'étais digne des marques d'estime et d'affection qu'il m'a prodiguées. Je n'oublierai jamais la noble conduite des cantons qui se sont prononcés si courageusement en ma faveur ; et surtout le souvenir de la généreuse protection que m'a accordée le canton de Thurgovie, restera profondément gravé dans mon cœur.

« J'espère que cette séparation ne sera pas éternelle, et qu'un jour viendra où je pourrai, sans compromettre les intérêts de deux nations qui doivent rester unies, retrouver l'asile où vingt ans de séjour et des droits acquis m'avaient créé une seconde patrie.

« Soyez, Monsieur le Landammann, l'interprète de mes sentiments de reconnaissance envers les Conseils, et croyez que la pensée d'éviter des troubles à la Suisse peut seule adoucir les regrets que j'éprouve à la quitter.

« Recevez l'expression de ma haute estime et de mes sentiments distingués.

« Arenenberg, le 22 septembre 1838.

« LOUIS-NAPOLÉON. »

Cette lettre renferme à la fois beaucoup de dignité et de résignation. Mais ce qui y domine, c'est la reconnaissance du neveu de Napoléon pour cette courageuse majorité des cantons qui ne s'était pas laissé intimider par les menaces d'un puissant adversaire; c'est la crainte d'attirer sur ce sol hospitalier des calamités et des désastres; c'est surtout le désir qu'il n'y ait point de sang versé pour sa cause. Une telle déclaration grandissait Louis-Napoléon, et l'on retrouvait en lui la pensée de l'Empereur, qui, à Fontainebleau, lorsqu'il comptait encore autour de lui cent mille guerriers prêts à se dévouer pour sa personne, préféra abdiquer que d'exposer la France aux horreurs de la guerre étrangère et de la guerre civile.

On avait répandu le bruit que la lettre de Louis-Napoléon contenait une renonciation à son droit de bourgeoisie ; mais ses partisans virent avec satisfaction qu'il ne s'y trouvait rien de semblable ; que l'honneur et les droits de l'intéressant proscrit n'en recevaient aucun préjudice, et qu'il tendait purement et simplement à épargner à la Suisse les embarras et les malheurs que sa présence allait peut-être lui occasionner. Il n'était alors personne qui ne le plaignît sincèrement d'avoir à sacrifier ainsi ses goûts et ses affections, d'avoir à quitter Arenenberg, où tout lui retraçait l'image d'une mère chérie, et dont les habitants avaient pour lui un véritable attachement.

Le prince était le 27 à Zurich. Le Grand-Conseil de ce canton, assemblé le même jour, adopta le projet d'instructions qui lui avait été présenté la veille par le Conseil Exécutif, et en vertu duquel la députation était chargée de déclarer que l'Etat de Zurich regardait la question comme devant être résolue par l'éloignement de Louis-Napoléon, en tant que le Directoire fédéral, accédant à la demande du prince, lui aurait procuré les passeports nécessaires. La députation, en conséquence, devait voter simplement pour qu'il fût donné connaissance à l'ambassade française du nouvel état de l'affaire. Le Grand-Conseil de Bâle-Campagne, dans sa séance du 25, se fondant aussi sur l'avis de la retraite de Louis-Napoléon, avait ajourné son vote.

Fribourg figurait au premier rang des cantons qui se montraient favorables à la demande du gouvernement de Louis-Philippe. Aujourd'hui que la faction aristocratique de cet Etat cherche à ressaisir, même par l'insurrection, le pouvoir échappé de ses mains, et qu'une partie de la presse française fait entendre souvent des paroles sympathiques pour ces fauteurs de troubles, il n'est pas sans importance de signaler leur conduite lors du différend de 1838. Complètement battus sur le terrain de la discussion, mais soutenus par M. le vice-président Chaillet, rapporteur de la Commission, qui prêchait, dans son préavis, la soumission aux ordres de la diplomatie étrangère, ils l'emportèrent dans le Grand-Conseil, par le chiffre de leurs votes, sur une honorable minorité : 45 voix contre 35 décidèrent que la députation fribourgeoise reconnaîtrait fondée la demande du gouvernement français, et qu'elle voterait en Diète l'expulsion de Louis-Napoléon Bonaparte. La faction alla même plus loin : prévoyant le cas du départ volontaire de ce prince, elle ajouta qu'il devrait être pris des mesures pour que son éloignement fût sans retour. C'était un parti pris, et toutes les raisons les plus concluantes, tous les principes de justice et de droit victorieusement établis dans une discussion qui avait duré depuis huit heures du matin jusqu'à quatre heures du soir, avaient échoué devant la défense, venue de haut lieu (1), de faire la moindre concession à l'opinion libérale.

Au moment où la lettre du prince était publiée à Genève, on recevait dans cette ville la nouvelle que le lieutenant-général Aymar était nommé au commandement de la division de rassemblement qui devait être organisée sur les frontières de l'Est, dans les départements de l'Ain, du Jura, du Doubs et du Haut-Rhin. Plusieurs régiments d'infanterie et plusieurs batteries d'artillerie allaient être dirigés de Lyon sur les arrondissements de Gex, de Nantua et de Saint-Claude. Il semblait d'abord probable que la détermination de Louis-Napoléon ayant dû parvenir à la connaissance du gouvernement français, les batteries et les régiments désignés pour partir recevraient contre-ordre ; néanmoins il était prudent que des mesures de précaution fussent prises du côté de la Suisse pour résister à une attaque qui, vu certaines circonstances, pouvait encore avoir lieu. Aussi le gouvernement genevois ne demeura-t-il pas inactif. Les artilleurs du premier contingent furent immédiatement convoqués ; les Syndics et Conseil d'État publièrent une proclamation dans laquelle ils invitaient les citoyens à se tenir prêts à marcher au premier appel, pour la défense de la patrie ; les postes de gendarmerie furent renforcés, et le premier contingent entra en caserne.

(1) Le vaste et magnifique édifice dit de Saint-Michel, qu'occupait le Pensionnat dirigé par les Jésuites, est situé sur la partie la plus élevée de la ville de Fribourg.

Ces précautions étaient d'autant plus nécessaires, que, suivant les derniers rapports, il paraissait certain qu'au lieu de se contenter de la résolution du prince Louis-Napoléon, le ministère français exigerait son bannissement absolu par la Diète, avant d'arrêter les démonstrations militaires. Le 26, le roi Louis-Philippe, accompagné du duc de Wurtemberg, du ministre de la guerre, des généraux Pajol, Rumigny, de Laborde, et d'un nombreux état-major, avait passé la revue, dans la cour des Tuileries, des 6e léger, 34e et 64e de ligne. Après le défilé, tous les officiers étaient montés (ce qui n'avait pas lieu d'ordinaire) dans la salle des Maréchaux, où ils avaient reçu les compliments de S. M. sur la tenue des troupes. Ces trois régiments étaient partis immédiatement pour la frontière de l'Est ; d'autres allaient les suivre. On annonçait aussi le prochain départ du 7e dragons, du 1er lanciers et du 4e hussards. M. le lieutenant-général Janin, commandant la 6e division militaire, avait reçu l'avis d'un grand rassemblement, dans sa division, de troupes de toutes armes, qu'il était chargé d'organiser en bataillons, escadrons et batteries de guerre, pour aller ensuite occuper toute la ligne de la frontière. Au nombre des corps appelés à faire partie du rassemblement, on comptait aussi le 19e régiment d'infanterie légère, les 32e, 54e et 59e régiments de ligne, les 3e et 11e régiments de dragons, le 10e régiment de chasseurs à cheval, et une batterie du 12e régiment d'artillerie. La direction d'artillerie de Besançon était chargée d'organiser le matériel de cinq batteries. Le 11ᵉ régiment de dragons, en garnison à Vesoul, avait reçu l'ordre d'envoyer à Huningue ses trois escadrons mobiles; les autres escadrons devaient se rendre à Béfort. On était informé que des troupes françaises étaient déjà cantonnées le long de la frontière bâloise.

Malgré ces apparences de guerre, le public semblait quelque peu rassuré; car les fonds, qui avaient subi une forte baisse, à la nouvelle de démonstrations hostiles contre la Suisse, avaient haussé quand on avait eu connaissance de la détermination prise par Louis-Napoléon de s'éloigner du territoire helvétique. Toutefois, le journal *le Commerce* et d'autres feuilles prétendaient que le Cabinet des Tuileries voulait absolument et dans tous les cas, exiger de la Diète un décret d'expulsion. Le *Bon Sens* annonçait même, dans les termes suivants, la décision du Cabinet:

« La résolution de guerroyer contre la Suisse a été prise aujourd'hui après un conseil qui s'est tenu aux Tuileries, et qui n'a pas duré moins de deux heures.

« Il eût été de la dignité de la France d'attendre que la réponse de la Diète eût été notifiée. Dans les vieux us de la diplomatie, on aurait pu trouver des précédents qui eussent justifié cette conduite, et sans doute on y aurait trouvé mieux encore. Mais M. de Montebello et le Cabinet auquel il s'est dévoué se soucient peu de ne pas ignorer toutes ces choses qui valent certes bien l'étiquette des cours, puisqu'elles étaient jadis l'étiquette de l'honneur, auquel nos ancêtres avaient l'étrange faiblesse de tenir quelque peu.

« La République helvétique, en résistant à des injonctions que ne légitimait aucun droit international, a montré qu'elle est restée inaccessible à ces principes d'une corruption indéfinie que nous ont apportés les faux opposants à la marche rétrograde de la Restauration. Les représentants de la Suisse ont fait voir qu'il y avait encore au sein de leur pays des mœurs et une probité nationales, et que les capitulations avec l'intérêt leur étaient encore inconnues. Dès lors on a pu pressentir qu'on ne leur arracherait aucun acte de faiblesse, et l'on a cru faire montre de fermeté en leur ripostant par un coup d'Etat, qu'il serait mieux de qualifier de coup de tête, s'il y avait une tête dans le Cabinet, qui est si brusque dans ses déterminations. Voilà pourquoi, avant d'avoir reçu le dernier mot de la Diète, on a jugé à propos de faire marcher des canons. Dès à présent va commencer cette campagne dont le motif est par trop étrange pour qu'elle ne soit pas citée, ne durât-elle qu'un jour, comme une des plus mémorables de notre histoire militaire.

« Qui sait si demain nous n'aurons pas un bulletin de la grande armée !.... »

Le *Morning-Herald*, après avoir annoncé que MM. Mazzini et Ruffini étaient à Londres, et prouvé ainsi le non-fondement d'une des principales raisons alléguées pour justifier l'emploi de mesures violentes, ajoutait :

« Cette circonstance fournit un nouveau témoignage de la légèreté et de la manière inconsidérée avec lesquelles le Cabinet français actuel se jette dans les difficultés et cherche ensuite à en éviter les-

conséquences, au moyen d'arguments absurdes et insoutenables. La présence ou l'absence des réfugiés dont il s'agit ne pouvait affecter en rien la question qui s'agite entre la France et la Suisse ; mais leurs noms ont été lancés subitement dans la controverse, afin de colorer, aux yeux de tous les gens impartiaux, ce qu'on ne peut s'empêcher d'appeler une lâche atteinte à l'indépendance d'un voisin faible et d'un ancien allié. En vérité, un tel système, soit au dedans, soit au dehors, n'est guère de nature à être proclamé généreux et digne. »

L'*Europe Industrielle* croyait le différend terminé par la retraite de Louis-Napoléon. Dans cette persuasion essentiellement rassurante, elle s'exprimait ainsi :

« Nos lecteurs connaissent depuis longtemps notre manière de voir sur cette pauvre affaire, dont on a cherché à faire beaucoup trop de bruit. Nous avons toujours pensé que ce conflit si malheureusement élevé entre le gouvernement français et les cantons helvétiques se terminerait par une transaction ou par un compromis, et jamais par une guerre qui répugnerait à deux nations que leurs intérêts et leur commerce rendent peu soucieuses de pareils démêlés diplomatiques. Le prince Louis-Napoléon a senti qu'il plaçait les cantons dans une cruelle alternative, et il consent à s'éloigner. Il faut féliciter ce prince de sa résolution. Nous ne pensons donc pas que ce soit sérieusement que le ministère demande encore à la Suisse un décret de bannissement. »

CHAPITRE XI.

Ordre du jour du lieutenant-général Aymar. — Proclamation du gouvernement de Genève. Activité des préparatifs de défense. — Proclamation du Conseil d'Etat du canton de Vaud. Mise sur pied de 15,000 hommes sous le commandement du général Guiguer. — Même ardeur dans les préparatifs de Berne. — Mesures de précaution prises, quand même, par le gouvernement de Fribourg. Proclamation. — Préparatifs à Bâle. — Séance de la Diète du 1er octobre. Appréciation de ses résultats. — Continuation des mouvements militaires. Détails sur la marche des troupes françaises. — Arrivée de plusieurs bataillons dans l'arrondissement de Gex. — Des détachements de troupes genevoises occupent les principaux points de la frontière de leur canton. Sentiments des miliciens des *Communes* dites *réunies*. Lettre d'un officier. — Fausses nouvelles répandues par la feuille préfectorale de Bourg.

Cependant la nouvelle de la nomination du général Aymar au commandement supérieur de la division de rassemblement s'était confirmée. Voici l'ordre du jour publié par ce chef, à son entrée en fonctions :

« Le lieutenant-général s'empresse de faire connaître aux différents corps de troupes sous ses ordres, que le roi vient de lui confier le commandement supérieur de la division de rassemblement qui s'organise dans les dépôts des frontières de la Suisse. Déjà les bataillons, escadrons et batteries de guerre des 5e, 6e, et 7e dragons sont prêts, et vont se porter où l'honneur et le devoir les appellent. D'autres troupes sont en marche pour les remplacer, et bientôt *nos turbulents voisins* s'apercevront *peut-être trop tard*, qu'au lieu de déclamations et d'injures, il eût mieux valu satisfaire aux justes demandes de la France.

« Soldats, qui marchez les premiers, la cause que vous allez défendre est celle du bon droit et de l'honneur français ; le roi et la patrie ont les yeux fixés sur vous. Soyez dignes d'eux en marchant toujours sur les traces de vos aînés, et en continuant à maintenir dans vos rangs cette bonne discipline qui est le nerf des armées et fait gagner les batailles.

« Au quartier-général, à Lyon, le 25 septembre 1838.

« Le lieutenant-général, pair de France,
commandant la 7ᵉ division militaire,

« Baron AYMAR.

« *Pour copie conforme,*
« Le chef de l'État-major, Dupouey. »

Mettons en regard de cette pièce injurieuse et menaçante la publication pleine de convenance que le gouvernement genevois avait fait afficher :

« Les Syndics et Conseil d'État informent leurs concitoyens que des renseignements dignes de foi leur ont fait connaître qu'une division de troupes françaises a reçu l'ordre de se mettre en marche pour se rapprocher de la frontière ouest de la Suisse.

« Quoique ce rassemblement soit représenté comme n'étant point un commencement d'hostilités, le Conseil d'État a jugé néanmoins qu'il était de son devoir de prendre sans délai les mesures de prudence que dictent les circonstances.

« Comptant sur le patriotisme de la milice et de tous les Genevois, il les invite à concourir avec calme et fermeté à l'exécution de ces mesures, dont la régulière observation peut seule assurer le résultat.

« C'est ainsi que le canton de Genève, se confiant dans la protection divine, et soutenant, sans les compromettre, les graves intérêts de la patrie, doit attendre les décisions que prendra la Confédération.

« Genève, le 28 septembre 1838.

« Au nom des Syndics et Conseil d'État,

« DE ROCHES, *Secrétaire d'État.* »

Tous les citoyens s'étaient empressés de répondre à cette invitation. Artilleurs, mineurs, officiers, sous-officiers et soldats, dirigés par le Conseil de défense, travaillaient aux fortifications et à l'armement de la place avec un zèle d'autant plus louable, qu'une pluie abondante ne cessait de tomber. Le 29, dans l'après-midi, les miliciens du premier contingent reçurent leurs sacs sous le marché-couvert ; leur colonel, M. Cougnard-Voumard, leur adressa une allocution pleine d'énergie, et dans laquelle il leur dit ce que la patrie attendait de leur courage et de leur dévouement; ses paroles furent accueillies par un cri unanime d'enthousiasme et de parfaite adhésion.

Le dimanche 30, à 7 heures du matin, les chasseurs à cheval furent passés en revue.

Le lundi 1er octobre, commença l'inspection successive des neuf bataillons de la milice. Le lendemain, ce fut le tour des carabiniers et de la réserve.

Les mêmes apprêts pour le maintien de l'intégrité

du territoire avaient lieu, et avec la même ardeur, dans le canton de Vaud. Voici le texte de la proclamation que le Conseil d'État faisait publier le 30 septembre :

« Très-chers concitoyens,

« On connaît les graves délibérations qui ont occupé, dans les derniers temps, les Conseils de notre patrie.

« Aujourd'hui, une division de troupes françaises s'est mise en marche pour se rapprocher de la frontière occidentale de la Suisse.

« Sans vouloir s'exagérer la portée de cet événement, et sans préjudice des décisions que pourra prendre la Confédération, le Conseil d'État a ordonné la mise de piquet de l'élite, de la première réserve et des fusiliers, et la mise sur pied de deux bataillons d'infanterie, d'une compagnie d'artillerie, d'une compagnie de chasseurs à cheval, et d'une compagnie de carabiniers.

« M. le général Guiguer est chargé du commandement en chef.

« Le Conseil d'État s'occupe de toutes les mesures que les circonstances peuvent réclamer.

« Assuré de l'appui de ses concitoyens et du dévouement de ses milices, il porte ces faits à leur connaissance, et leur rappelle en même temps l'obligation où ils sont de recevoir l'impulsion des autorités constituées, civiles et militaires, d'éviter toute manifestation, tout acte individuel, qui ne servirait qu'à compromettre, sans aucune utilité, la Suisse entière, aussi bien que le canton de Vaud.

« Le Conseil d'Etat se repose sur la population vaudoise, tout comme il compte pleinement sur son attachement à nos institutions, sur son concours dévoué, sur son patriotisme et sur la protection divine.

« Lausanne, le 29 septembre 1838.

« *Le Vice-Président du Conseil d'Etat,*
« BOISOT.

« *Le Chancelier,* GAY. »

Les hommes de toutes les opinions applaudirent à cette proclamation ; son ton calme et ferme sans jactance, l'énergie des mesures militaires qu'elle annonçait, donnaient l'image fidèle des dispositions du pays. La population tout entière se préparait gravement, sans tumulte comme sans frayeur, aux événements qui paraissaient menacer la Suisse ; les divisions de parti étaient complètement effacées. M. le général Guiguer avait accepté le commandement provisoire des forces cantonales ; deux mille hommes de toutes armes furent placés sous ses ordres dès le 3 octobre et occupèrent les principaux points de la frontière ; au premier signal, treize mille hommes étaient prêts à les appuyer. Ces milices régulières étaient bien exercées et pourvues d'un matériel complet. Les armes ne manquaient pas, et si la levée en masse devenait nécessaire, il n'était pas un citoyen valide qui ne sût où trouver un fusil et qui n'eût l'habitude de s'en servir.

La même ardeur se manifestait dans le canton de Berne pour la défense de la patrie ; les 12,000 hommes des deux contingents étaient mis de piquet, le matériel de guerre était prêt, l'union la plus parfaite régnait entre les citoyens, en présence des dangers auxquels la Confédération allait être exposée ; tous étaient déterminés à défendre vaillamment l'honneur et l'indépendance helvétiques.

Nonobstant le vote du Grand-Conseil, le gouvernement de Fribourg n'était point en retard pour ses préparatifs militaires. Le contingent et la réserve, mis de piquet, n'attendaient plus que l'ordre d'agir. Le Conseil d'Etat publia, le 1er octobre, une proclamation où l'on remarquait les passages suivants :

« Au moment où la Diète fédérale va s'occuper de
« la demande du renvoi de Louis-Napoléon Bonaparte,
« et avant que cette autorité ait pris une résolution
« à ce sujet, le gouvernement français vient d'ordon-
« ner un mouvement de troupes vers la frontière
« suisse ; après avoir employé la menace à l'appui de
« sa demande, il paraît aujourd'hui vouloir influen-
« cer les délibérations du Conseil de la nation par
« une démonstration militaire.

« De pareils procédés changent l'état de la ques-
« tion, en s'attaquant à l'honneur et à l'indépendance
« nationale. Il ne s'agit plus ici de Louis-Napoléon
« Bonaparte, qui a d'ailleurs manifesté l'intention

« de quitter le territoire helvétique ; mais bien de
« savoir si la Suisse est ou n'est pas une nation libre
« et indépendante. »

A Bâle, où le Grand-Conseil avait aussi voté l'éloignement du prince, les préparatifs militaires n'étaient pas moins actifs. Toutes les milices étaient prêtes à combattre : il y avait unanimité dans la ville, ainsi qu'à la campagne, en faveur d'une résistance vigoureuse.

La haute Diète, ainsi que le prescrivait son arrêté d'ajournement, se réunit le 1er octobre. Le Président du Vorort donna lecture d'un rapport concernant les pièces qu'il avait reçues et les faits qui avaient eu lieu depuis la séparation de l'Assemblée fédérale. Ensuite, sur la demande de Berne, les députations de Genève et de Vaud firent connaître les préparatifs qu'avaient provoqués dans ces deux cantons les démonstrations militaires de la France. Après cette communication, Bâle-Ville proposa qu'on délibérât à huis clos ; cette proposition ayant été rejetée, il fut procédé publiquement à l'ouverture des instructions. Zurich, entendu le premier, demanda que le Directoire fédéral communiquât officiellement à l'ambassade française la déclaration du prince Louis-Napoléon ; il donna en même temps son approbation aux mesures ordonnées par les gouvernements de Genève et de Vaud. — Berne remercia également les cantons de Vaud et de Genève de leur empressement à prendre des précautions qui n'étaient que trop justifiées par les termes de l'ordre du jour du général Aymar, en date du 25 septembre. La même députation fut d'avis qu'avant toute discussion l'on devait s'occuper des moyens dont la situation présente réclamait l'emploi, et préalablement convoquer la Commission d'Inspection militaire fédérale, afin de l'inviter à soumettre des propositions à la Diète.

La proposition de Berne et celle de Zurich furent adoptées. Le Directoire fut chargé des démarches nécessaires pour obtenir les passeports demandés par Louis-Napoléon.

Les membres qui avaient mission de communiquer à l'ambassade française la déclaration mentionnée, étaient : MM. Kopp, président de la Diète, député de Lucerne; Hess, de Zurich; Neuhaus, de Berne ; Burckhardt, de Bâle ; Schmid, d'Uri ; Monnard, de Vaud; et Rigaud, de Genève.

De ces résultats de la délibération diétale on pouvait bien conclure que S. M. Louis-Philippe aurait à se contenter de l'éloignement volontaire de Louis-Napoléon, et qu'un arrêté de renvoi concernant ce prince ne serait pas même mis en discussion. La convocation de la Commission d'Inspection militaire fédérale était d'ailleurs très-significative ; elle témoignait qu'une agression semblait encore probable. Cette convocation avait été votée par une majorité de 13 Etats et deux demi, composée de Zurich, Soleure, Schaffhouse, St.-Gall, Argovie, Valais, Genève, Vaud, Thurgovie, Appenzell (Rhodes-Extérieures), Bâle-Campagne, Fribourg, Glaris, Berne et Lucerne.

Effectivement, le mouvement militaire continuait,

aucun contre-ordre n'était encore donné aux troupes françaises ; le *Journal de l'Ain* du 3 octobre annonçait qu'il était arrivé ce jour-là, de Mâcon à Bourg, un bataillon de guerre du 3e de ligne fort de près de 800 hommes, avec l'état-major. Le 2e bataillon était attendu le lendemain. Les ordres reçus à Bourg pour la prochaine arrivée, dans cette ville, de six batteries d'artillerie, étaient toujours en vigueur. On préparait des logements et des fourrages aux trois batteries qui devaient y stationner. Un équipage de siége s'organisait à Besançon, où allait arriver une compagnie de pontonniers. L'administration militaire ne cessait point de faire des approvisionnements sur tous les points du rassemblement. M. le maréchal-de-camp d'André, qui commandait le département du Jura, était nommé au commandement de la 2e brigade de la division. Cette brigade se composait des 19e léger, 52e et 59e de ligne, qui étaient en marche sur Pontarlier et Morteau.

Le premier bataillon du 3e léger arriva le 4 à Gex ; il s'établit dans cette ville et les communes environnantes. Deux compagnies furent logées le 5 à Ferney-Voltaire. Le deuxième bataillon, cantonné à Collonges, envoya deux compagnies à St.-Genis.

Dès le mercredi 3 octobre, des détachements de troupes genevoises avaient occupé les principaux points de la frontière de leur canton. La plus grande activité n'avait cessé de présider aux mesures de défense. L'esprit dont paraissaient animés les miliciens de toutes armes ne permettait pas de douter un seul moment, que, quoi qu'il pût arriver, l'honneur national ne demeurât sans tache.

Un grand nombre de jeunes gens encore au-dessous de l'âge requis pour être classé dans les bataillons organisés, se firent inscrire volontairement sur les contrôles d'un corps franc portant le titre d'*Enfants de Genève*. Une compagnie allemande se formait également et voulait concourir à la défense du pays.

Les citoyens qui étaient en voyage pour affaires, ou aux eaux pour cause de mauvaise santé, revinrent aussitôt que l'ordre de prendre les armes leur fut transmis. Beaucoup d'entre eux étaient pères de famille.

Les communes dites réunies (1) ne manifestèrent pas moins de zèle que les anciennes ; leurs miliciens furent des premiers sous les armes. La lettre ci-après, dictée par une honorable susceptibilité, parut dans le *National Genevois* du 3 octobre :

« Grand-Sacconnex, le 2 octobre 1838.

« Monsieur le Rédacteur,

« Ayant été informés que l'on avait manifesté, dans le Conseil Militaire, quelque méfiance sur les dispositions des communes françaises réunies, nous croyons devoir faire remarquer que cette méfiance

---

(1) On désigne ainsi les communes qui furent détachées de la France en 1816, pour être réunies au territoire genevois. Elles sont au nombre de six. Voici leurs noms : *Versoix, Collex, Pregny, le Grand-Sacconnex, Vernier, et Meyrin*.

n'était nullement fondée ; on a dû voir aux inspections qui viennent d'avoir lieu, qu'aucun homme valide appartenant à ces communes n'a manqué à l'appel, et que même plusieurs qui étaient ajournés à un an, ont paru volontairement sous le drapeau. Nous pouvons ajouter que quelques-uns qui n'étaient pas inscrits sur les rôles de la compagnie Panchaud, bataillon Châteauvieux, ont demandé à y être admis.

« Notre major, M. Gampert, a donc pu répondre, avec toute assurance, même avant les inspections, que l'on pouvait compter sur le dévouement des habitants des nouvelles communes, non moins que sur celui des citoyens de l'ancien territoire.

« Agréez, Monsieur le Rédacteur, l'assurance de notre considération très-distinguée.

« Au nom de plusieurs officiers, mes collègues,

« Michel GARDET. »

Et pourtant c'était dans l'espoir de reconquérir ces quelques communes dont les habitants se montraient excellents genevois, que le *Courrier de l'Ain* prêchait un sérieux emploi de la force des armes. « Notre opinion est peu favorable à la guerre, disait-il par manière de correctif ; nous regretterions que le gouvernement français en fût réduit à cette extrémité avec un pays voisin, rapproché par des sympathies libérales, qui toutefois a montré en diverses circonstances un égoïsme national qu'on peut trouver légitime. Mais nous qui sommes dans un département frontière, nous ne pouvons dissimuler que si ces démonstrations guerrières et même un conflit, qui en tout cas ne serait pas long, devaient arriver à faire rendre à la France le territoire qu'elle a perdu et le port sur le lac Léman pour lequel ce royaume a fait jadis de grands sacrifices, la détermination du pouvoir aurait bientôt un caractère national et surtout éminemment populaire dans nos contrées. »

Le *Courrier de l'Ain* ne s'en tenait pas là. Admettant avec une légèreté vraiment coupable les rapports que la malveillance lui adressait, il semblait avoir à cœur d'exciter la haine publique contre Genève ; et, dans ce but, il répandait le bruit de prétendus outrages que la population de cette cité se serait permis contre l'effigie du roi Louis-Philippe. Or, nulle manifestation de ce genre n'avait eu lieu ; en supposant même que des provocateurs, ennemis du pays, eussent commis un acte de cette nature, la police l'aurait réprimé et puni. La population n'eût pas donné les mains à des scènes offensantes soit pour la France, soit pour le chef de son gouvernement ; et, je dois le dire en l'honneur de Genève, il n'y avait de son côté ni forfanterie ni rodomontade ; les préparatifs qu'on y faisait étaient commandés par la nécessité et la prudence ; encore procédait-on avec ce sang-froid et ce calme, vrais indices de la force morale et du bon droit.

Les bruits que fabriquaient les pourvoyeurs du *Courrier de l'Ain* étaient d'ailleurs démentis en termes des plus explicites et des plus conformes à la raison, par le *Journal de l'Ain*. On ne lira pas sans intérêt l'article que cette feuille crut devoir publier à ce sujet :

« Nos correspondances ne font nulle mention des bruits qui ont circulé à propos de scènes scandaleuses qu'on disait s'être passées à Genève, et dans lesquelles le buste de Louis-Philippe aurait été promené dans les rues de Genève et brûlé par la populace, sans opposition de la police ; elles ne parlent non plus d'aucune caricature contre le roi des Français.

« Au surplus, parce que quelques exaltés se seraient permis de dégoûtantes insultes contre le roi des Français, qu'en faudrait-il conclure ? Rien. Quelle est la nation qui n'a pas ses ignobles furibonds toujours prêts à semer le désordre et à compromettre leur pays ?

« La population genevoise est trop calme pour se laisser entraîner à de semblables parodies, et elle repousse et désavoue, nous n'en doutons pas, dans les circonstances graves où elle se trouve, toute insulte au roi des Français.

« Le moment n'est pas venu, ce nous semble, d'exciter les populations limitrophes ; car il ne s'agit aujourd'hui ni des traités de 1815, ni des communes à reprendre par la France ; il s'agit d'une question de droit international. La France croit être dans son droit en demandant l'expulsion du prince, et la Suisse invoque sa Constitution pour refuser. Telle est la question, et rien de plus.

« S'il s'agissait d'une insulte grave de nation à

nation, et dans laquelle la dignité française se trouverait compromise, nous comprendrions cette ardeur belliqueuse à laquelle on veut pousser les populations ; mais il s'agit d'un fait étranger à la Suisse, dans lequel elle a été entraînée malgré elle, et pour lequel elle sacrifie aujourd'hui son repos. Les hommes d'Etat des deux pays, tout en prenant les précautions nécessaires, mettront sans doute bientôt un terme à ce malheureux conflit. »

Le *Journal de l'Ain* faisait connaître ensuite les dispositions des habitants de la frontière française.

« Le pays de Gex, disait-il, n'a jamais été plus calme qu'il ne l'est aujourd'hui ; les habitants sont tout occupés à leurs travaux, et à peine pensent-ils à la guerre qui est sur le point d'éclater. Ce n'est pas qu'ils la redoutent ; leur attitude est ferme et prudente ; mais ils craignent l'interruption de leurs relations commerciales avec Genève, qui leur serait très-préjudiciable, surtout dans le moment où ils conduisent dans cette ville une grande partie de leurs bois. »

Quelque temps après, le même journal publiait les strophes suivantes, inspirées par l'imminence de la guerre et par l'affligeante perspective des désastres auxquels le pays de Gex était exposé :

> Bocages de Cessy (1), qu'allez-vous devenir ?
> L'appareil des combats partout vous environne ;
> J'entends les chars rouler et les coursiers hennir :
> Vous allez voir tomber votre fraîche couronne,
> Et le terrible Mars, plus cruel que l'automne,
> Vous laissera sans avenir !

(1) Cessy, joli village français, est situé à 1 kilomètre de la ville de Gex.

Comment avez-vous pu des maîtres de la terre,
Bosquets sans renommée, asile solitaire,
  Attirer sur vous les fureurs ?
Ils recherchent le bruit, l'éclat et les honneurs,
Et vous ne promettez que paix, ombre et mystère.

Où sont-ils, vos forfaits ? Vous avez abrité,
  Sous votre dôme de verdure,
Un sage au front serein, à l'âme calme et pure,
Qui règne sur les fleurs avec félicité ;
Des anges de vertu dont l'active bonté
Rend aux infortunés l'existence moins dure ;
Un simple ami des vers, qui souhaite ici-bas,
Pour embellir le cours d'une paisible vie,
Non des vastes cités le luxe et le fracas,
Mais les champs, le travail, un cœur exempt d'envie,
Et, ce qu'à son hymen le ciel, hélas ! dénie,
Des êtres adorés à presser dans ses bras.

  Ah ! c'est qu'à la voix des furies,
  Deux nations, longtemps amies,
  Dans une heure vont s'égorger !...
  Mais qui donc les fit se ranger
  Sous des bannières ennemies ?
« Mon repos menacé, dit l'une, parle haut,
  « Et m'ordonne un grand sacrifice. »
— « J'ai, dit l'autre, pour moi l'honneur et la justice ;
« Et pour les soutenir je mourrai, s'il le faut. »

O douleur ! et voilà ce qui de sang inonde
  Cette vallée où nous passons !
Voilà ce qui, depuis les premiers temps du monde,
Renverse les cités, dévore les moissons,
Et couche pêle-mêle en une fange immonde
Les débris mutilés de tant de bataillons !...
  Est-ce donc dans un but de guerre
Que les humains entre eux ont divisé la terre,
Décorant de grands noms ces misérables parts,
Les appelant royaume, empire, république,
D'emblèmes variés ornant leurs étendards,
  Opposant remparts à remparts
  Et politique à politique ?

L'être éternel qui daigna nous former
N'assigna qu'un séjour à tout ce qui respire,
Dans l'esprit d'union voulut le confirmer,
Et prononça ces mots bien faits pour nous charmer :
« Paix à vous ! Gloire à moi ! C'était là tout nous dire.
Mais que ne peut l'orgueil et son triste délire ?...
Dieu vous donna, mortels, un jour pour vous aimer,
  Vous l'employez à vous détruire !

Bocages de Cessy, qu'allez vous devenir ?
L'appareil des combats partout vous environne :
J'entends les chars rouler et les coursiers hennir ;
Vous allez voir tomber votre fraîche couronne,
Et le terrible Mars, plus cruel que l'automne,
  Vous laissera sans avenir.

L'auteur de ces vers, aussi touchants que gracieux, M. Edouard SERVAN DE SUGNY, était alors procureur du roi près le tribunal de Nantua. Il avait siégé en la même qualité dans l'arrondissement de Gex, où il s'était marié avec Mlle Rouph, de Cessy.

CHAPITRE XII.

Démentis donnés au *Courrier de l'Ain* par les Français qui habitent le canton de Genève. Lettre de M. le comte de Marmier, maître des Requêtes au Conseil d'État.—Préventions des militaires français contre Genève.— Le *Patriote Jurassien* blâme le langage haineux tenu envers la Suisse par le *Courrier de l'Ain* et le *Courrier de Lyon*.— Il y a enfin lieu de croire que le gouvernement du roi Louis-Philippe va se déclarer satisfait. Néanmoins le mouvement des troupes n'est arrêté sur aucun point. — Les travaux de fortification et d'armement sont poursuivis à Genève avec la plus grande activité. Dévouement de la population tout entière. Héroïsme des femmes genevoises.—Mesures énergiques prises dans le canton de Vaud. Ordre du jour du général Guiguer, commandant en chef des troupes vaudoises.

Plusieurs Français résidant à Genève s'empressèrent de protester publiquement contre les mensonges qu'on s'efforçait alors d'accréditer. « Ce n'est qu'avec un sentiment de dégoût et d'indignation, était-il dit dans une lettre dûment signée, que les Français présents à Genève ont lu dans le *Courrier de l'Ain*, que l'effigie du roi avait été traînée dans la boue, que les caricatures les plus grossières étaient colportées dans les lieux publics, et que les Français avaient à se plaindre d'insultes continuelles. Il n'y a pas dans tout ceci un seul mot de vrai. »

Au surplus, la reproduction de quelques-unes des lettres qui furent écrites dans le but de rétablir la vérité en ces graves conjonctures, me semble préférable au résumé que je pourrais en faire :

« Genève, le 5 octobre 1838.

« Monsieur le Rédacteur du *National Genevois*,

« Nous vous serons infiniment obligés de vouloir bien insérer dans votre plus prochain numéro la protestation suivante, revêtue de la signature de TROIS CENT QUINZE citoyens français résidant dans le canton de Genève, laquelle protestation nous venons d'adresser à Bourg.

« Agréez l'expression de mes sentiments distingués.

« Par délégation de mes compatriotes,

« PETITJEAN,

« *Chirurgien-dentiste, quai de Bergues,* 15. »

« A M. le Rédacteur du *Courrier de l'Ain.*

« Genève, le 4 octobre 1838.

« Monsieur,

« Il n'est pas de Français résidant à Genève qui n'ait lu avec indignation l'article consigné dans votre dernier numéro et dans lequel il est dit : « On « raconte ici que le buste de Louis-Philippe, après « avoir été promené dans les rues de Genève, aurait « été brûlé par la populace. »

« Vous dites, Monsieur, qu'en reproduisant cet article, vous aimeriez à le voir démentir.

« Eh bien! nous n'hésitons pas un seul instant à donner à l'auteur de cet infâme article le démenti le plus formel.

« Nous devons encore, pour rendre hommage à la vérité, déclarer hautement que, dans les circonstances où se trouve la Suisse, les liens d'amitié qui unissaient les deux peuples n'ont cessé un seul instant de se resserrer de plus en plus.

« Enfin, nous le répétons, l'auteur de cet article infâme a menti à la France, à la Suisse, à l'Europe entière.

« Recevez, etc. »

(Suivaient les signatures.)

« Genève, le 6 octobre 1838.

« Monsieur le Rédacteur du *National Genevois*,

« Afin de rendre justice à la nation genevoise, insultée dans un article publié par le *Courrier de l'Ain*, nous vous prions d'insérer la lettre suivante dans votre estimable journal.

« Délégué par mes concitoyens, j'ai l'honneur de vous saluer.

EDM. PELLETIER,

« *Imprimeur, rue du Rhône,* 64. »

« A M. le Rédacteur du *Courrier de l'Ain.*

« Genève, le 6 octobre 1838.

« Monsieur,

« Après avoir lu l'article inséré dans votre numéro

du 29 septembre dernier, relatif à de prétendues insultes que les Genevois auraient prodiguées au buste de Louis-Philippe, il est difficile de croire que cette nouvelle vous ait été adressée de Gex, ainsi que vous le prétendez. Le rédacteur d'un journal ne doit pas accueillir légèrement de pareils articles, sans être signés ; et si parfois il les accueille, il en assume alors toute la responsabilité.

« Les Français soussignés, qui habitent Genève, vous certifient, Monsieur, que ni Louis-Philippe, ni les autres membres du gouvernement français n'ont été l'objet d'une insulte ; que, malgré toutes les révolutions qui se sont succédé en France et dans d'autres Etats, jamais les étrangers n'ont éprouvé la moindre offense, et qu'ils sont à peine, ici, distingués des nationaux.

« Nous espérons donc, Monsieur, que vous vous empresserez de rétracter un pareil mensonge, afin de nous épargner le pénible devoir de proclamer à la face de notre pays (par la voie des journaux français), que votre article est faux, et qu'il sort de la plume d'un calomniateur.

« Dans l'espoir que vous ferez droit à notre juste réclamation, nous avons l'honneur de vous saluer.

« F. Ramboz, de Lons-le-Saunier.—Edm. Pelletier, de Paris. — Clette, de Metz. — H. Olivary, de Marseille. — L. Pelletier, de Paris. — Gourdon, de Paris. — A. Mouillard, de Rouen. — Gellas, d'Arras. — Périchon, de Lyon.— P.-V. Oursel, du Havre. — LOVENDAL. — L. ROBERT, de Caen. — VOULON, de Lyon. — D'ESTRÉE. — JAQUEMOT, de Challex. — V. SIMORRE, de Cherbourg. »

« A M. le Rédacteur du *Courrier de l'Ain*.

« Versoix, le 4 octobre 1838.

« Monsieur le Rédacteur,

« Je viens de lire une lettre en date du 29 septembre, publiée par votre journal, dans laquelle il est question de *grossières et dégoûtantes injures proférées chaque jour en public par les Genevois contre le gouvernement, le roi et les Français, ainsi que de leurs menaces, de leurs forfanteries, etc.* Je dois à la vérité de déclarer que votre correspondant est bien mal informé. Tous les Français qui se sont trouvés à Genève dernièrement n'ont eu, au contraire, qu'à se louer des procédés de toutes les classes de la société, et de la réserve des habitants de Genève dans cette circonstance.

« Il est complètement faux que le buste du roi ait été promené dans les rues de Genève et brûlé par la populace.

« Une intention évidemment malveillante a pu seule inventer ces faits, dans un but d'excitation à la haine entre les deux pays, et dont votre journal ne peut vouloir se rendre l'organe. Le mensonge et la calomnie ne sont pas des armes françaises.

« Je n'ai vu à Genève qu'une attitude calme et digne, et aucune de ces manifestations qui puissent laisser supposer que la bonne harmonie ne sera pas bientôt rétablie entre deux nations voisines, faites pour s'estimer et se rapprocher chaque jour davantage.

« Je ne doute pas que votre impartialité n'apprécie la rectification d'un témoin oculaire, qui rend hommage à la vérité.

« Agréez l'assurance de mes sentiments distingués.

« Le comte DE MARMIER,
« *Maître des Requêtes au Conseil d'État.* »

Je crois devoir reproduire, en outre, une réponse aussi précise, mais plus développée que les précédentes, qui fut adressée, dans la même circonstance, à la feuille préfectorale de Bourg :

« Genève, le 6 octobre 1858.

« Monsieur le Rédacteur,

« Une protestation vient d'être signée à Genève par les Français qui résident dans cette ville. Le démenti formel que nous donnons à vos calomnies ne suffit pas à notre juste indignation ; il faut que vous connaissiez mieux le vœu des Français ; sans doute vos correspondants vous abusent ; il est de mon devoir de vous détromper.

« Dans un siècle éclairé, où toutes les opinions sont libres, je ne considérerai cependant ni la vôtre ni la mienne ; je m'attacherai aux faits, et me permettrai de prendre seulement, comme citoyen, un droit que vous prenez comme journaliste.

« Vous parlez, dites-vous, au nom de la France ; moi je vous réponds au nom de l'honneur de ma patrie, au nom de tout cœur honnête, que l'injustice révolte et que la calomnie indigne.

« Dans votre article, vous paraissez douter de l'exactitude de certains passages, et vous ne les rapportez que dans le but de provoquer des explications. L'honneur et la conscience de mes compatriotes me font un devoir de vous accorder plus que vous ne demandez ; car c'est par un démenti formel que je désire confondre les impostures de votre correspondant, impostures infâmes, et que vous n'avez pas rougi d'appuyer sur le vœu populaire et national.

« En effet, que penserait de nous la France, si elle apprenait qu'aucun de ses enfants ne s'est levé pour défendre l'honneur de la mère patrie ? Vous accusez les Genevois d'adresser chaque jour aux Français et au gouvernement des injures grossières et dégoûtantes ? Si le fait était vrai, il n'appartiendrait pas à vous seul de relever de pareilles injures. Ces faits n'auraient pu exister sans exciter de la part des Français résidant à Genève, de justes réclamations ; et la répression d'une telle infamie serait confiée à l'autorité compétente, et non pas à une plume subordonnée, comme la vôtre, à un pouvoir supérieur.

« Sans entrer dans aucun détail concernant les affaires de la Suisse et la conduite du gouvernement français dans des circonstances malheureuses, je me permettrai cependant de relever certains faits contenus dans votre article.

« Les cantons de Vaud et d'Argovie nous doivent, il est vrai, beaucoup ; mais appartient-il à une grande nation de faire valoir à d'anciens alliés des bienfaits qui furent d'ailleurs mérités par les services qu'ils nous ont rendus? Pouvons-nous forcer des peuples à trouver juste ce qu'une nation puissante veut leur imposer parce qu'elle est la plus forte? Et croyez-vous qu'à leur tour ils ne pourraient pas nous demander compte de plusieurs méfaits commis à différentes époques sur leur territoire?

« Au contraire, tous les souvenirs de leurs anciens malheurs se sont effacés de leurs cœurs généreux ; traversez la Suisse, visitez-la dans tous les sens ; l'éloge des Français y est dans toutes les bouches ; il suffira de dire qu'on appartient à la France pour devenir l'hôte chéri du châlet, l'ami des habitants des villes, et le bien venu dans toutes les sociétés.

« Pensez-vous donc que de tels liens puissent se rompre à la vue d'une guerre de cabinet? pensez-vous qu'un peuple entier, uni par l'amour de la patrie, et justement fier de ses ancêtres, se dégrade et s'avilisse au point d'injurier grossièrement des hommes innocents, et qui ne peuvent être responsables des fautes de leur gouvernement? Encore une fois, oui, vous avez menti, et je désire que la France tout entière entende ma voix et connaisse mieux un peuple que vous blâmez parce qu'il défend son bon droit. Plût au Ciel que la France fût aussi unie pour défendre le sien! Il n'y aurait jamais de populaires et de nationales en France que les guerres dictées par la justice et le besoin de défendre l'honneur et la liberté du pays.

« Poursuivant vos odieuses récriminations, vous

osez vous faire l'interprète des communes réunies à Genève depuis 1815, et vous paraissez désirer une guerre qui les ramènerait sous notre dépendance. Est-ce là de la grandeur d'âme? Vouloir, dans la position volcanique où se trouve la France, profiter d'une guerre pour reconquérir des habitants qui sont heureux, qui sont libres, pour qui la Suisse est une nouvelle patrie! Vous avouez vous-même qu'ils paieraient cher l'honneur de porter le nom français ; car vous leur faites pressentir qu'on aurait envers eux des égards, à cause des faibles impôts que le gouvernement genevois exige de ses concitoyens, et dont la modicité contraste trop avec ceux dont nous sommes écrasés.

« Genève, dites-vous encore, ne cherche qu'un prétexte pour opérer cette diminution de territoire, et cela dans l'intérêt du calvinisme. C'est attaquer non-seulement Genève, mais encore sa religion. Le rapprochement des cultes, la fraternité et la tolérance forment le trait caractéristique du protestantisme. Si vous étiez à même d'assister aux assemblées religieuses de cette ville, et d'admirer l'esprit juste et tolérant qui anime ses chefs, votre conscience vous reprocherait de publier des faits dont vous êtes sans doute mal informé. Et pourtant c'est de l'histoire moderne, connue de toute l'Europe.

« Je ne poursuivrai pas plus loin mes réflexions ; elles pourraient être mal interprétées par vous ; je désire seulement être compris par mes compatriotes, afin que désormais ils n'ajoutent pas foi à vos odieuses calomnies. Journellement je me promène sur les remparts de Genève, dans les lieux publics ; j'assiste même aux séances du Conseil Représentatif, et partout je n'ai remarqué que le désir de resserrer davantage, s'il est possible, les nœuds d'amitié qui unissent la France et la Suisse. Au lieu de provocations et de forfanteries, je n'ai jamais été témoin que d'un esprit de modération que vous êtes loin de posséder.

« Agréez, etc.

« F. MULLER. »

En voyant la plupart des militaires, et notamment les officiers, manifester certaines préventions, à leur arrivée dans l'arrondissement de Gex, on reconnaissait facilement qu'ils avaient été induits en erreur sur ce qui se passait à Genève. On leur avait dit que le désordre régnait dans cette ville, que les Français y étaient l'objet d'attaques et de mauvais traitements. Ils ne tardèrent pas à être désabusés.

Le *Patriote Jurassien*, journal qui paraissait à Lons-le-Saunier, jugeait non moins sévèrement que les auteurs des lettres précitées, le langage tenu par quelques feuilles de préfecture au sujet de l'affaire suisse :

« La presse ministérielle des départements frontières continue ses hostilités contre la Suisse, et ses prédications de guerre à tout prix. On dirait qu'elle est chargée de l'ignoble rôle d'agent provocateur; qu'elle a mission d'envenimer la querelle et de la pousser aux dernières extrémités par ses insultes et ses rodomontades périodiques..... Il est difficile de rester calme devant les menaces et les provocations; on comprendrait que l'exaspération des esprits entraînât la Suisse au-delà des bornes de la modération et de la sagesse; on serait enchanté de lui trouver des torts et de pouvoir alléguer quelque fait grave qui dépose contre elle. C'est dans cette intention, sans doute, que le *Courrier de l'Ain* a publié dernièrement un article écrit de Gex, et qui n'est autre chose qu'une longue diatribe, un réquisitoire de procureur-général, un cri de guerre et de vengeance contre tous les Suisses, et en particulier contre les Vaudois et les Genevois. On ne parle de rien moins que de déchirer les traités de 1815, pour reprendre à la Suisse quelques communes dont la Sainte-Alliance l'a enrichie aux dépens du département de l'Ain. Et là-dessus on proclame la guerre nationale et populaire sur notre frontière! C'est une haine sauvage, car elle semble faire l'apologie du fratricide.

« Mais si vous avez, ce que nous ne blâmons pas, une telle ardeur de déchirer les traités de 1815, allez les déchirer et les fouler aux pieds, en face de nos ennemis naturels, sur les bords du Rhin, où vous trouverez des peuples qui vous applaudiront ; déchirez-les dans les antichambres de Nicolas de Russie, sur le théâtre même des humiliations de la royauté de Juillet. Là, il y a du courage à se montrer fort, il y a de la gloire nationale à moissonner. Mais traiter la Suisse en ennemie parce qu'elle veut défendre son indépendance et son honneur national, n'est-ce pas se faire les séides de la Sainte-Alliance? n'est-ce pas servir d'instrument aux projets liberticides que l'on caresse depuis si longtemps dans les cours du Nord ?

« Le *Courrier de l'Ain*, qui revient encore, dans un autre numéro, sur son texte favori, veut bien reconnaître cependant, que la détermination du peuple suisse de se préparer à la lutte contre une nation plus forte est honorable pour lui, *quoique reposant sur une erreur*. Mais il n'en persiste pas moins à s'efforcer, par de perfides insinuations, d'intéresser les ressentiments populaires contre la Suisse. Il s'appuie encore sur le *Courrier de Lyon*, organe ministériel qui, lui aussi, suit le même système de dénigrement et de provocation ; c'est, comme on le voit, un plan concerté de manœuvres ténébreuses qui paraissent avoir pour but principal de détruire les liens d'amitié et de fraternité qui existent depuis si longtemps entre les deux peuples. Nous espérons que les agents de ce système d'agression en seront pour leurs frais de provocation et de fanfaronnades belliqueuses. »

On avait, en effet, lieu de croire que le différend touchait à sa fin. Le ministère français paraissait avoir apaisé sa fougue batailleuse, et être rentré, à l'égard de la Suisse, dans les voies de la conciliation. L'oracle du Cabinet, le *Journal des Débats*, dans son numéro du 2 octobre, regardait l'affaire comme terminée, et il le déclarait en ces termes : « Le Cabinet de France a donc obtenu tout ce qu'il demandait ! Comme il n'a jamais eu l'extravagante pensée d'humilier la Suisse ni de se mêler de ses affaires intérieures, la retraite définitive de Louis-Napoléon lui suffit. Le gouvernement a fait preuve de fermeté, il fera preuve de modération. » La *Revue de Paris* confirmait cette déclaration du *Journal des Débats*. « Le gouvernement, disait-elle, n'a plus rien à faire qu'à notifier au Directoire fédéral que le retour de Louis-Napoléon Bonaparte l'obligerait à recommencer. »

Ainsi, d'après les deux feuilles que je viens de citer, *ce qui ne pouvait suffire, suffirait;* c'était bien entendu. Mais le *Bon Sens*, comme d'autres membres de la presse périodique, ne croyait pas que le différend fût terminé. Selon lui, l'organe du ministère, en annonçant que ses patrons se contentaient de l'éloignement volontaire du prince Louis-Napoléon, répandait à dessein ce faux bruit pour sonder l'opinion publique. Les faits venaient à l'appui de cette supposition : le mouvement des troupes n'était arrêté sur aucun point; le *Patriote de Saône-et-Loire* du 4 annonçait le départ de Châlons, ou le passage par cette ville, de plusieurs bataillons se dirigeant vers la frontière suisse; on avait reçu à Bourg la nouvelle de la prochaine arrivée de deux bataillons de guerre du 18° de ligne, venant de Marseille; des batteries d'artillerie partaient de Lyon, de Bourges, de Toulouse et de Strasbourg; le fort de l'Ecluse recevait des approvisionnements de siége et les munitions de bouche nécessaires pour tenir pendant un temps limité.

Dans ces circonstances, les travaux de fortification et d'armement continuaient à Genève avec la plus grande activité; la milice et les citoyens de toutes les

classes montraient un zèle admirable ; tous étaient
fermement résolus à ne reculer devant aucun sacrifice pour le salut de la patrie. Le second contingent,
commandé par M. le colonel Trembley, était entré à
la caserne de Chantepoulet ; les jeunes gens qui s'étaient enrôlés spontanément, sous la dénomination
d'*Enfants de Genève*, étaient exercés chaque jour au
maniement des armes ; les étudiants de toutes les Facultés, non compris dans le premier contingent, formaient une compagnie de *volontaires* ; et, chose bien
digne d'être mentionnée, plusieurs individus qui s'étaient présentés pour servir de remplaçants n'avaient
pas trouvé un seul citoyen qui eût accepté leur offre.
Les diligences étaient remplies et couvertes de Suisses,
jeunes ou vieux, ayant hâte d'arriver au secours de la
patrie menacée. On voyait jusqu'à des femmes revenir
de l'étranger pour partager les dangers de leur famille,
et se rendre, autant que le permettrait la faiblesse
de leur sexe, utiles à leurs compatriotes. Aux sentiments et à la conduite des hommes, on reconnaissait
les petits-fils de ces braves qui repoussèrent avec tant
de courage et de persévérance la domination des ducs
de Savoie. C'étaient bien les descendants de ces
vaillants bourgeois qui, surpris, trahis même pendant
la nuit du 12 décembre 1602 (1), parvinrent à sauver
leur ville, et, avec elle, leur existence comme nation

---

(1) Dans cette nuit mémorable, 4,000 Savoyards tentèrent de surprendre
Genève, en escaladant ses murailles. L'alarme ayant été donnée à temps
aux bourgeois, les ennemis qui avaient pénétré dans la ville furent tués
ou faits prisonniers.

indépendante. Le patriotisme et la force de caractère des femmes rappelaient la présence d'esprit, la résolution dont fit preuve cette Genevoise dans la main de laquelle un ustensile de ménage (1) devint une arme mortelle pour l'un des ennemis qui avaient escaladé les murailles et s'étaient approchés d'une des portes de la Cité. On croyait voir revivre, en considérant certains actes de dévouement à la cause publique, ces mères lacédémoniennes que l'histoire nous dépeint armant elles-mêmes leurs fils, et prescrivant aux guerriers de mourir plutôt que de rentrer au foyer domestique sans leur bouclier. Le théâtre, s'associant au sentiment populaire, reproduisait des scènes glorieuses de la Suisse primitive. Le 4 et le 7 octobre, à la demande générale, on représentait *Guillaume Tell, ou le libérateur de la Suisse,* drame en six tableaux et à grand spectacle, imité de Schiller.

La prudence et le bon ordre, malgré cette agitation, ne cessaient de régner sur le territoire cantonal. Le gouvernement avait adressé aux maires des communes frontières de la France une circulaire dans laquelle il les engageait à redoubler de vigilance, à ne pas s'absenter sans une nécessité absolue, à user de leur influence pour empêcher toute collision entre les habitants de leurs communes respectives et ceux des communes françaises, à prévenir toute pro-

---

(1) Une marmite lancée courageusement et à propos par une femme genevoise, fut fatale à l'un des assaillants et causa de l'irrésolution parmi ses camarades. Cette marmite est conservée à l'Arsenal.

vocation, à calmer les esprits, à maintenir les relations de paix et de bon voisinage, et à écarter tout ce qui pourrait les troubler.

Les mesures prises dans le canton de Vaud n'étaient ni moins sages, ni moins énergiques ; on comptait déjà plus de 20,000 hommes sous les armes. Voici l'ordre du jour du commandant en chef:

« Soldats !

« Le Conseil d'Etat m'a fait l'honneur de me placer à votre tête ; je tâcherai de le mériter.

« Pour le moment du moins, ma mission est toute pacifique, et l'ordre et la discipline sont les seules qualités que nous puissions développer.

« Et si les circonstances viennent à changer, sûr que je suis de votre courage et de votre dévouement, je ne vous demanderai encore que de l'ordre et de la discipline, sans lesquels demeurent vains le dévouement et le courage.

« Soldats ! je commandais déjà vos pères, il y a plus de trente ans. Ils avaient confiance en moi, parce qu'ils savaient que je regardais chacun d'eux comme un ami. Les années n'ont pas changé mon cœur.

« Fiez-vous à moi comme l'ont fait vos pères, et, s'il plaît à Dieu, je ne tromperai pas votre attente.

« Lausanne, ce 2 octobre 1838.

« *Le général commandant la division,*
« GUIGUER. »

Ce langage modéré, mais ferme, éloquent appel d'un vieux guerrier à de touchants et patriotiques souvenirs, excita de vives sympathies. Il ne pouvait, certes, que fortifier l'armée vaudoise dans ses excellentes dispositions.

CHAPITRE XIII.

Journée du 6 octobre. La Diète vote une réponse à la note du gouvernement français. Texte de cette réponse. — Les passeports demandés par Louis-Napoléon sont envoyés au gouvernement de Thurgovie. — Préparatifs militaires et proclamation du Conseil Exécutif bernois. — Saint-Gall, Soleure, Bâle-Campagne, Argovie, Neuchâtel même, tiennent leurs contingents disponibles. — La Diète régularise la formation de deux corps d'armée.— Alerte donnée aux troupes genevoises stationnées à la frontière.— Affluence de citoyens genevois, à Ferney, dans la journée du 7 octobre; ils fraternisent avec les militaires français. — Politique équivoque suivie, au milieu de toutes ces circonstances, par le Cabinet des Tuileries.

La journée du 6 octobre doit être signalée comme étant celle où les hostilités parurent le plus imminentes à la frontière de Genève. Vers trois heures du matin, un poste français fut placé, pour la première fois, sur la limite des deux territoires ; les troupes genevoises ne tardèrent pas à s'avancer jusqu'à leur extrême frontière. Les militaires des deux nations se trouvèrent alors en présence ; néanmoins aucune collision n'eut lieu. J'écrivis ce jour-là, vers six heures du matin, dans le numéro du *National Genevois* qui allait paraître : « Personne ne doit s'effrayer de ces mesures, qui ne sont que de précaution, et dont les suites, on doit l'espérer, ne seront pas sérieuses. »

Le lendemain, 7, à dix heures du soir, une estafette arrivait de Lucerne à Genève et y apportait la nouvelle que la Diète, dans sa séance du lundi 6 octobre, avait voté, à la majorité de 18 voix et une demie, sa réponse à la note française. La même estafette était porteur d'une lettre des députés de Genève, annonçant que l'ambassadeur d'Angleterre avait délivré un passeport à Louis-Napoléon, et que ce titre de voyage, visé par les ministres de Prusse, de Bade et le consul-général de Hollande, avait été expédié, dans la soirée du 6, au gouvernement de Thurgovie.

La réponse de la Diète était conçue en ces termes :

« *Les Avoyer et Conseil d'Etat du canton de Lucerne, Directoire fédéral, à S. E. M. le duc de Montebello.*

« S. E. M. le duc de Montebello, ambassadeur de S. M. le roi des Français, ayant par son office du 1er août, demandé aux autorités fédérales que Louis-Napoléon Bonaparte fût tenu de quitter le territoire helvétique, les Avoyer et Conseil d'Etat de Lucerne, Directoire fédéral, ont reçu de la Haute Diète l'ordre de répondre ce qui suit :

« Lorsque les Grands-Conseils des Cantons ont été appelés à délibérer sur la demande de M. le duc de Montebello, leurs votes se sont partagés sur la position de Louis-Napoléon Bonaparte et sur la question de nationalité, mais non sur le principe que la demande d'expulsion d'un citoyen suisse serait inadmissible, comme contraire à l'indépendance d'un Etat souverain.

« Depuis que Louis-Napoléon a fait, pour s'éloigner du territoire de la Confédération, des démarches publiques, que le Directoire s'est occupé à faciliter, une délibération de la Diète sur cette matière devient superflue.

« Fidèle aux sentiments qui, depuis des siècles, l'ont unie à la France, la Suisse ne peut toutefois s'empêcher d'exprimer avec franchise le pénible étonnement que lui ont causé les démonstrations hostiles faites contre elle avant que la Diète ait été réunie pour délibérer définitivement sur la réclamation qui lui était adressée.

« La Diète désire, autant que peut le désirer le gouvernement français, que des complications de la nature de celles qui ont eu lieu ne se renouvellent plus, et que rien ne trouble à l'avenir la bonne harmonie de deux pays rapprochés par leurs souvenirs comme par leurs intérêts. Elle se livre à l'espérance de voir promptement rétablies et consolidées, entre la France et la Suisse, les précédentes relations de bon voisinage et la vieille réciprocité d'affection.

« Les Avoyer et Conseil d'Etat du Canton de Lucerne, Directoire fédéral, ont l'honneur de réitérer à Son Excellence M. le duc de Montebello l'assurance de leur très-haute considération.

« Lucerne, le 6 octobre 1838. »

(Suivaient les signatures.)

Ainsi, le 6 octobre a été marqué par deux actes importants pour la Suisse. Dans cette journée, l'Assemblée fédérale a voté une réponse à la note de la France ; et les ministres des puissances étrangères, d'accord avec M. de Montebello, ont visé le passeport que l'ambassadeur anglais avait délivré au prince Louis-Napoléon. La Confédération était tranquille de ce côté ; la généreuse démarche du prince avait été couronnée d'un plein succès, son intention de ne point compromettre la Suisse plus longtemps par son séjour à Arenenberg, était remplie ; et, bien loin de se montrer ingrat, il venait de payer, en se retirant, une partie de la dette de reconnaissance qu'il avait contractée envers sa patrie adoptive. Le gouvernement français lui-même avait consenti, par l'intermédiaire de son ambassadeur, au départ *volontaire* du prince, et avait renoncé, par conséquent, à exiger de la Diète son expulsion en forme. Du reste, la réponse à la note du 1ᵉʳ août satisfaisait à la fois aux exigences de l'honneur suisse et à celles du Cabinet des Tuileries. Tout en reconnaissant que l'éloignement de Louis-Napoléon rendait superflue une délibération sur cette matière, la Diète déclarait en termes exprès que *la demande d'expulsion d'un citoyen suisse serait inadmissible, comme contraire à l'indépendance d'un Etat souverain.* De son côté, le Cabinet des Tuileries avait mis Louis-Napoléon dans la nécessité morale de partir ; et les cantons, au lieu de faire la moindre opposition à ce départ, donnaient l'assurance *qu'ils désiraient, autant que pouvait le désirer le gouvernement français, que des complications de la nature de celles qui avaient eu lieu ne se renouvelassent plus.* D'après cela, sans doute, plus de différend, plus de mesures militaires, mais des contre-ordres partout, et rentrée immédiate des troupes dans leurs garnisons respectives. Voilà, si le roi Louis-Philippe était de bonne foi dans sa demande, si ce n'était point un prétexte pour inquiéter les Républiques suisses dans leur indépendance et leurs libertés ; voilà, dis-je, ce qui devait, en définitive et sans aucun retard, suivre la notification de la réponse du 6 octobre.

« Comme il est facile de le remarquer, faisait observer le *National Genevois* dans un supplément daté du 8, nos prévisions se réalisent peu à peu ; l'affaire chemine vers un dénouement prochain ; qu'attend-on maintenant ? Une déclaration du gouvernement français, par laquelle il se dise satisfait de la réponse de la Diète. Cette déclaration ne tardera pas, sans doute, à arriver, accompagnée peut-être d'une recommandation expresse relativement au projet de retour que pourrait nourrir Louis-Napoléon. Mais, en tout cas, la querelle est terminée, grâce à la magnanime résolution du prince, et aussi à l'effet produit par les mesures énergiques qu'ont prises Genève, Vaud, Berne et plusieurs de leurs co-États. »

Le *National Genevois* ne tombait point dans l'exagération, en appréciant ainsi l'influence que pouvait exercer sur la détermination du ministère Molé l'attitude résolue de la Confédération. Voici, touchant les préparatifs militaires du canton de Berne en particulier, des détails propres à donner une juste idée de la résistance à laquelle il y avait lieu de s'attendre :

Aussitôt que la proclamation du général Aymar fut

connue à Berne, une émotion des plus vives se manifesta chez les citoyens ; le gouvernement n'attendit pas les ordres de la Diète pour s'occuper des mesures à prendre. Dès le lundi 1er octobre, le Conseil Exécutif ordonna la mise de piquet de toutes les troupes formant les 1er et 2e contingents ; 600 hommes du 4e bataillon, appartenant aux parties des Alpes les plus éloignées, furent appelés à Berne. La légion urbaine fut casernée et mise à la disposition du colonel Zimmerli, le département militaire dirigea avec la plus grande activité les travaux de l'arsenal, le matériel fut mis dans le meilleur état, les munitions furent préparées, les canons chargés ; tout, en un mot, fut organisé de manière à ce que les troupes pussent, au besoin, entrer immédiatement en campagne. La direction de la police centrale fut confiée provisoirement à M. le conseiller d'Etat Langel, qui s'adjoignit M. Bille comme secrétaire particulier ; la gendarmerie fut placée sous le commandement de M. le major Kupfer. M. le capitaine Kurtz fut envoyé à Genève, pour être à portée des événements et en rendre un compte exact. Le mardi 2 octobre, les états-majors de tous les bataillons furent mis sur pied et dirigés sur les divers lieux de rassemblement; le corps des étudiants offrit ses services ; des citoyens de Bienne et des environs, qui n'appartenaient pas aux contingents, se réunirent le même jour et se formèrent en corps francs ; des habitants de Courtelary prirent une semblable résolution. La question du rappel du régiment bernois au service de S. M. le roi des Deux-Siciles fut discutée dans le Conseil Exécutif : on décida que si les circonstances devenaient plus graves, le gouvernement s'adresserait aux autres cantons pour déterminer le rappel de tous les régiments suisses qui étaient en Italie. Le 3 octobre, continuation des préparatifs, et redoublement d'activité, causé par la nouvelle que le canton de Vaud faisait marcher 16,000 hommes à la frontière. Les offres de service arrivaient de toutes parts. Une réunion des 72 officiers qui, en 1832, avaient refusé le serment au drapeau, avait lieu dans le Casino. Ces militaires résolurent de demander à la Diète la faveur de concourir à la défense du pays. Voici le texte de la proclamation publiée, le 4, par le Conseil Exécutif :

« Chers concitoyens !

« Des nouvelles certaines, qui nous sont parvenues de nos co-Etats confédérés de Vaud et de Genève, annoncent que plusieurs corps de troupes françaises s'approchent de la Suisse pour appuyer, par la force des armes, la demande de l'expulsion de Louis-Napoléon Bonaparte, auquel l'Etat de Thurgovie a fait don du droit de bourgeoisie.

« Quoique Louis-Napoléon ait demandé des passeports, afin de quitter volontairement la Suisse, ces troupes continuent leur marche vers la frontière de notre patrie.

« Chers concitoyens, il ne s'agit pas désormais de la personne du prince, mais du maintien de l'indépendance de la Suisse. Les cantons de Vaud et de

Genève n'ont pas tardé à mettre sur pied leurs contingents fédéraux et leurs réserves; et, d'après les nouvelles reçues aujourd'hui, les deux contingents d'élite vaudois sont à cette heure sous les armes. Lorsque nos co-Etats se préparent d'une manière si honorable à combattre pour l'indépendance de la Confédération, il est du devoir de Berne de se montrer prêt aussi à marcher avec ses frères à la défense de la commune patrie. En conséquence, et quoique aucun événement ultérieur n'indique jusqu'à présent l'explosion immédiate des hostilités, nous avons décidé de mettre de piquet nos deux contingents fédéraux et de donner à tous les officiers du premier contingent d'élite l'ordre de se rendre au lieu de leur rassemblement, afin qu'au premier signal les troupes bernoises soient au poste où la patrie aura besoin d'elles, et où les appellent le devoir et l'honneur.

« En vous faisant part de ces dispositions, nous vous invitons, chers concitoyens, à attendre avec calme les mesures ultérieures qu'ordonnera l'autorité fédérale suprême, et les résolutions que nous pourrons être dans l'obligation de prendre suivant les circonstances.

« Confiez-vous avec nous au Dieu de nos pères, qui a si souvent sauvé notre patrie des plus grands dangers, et l'a préservée de la ruine dont elle était menacée.

« Berne, le 4 octobre 1838.

« Au nom du Conseil Exécutif,
« L'Avoyer, TSCHARNER.
« Le Chancelier, HUNERWADEL. »

A peine la proclamation fut-elle connue, que les citoyens qui avaient attendu cette manifestation du pouvoir s'organisèrent comme volontaires et firent savoir aux autorités qu'ils étaient à leur disposition.

Le gouvernement de St.-Gall s'était empressé de suivre l'exemple de ses confédérés des cantons voisins de la France, en mettant de piquet, dès le 3 octobre, trois bataillons d'infanterie, une compagnie de carabiniers, une compagnie d'artillerie et une compagnie de cavalerie. Des préparatifs de guerre avaient également lieu dans le canton de Soleure, où, sur la réquisition du Vorort, on avait recherché, mais en vain, M. Mazzini. Ce réfugié italien était alors en Angleterre. Le Conseil Exécutif d'Argovie avait fait inspecter le matériel militaire et ordonné aux deux contingents de se tenir prêts. M. le colonel Frey-Hérose commandait en chef. Les Etats limitrophes avaient reçu avis de ces préparatifs, et des secours leur étaient offerts. Bâle-Campagne ne restait pas en arrière de ses confédérés. Dès que l'on fut informé à Liestall du danger que couraient les cantons de Genève et de Vaud, le Conseil Exécutif ordonna une inspection du personnel et du matériel de l'armée; 3000 hommes bien équipés pouvaient entrer immédiatement en campagne. Le gouvernement se mit en correspondance avec ceux de Soleure et d'Argovie, afin qu'au besoin, des mesures uniformes pussent être prises pour la défense commune. Plusieurs autres cantons ne montraient pas moins d'empressement à disposer leurs forces : le Conseil d'Etat de Neuchâtel lui-même ne put résister à l'élan général;

il adressa, le 7 au soir, à la Commission militaire une lettre dans laquelle il disait être en mesure de réunir, dans les vingt-quatre heures, ses deux contingents fédéraux.

Enfin la Diète, dans sa séance du 8 octobre, prit une décision grave, mais que justifiaient suffisamment les circonstances. Elle régularisa, par un arrêté, la formation de deux corps d'armée, chargés de la défense des frontières depuis Bâle jusqu'à Genève; et elle prescrivit que, dans tous les cantons, les contingents fussent mis en état de marcher au premier appel. Le corps de l'aile gauche, destiné à couvrir la frontière suisse le long des territoires de Genève, de Vaud et de Neuchâtel, fut placé sous le commandement du général Guiguer. Le corps de l'aile droite devait, sous le commandement de M. le colonel Zimmerli, garder la frontière suisse le long des territoires de Bâle, de Soleure et de Berne. Pour faire face aux dépenses résultant des levées de troupes, les États confédérés étaient invités à envoyer, sans retard, à Lucerne, le tiers de leur contingent pécuniaire. 179,758 francs 35 1/3 rap. de Suisse, ayant la même destination, devaient être versés par la caisse fédérale.

Le même jour, 8 octobre, le Grand-Conseil du canton de Vaud adoptait à l'unanimité un décret que lui avait présenté le Conseil d'État, et par lequel étaient sanctionnées les mesures extraordinaires qui avaient été prises en vue de maintenir l'honneur, l'indépendance et la sûreté de la Confédération. Ce décret autorisait le Conseil d'État à faire un emprunt, si les circonstances l'exigeaient. Quelques jours auparavant, le Conseil Représentatif de Genève approuvait toutes les précautions militaires que le Conseil d'Etat de ce canton avait jugé à propos d'ordonner. Les travaux de fortification et d'armement ne se ralentissaient pas. Deux compagnies genevoises venaient encore d'être dirigées vers le Mandement; un fort détachement de cavalerie stationnait à Montbrillant. Dans la nuit du 11 au 12, l'alerte fut donnée aux troupes placées à la frontière : on battait la générale à Ferney. Aussitôt les trompettes sonnèrent l'alarme ; officiers, sous-officiers et soldats durent se tenir prêts à combattre. Ce fut alors qu'on put juger du zèle et de l'ardeur des miliciens genevois : tous se trouvèrent à l'instant sur pied, fermement disposés à repousser une agression. Mais on reconnut bientôt que ce n'était qu'une fausse alerte, et les troupes regagnèrent leurs quartiers.

Dans l'état d'incertitude où l'on se trouvait alors, les sentiments qui animaient, des deux côtés, citoyens et soldats, se manifestaient d'une manière non équivoque. Dès le dimanche 7 octobre, la route de Genève à Ferney-Voltaire offrait un spectacle des plus intéressants ; elle était couverte d'une foule considérable d'hommes et de dames, à pied ou en voiture, qui allaient voir les militaires français cantonnés dans cette ville. On remarquait avec plaisir ces soldats, dont on admirait l'air martial et la bonne tenue, se promenant bras dessus, bras dessous, avec les Genevois, puis trinquant et buvant avec eux. Ils pouvaient, du moins, reconnaître combien étaient mal fondées certaines accusations, et notamment celles du général Aymar; ils pouvaient s'assurer que ces Genevois qu'on leur avait représentés sous des couleurs peu favorables, étaient de bons et paisibles voisins. Du reste, tout ce qu'on avait dit, dans certaines feuilles, de l'exaspération des troupes françaises contre la Suisse, n'était nullement exact. La vérité se faisait jour jusques dans les casernes, et la plupart des militaires savaient qu'une guerre avec l'Helvétie serait impopulaire, contraire aux intérêts de la France, et destructive de tout principe d'indépendance et de liberté. La pensée que leurs armes menaçaient un pays auquel on n'avait à reprocher que de donner asile au neveu de l'empereur Napoléon n'était pas non plus étrangère aux dispositions pacifiques qu'ils montraient généralement.

Néanmoins, les précautions militaires continuaient d'être rigoureuses; les avant-postes français placés à chacune des limites avaient même été renforcés. Aucun contre-ordre n'était encore donné; on avait lieu de croire que les intentions ministérielles n'avaient pas cessé d'être hostiles à la Confédération. Le *Journal des Débats* semblait se formaliser de la convocation de la Commission militaire fédérale, comme si la Suisse eût pu rester désarmée en présence de démonstrations toujours inquiétantes. Les bataillons qui devaient stationner à Nantua et à Châtillon-de-Michaille avaient reçu l'ordre de se porter en avant; le 59ᵉ de ligne, arrivé récemment à Lyon, formait ses bataillons de guerre ; des convois de poudre étaient dirigés vers la frontière ; des batteries d'artillerie étaient en marche de plusieurs côtés : personne ne s'expliquait la politique suivie en cette occasion par la royauté de Juillet. A l'aspect de la physionomie menaçante que présentait encore la situation, les mesures que les cantons persistaient à prendre pour régulariser et développer leurs moyens défensifs ne pouvaient paraître ni vaines ni offensantes.

« On avait cru, faisait observer le *Bon Sens*, qu'après l'intention hautement exprimée par Louis-Napoléon de quitter la Suisse, le cas de guerre n'existait plus ; mais le Cabinet Molé, loin de renoncer à ses dispositions hostiles, continue, au contraire, ses préparatifs de guerre. Il faut indispensablement, pour que le juste-milieu soit satisfait, que l'Helvétie fasse acte de soumission et se résigne à la position humiliée qu'une petite république doit prendre vis-à-vis d'un grand roi. A ce prix seulement elle pourra rentrer en grâce auprès de la quasi-légitimité, si toutefois le maintien de la paix n'est pas encore à d'autres conditions. Il fut un temps où la loyauté française, même dans les relations diplomatiques, était quelque chose de proverbial. Cela fut ainsi sous Louis XIV, et cela fut de nouveau à l'époque de la République et sous l'Empire. Aujourd'hui l'opinion est tellement changée à cet égard, que l'on n'hésite plus à attribuer au Cabinet des Tuileries les combinaisons les plus perfides et des concerts qui, s'ils étaient vrais, seraient une trahison. Nous ne dirons pas quelles trames secrètes ont été ourdies ; mais la nature des menaces faites à nos *turbulents voisins* par le général Aymar, le choix de ce général, plus habitué à de terribles exécutions militaires qu'à de grandes manœuvres, les mouvements de troupes de toutes armes que l'on dirige sur la frontière helvétique, le matériel considérable que l'on envoie à cette armée qui se grossit sans cesse, les ordres encore donnés en ce moment de presser le départ d'un grand nombre de batteries d'artillerie ; tant de circonstances réunies peuvent donner matière à des réflexions et à des conjectures très-peu rassurantes. »

Malgré les apparences suspectes qui entretenaient l'inquiétude dans beaucoup d'esprits, plusieurs journaux persistaient à regarder l'affaire suisse comme terminée. Suivant la *Revue des Deux-Mondes*, feuille ministérielle, le gouvernement n'attendait plus qu'une notification du Vorort qui lui fît connaître le départ de Louis-Napoléon. Le *Courrier de l'Ain* du 9 octobre, après avoir reproduit la réponse de la Diète à la note du 1er août, et dit que le prince avait reçu ses passeports, représentait les nouvelles du jour comme donnant l'espérance du maintien de la paix. Et pourtant on écrivait de St.-Claude, le 8 : « Le 1$_{er}$ bataillon du 41e de ligne, arrivé hier, est parti ce matin pour Morez ; le 2e bataillon avec l'état-major est attendu aujourd'hui. » Le général Fouchet avait inspecté, le 6, les 2,600 hommes cantonnés dans le pays de Gex, et son quartier-général avait été établi le lendemain dans le chef-lieu de cet arrondissement. De tels faits et quelques autres semblables étaient loin d'annoncer la dispersion du rassemblement de troupes. Genève en particulier restait sous le coup des menaces dont la Suisse entière avait été l'objet. L'intention d'occuper cette ville semblait n'être point encore abandonnée... Mais, au grand désappointement d'une politique tracassière ou malveillante, il n'y avait même plus de prétextes pour une pareille tentative.

CHAPITRE XIV.

Louis-Napoléon se prépare à quitter la Suisse. Dernière exigence de M. le duc de Montebello envers le prince. — Mise en disponibilité du lieutenant-général Aymar. Son remplacement par le lieutenant-général Schramm. — Continuelle affluence des habitants du canton de Genève aux revues passées à Ferney-Voltaire et aux environs de cette ville. — Sur quel pied sont les relations des habitants de la frontière bernoise avec les habitants de la frontière française. — Témoignages de sympathie donnés de toutes parts aux cantons de Thurgovie, de Vaud et de Genève. Adresse de la Société des Carabiniers des Grisons. Instructions du Grand-Conseil de Schaffhouse à ses députés en Diète. Lettre des officiers des contingents fédéraux du Bas-Valais.— Grande revue passée dans le canton de Genève par le général Guiguer. Allocution de ce général aux officiers des différents corps de troupes. — La reine de Grèce à Berne. — Opinion de la presse française sur la réponse de la Diète. — La diplomatie des Tuileries se déclare enfin satisfaite. Lettre de M. Molé, président des ministres, à M. le duc de Montebello.

Cependant Louis-Napoléon, fidèle à l'engagement qu'il avait pris, se disposait à quitter la Suisse. La vente de ses chevaux et de ses voitures avait été fixée au 10 octobre, son départ devait avoir lieu deux ou trois jours après. Le prince avait délivré, sur la réquisition de l'ambassadeur français, une copie de la lettre en date du 22 septembre, portant sa résolution à la connaissance des Autorités du canton de Thurgovie.

On annonçait alors comme prochain l'envoi de M. le duc de Montebello à la légation de Naples, depuis longtemps vacante, et son remplacement par M. le baron Mortier, remplacé lui-même à La Haye par M. de Bois-le-Comte.

La nouvelle de la promotion de M. le duc de Montebello fut bientôt suivie de celle de la mise en disponibilité du général Aymar. Suivant le *Moniteur* du 9 octobre, c'était sur sa demande et pour raison de santé que ce général avait été déchargé du commandement des troupes destinées à agir contre la Suisse. L'indisposition dont on le disait atteint provenait, sans doute, de l'accès de fièvre dans lequel il avait lancé son terrible ordre du jour contre la *turbulence* des cantons helvétiques. Le lieutenant-général Schramm lui succédait comme chef de la division de rassemblement.

« Le général Aymar, lisait-on dans le *Commerce*, motive sa démission sur l'état de sa santé. Voilà le prétexte ; quelle en est la raison ? Evidemment l'ordre du jour si malheureux où nos vieux alliés sont traités de *turbulents voisins*, l'ordre du jour qui a eu un si fâcheux retentissement dans tous les cantons, l'ordre du jour qui les a fait courir aux armes, comme si la France menaçait leur nationalité. Ce serait une satisfaction légitime accordée à de justes susceptibilités que cette démission du général Aymar, et une espérance de rapprochement que la Suisse, comme la France, accueillerait avec bonheur. Cette démission, qui a quelque chose d'officiel, est un grand pas de fait pour la paix, et nous espérons que le général Schramm, nommé par le roi au commandement de la

7ᵉ division militaire et de la division de rassemblement de l'Est, ne se laissera pas emporter, ainsi que M. Aymar, à des paroles qui peuvent si tristement compromettre les intérêts de deux peuples ne demandant pas mieux que de vivre en bonne intelligence. »

Un supplément que le *National Genevois* s'empressa de publier le 12 octobre, pour donner cette importante nouvelle, se terminait ainsi : « Nous avons dit dans notre dernier numéro que, selon toute apparence, le Cabinet des Tuileries allait se déclarer satisfait de la réponse de la Diète. Notre opinion à cet égard est corroborée par le remplacement du général Aymar. On conçoit que ce général, après son trop fameux *ordre du jour*, ne pouvait remettre l'épée dans le fourreau sans se rendre ridicule : il l'a bien senti lui-même ; de là sa retraite, qui, d'ailleurs, est surtout destinée à faciliter au gouvernement français le pas rétrograde auquel l'oblige maintenant une nécessité absolue. Ainsi, l'état d'incertitude ne peut durer longtemps ; on assure même que des nouvelles satisfaisantes doivent être arrivées à Lucerne : nous en attendons la communication officielle. »

Le dimanche 14 octobre, il y avait à Ferney une affluence aussi considérable que le dimanche précédent. Le chef de bataillon passait en revue les 7 à 800 hommes cantonnés dans cette ville et les communes environnantes. On regrettait généralement que ces militaires, dont chacun admirait la bonne mine, eussent mission, sinon de combattre, du moins d'intimider un peuple libre et hospitalier. Peu disposés eux-mêmes à jouer un pareil rôle, la plupart désiraient, autant que les Genevois, la fin de cette parade ; il leur tardait d'aller, en amis, visiter Genève, de pouvoir fraterniser avec les miliciens de ce canton, et sceller de nouveau, par des témoignages de sympathie et d'amitié, l'alliance qui a toujours existé, sous le règne de Napoléon comme sous celui de Henri IV, entre les Français et les Suisses.

Une première revue avait eu lieu, le 10, aux Tattes d'Ornex ; les troupes qui y étaient présentes appartenaient au 3ᵉ léger, et s'élevaient à environ 1,500 hommes. Cette revue avait été fort belle ; les Genevois en parlaient avec enthousiasme.

Les frontières de Vaud, de Berne, de Neuchâtel et de Bâle n'offraient pas un aspect moins rassurant que celle de Genève. La bonne harmonie continuait de régner entre les populations des deux pays, et l'on formait, de part et d'autre, des vœux pour que les relations ne fussent point interrompues. Suivant les correspondances de Porrentruy, les meilleures dispositions se faisaient remarquer parmi les milices bernoises ; on pouvait compter, au besoin, sur l'entier dévouement de cette jeunesse guerrière. Ce n'était point une ardeur inquiète, irréfléchie, qui l'animait ; c'était un sentiment généreux, raisonné, ayant sa source dans l'amour de la liberté et dans le plus pur patriotisme. Avec des défenseurs dirigés par de tels mobiles, un pays est bien fort !

Des offres de secours arrivaient de tous côtés. Entre autres cantons éloignés, dans lesquels la belle conduite des Genevois et des Vaudois avait excité l'admiration générale, je dois citer les Grisons. La Société des Carabiniers de ce canton s'empressa d'envoyer au Comité central de la Société helvétique des Carabiniers une adresse signée par un grand nombre de tireurs. Ceux-ci déclaraient se mettre à la disposition du Comité central, et être prêts à marcher, au premier appel, pour la défense commune. Le Petit-Conseil avait, dès le 4 octobre, adressé à la députation cantonale une dépêche qui lui enjoignait d'approuver, sans réserve, la demande que les Etats de Genève et de Vaud pourraient faire à la Diète de considérer comme fédérales les mesures de prévoyance prises par eux, et d'en mettre les frais à la charge de la Confédération. Le Grand-Conseil de Schaffhouse, réuni le 5, avait donné de semblables instructions à sa députation. Dans sa séance du 11, le Grand-Conseil de Thurgovie, après avoir mentionné honorablement au protocole les adresses de félicitation qui lui étaient parvenues de plusieurs cantons, et notamment de Genève, avait voté aux signataires de ces pièces des remercîments pour leur zèle patriotique.

Dans le Valais même, qui cependant faisait partie de la minorité en Diète, on ne restait point indifférent aux dangers dont la Suisse était menacée. D'honorables citoyens, craignant que l'inertie de leur canton au milieu du grand mouvement militaire des États qui l'avoisinaient ne fût mal interprétée par leurs confédérés, publiaient la lettre suivante :

« Les officiers des contingents fédéraux du Bas-

« Valais, ne pouvant rester plus longtemps exposés
« aux soupçons d'une froide indifférence pour la noble
« cause de la commune patrie, dans un moment où
« ils voient leurs frères d'armes des cantons voisins
« voler en masse à sa défense, s'empressent de faire
« connaître à leurs chers confédérés que si jusqu'à ce
« jour aucune démonstration n'a eu lieu dans leur
« canton, il faut l'attribuer au silence absolu de leur
« gouvernement. Impatients à la vue d'une apathie
« dont ils ne savaient pas se rendre raison, ils s'a-
« dressèrent à M. le commandant de l'arrondissement
« occidental, pour lui manifester leur étonnement de
« voir que, dans des circonstances aussi urgentes
« que critiques, on laissait les contingents sans ordres
« et même sans le moindre avis de préparatifs. Une
« missive sous la date du 5 vint leur apprendre que le
« gouvernement, n'ayant reçu aucune direction du
« Vorort, n'avait pas cru de son devoir de prendre, de
« son chef, des mesures, voire même les plus innocen-
« tes, telles que celle de mettre les troupes de piquet.
« Le Conseil d'État annonçait à messieurs les officiers
« qu'il appréciait leur dévouement et leurs bonnes
« dispositions qui justifiaient la confiance qu'on leur
« avait accordée, mais il sollicitait du retour, tout en
« déclarant qu'il saurait prendre, lorsque les circon-
« stances l'exigeraient, toutes les mesures que
« commanderait l'honneur de la patrie. Il avait, au
« surplus, conçu l'espoir, d'après les dernières nou-
« velles, que les difficultés qui s'étaient élevées entre
« la France et la Suisse prenaient une tournure

« telle, qu'on pouvait les envisager comme ter-
« minées.

« D'après cet exposé, était-il dit à la fin de cette
« lettre, on saura à quelle cause attribuer l'inaction
« de nos contingents, et l'on se convaincra que les
« militaires valaisans ne méritent aucun reproche,
« comme leurs regrets de n'avoir pas été appelés,
« regrets assez hautement manifestés pour déplaire
« au Conseil d'État, le prouvent d'une manière non
« équivoque. »

Le 15 octobre, le général Guiguer était à Genève, où, malgré la neige et une pluie incessante, il passait en revue les contingents, les volontaires, la cavalerie et l'artillerie de ce canton. M. le colonel Kunkler, commandant de la place, l'état-major et les principales autorités, l'accompagnaient. Le général se montra satisfait. Visité l'après-midi par les officiers des différents corps, il leur exprima de nouveau son contentement.

« Messieurs, dit-il, les circonstances qui nous ras-
« semblent auront été assez heureuses pour la patrie;
« elles prouvent qu'au moment du danger toutes les
« opinions se rallient pour la défense du pays; elles
« resserreront plus particulièrement les cantons de
« Vaud et de Genève, en leur donnant une nouvelle
« assurance qu'ils peuvent compter l'un sur l'autre. »

Ici se présente une remarque assez curieuse. Au moment où l'on faisait des préparatifs de guerre dans la Confédération, la reine de Grèce était à Berne; ce fut seulement le 8 octobre, et après avoir passé un mois dans cette ville, que S. M. la quitta pour se rendre à Milan. La jeune princesse avait été à même d'apprécier les sentiments généreux qui dirigeaient, au milieu d'aussi graves conjonctures, la plupart des populations helvétiques.

En face de ces républiques prêtes à se lever comme un seul homme, et contre lesquelles il n'y avait plus aucun prétexte d'agression, le gouvernement du roi Louis-Philippe jouait un rôle des plus étranges : il paraissait hésitant, indécis, irrésolu, tel qu'un individu qui, engagé au fond d'une impasse, ne sait par où sortir. Singulière politique! ce n'était ni la paix ni la guerre; c'était le juste-milieu dans toute sa perfection. Le mouvement de concentration des troupes s'était opéré ainsi qu'il avait été ordonné, mais le mouvement rétrograde n'avait pas encore commencé, et aucun ordre de ce genre n'était parvenu à la frontière ; on apprenait, au contraire, que les corps partis soit du midi, soit du rayon de Paris, continuaient leur marche vers les départements de l'Est. Il était probable qu'on ne les laisserait pas aller jusqu'à leur destination, mais enfin le contre-ordre se faisait bien attendre. Cette conduite incertaine de la part du gouvernement français obligeait la Confédération à tenir ses contingents sur pied, et même à prendre de nouvelles mesures militaires. Il ne fallait pas se dissimuler, non plus, que le cantonnement des troupes françaises dans les villages frontières, et leur maintien sur le pied de guerre, entraînaient de fortes dépenses. M. Molé pouvait-il songer à cela? Il est vrai qu'en représentant l'affaire suisse comme arrivée à son terme, la plupart des journaux exprimaient sur le dénouement une opinion peu féconde en lauriers pour la politique ministérielle.

« La réponse du Directoire de Lucerne à la note de M. de Montebello, disait le *Nouvelliste Français*, clôt dignement du côté de la Suisse les différends qui s'étaient élevés entre elle et notre gouvernement. Cette réponse courte, grave et froide, sans pédantisme dans la forme, sans rancune étroite dans le fond, a tout le caractère d'une leçon qui tire son autorité même de sa modération. Le ministère Molé, heureux d'échapper, à tout prix, aux dangers qu'il avait fait naître, ne comprendra pas cette leçon sobre de reproches, mais qui le frappe si justement. Qu'importe? L'Europe la comprendra pour lui. »

La *Gazette de France* disait aussi : « L'affaire de la Suisse se termine d'une manière très-noble pour cette nation, mais très-honteuse pour le Cabinet Molé. Rien de plus digne que la réponse définitive des avoyers. Ils déclarent qu'au fond il ne pouvait y avoir à délibérer sur la demande d'annuler des droits de citoyen suisse, et ils ajoutent que, d'après la résolution prise par le prince Louis-Napoléon, toute délibération ultérieure sur les demandes de la France serait superflue. Ainsi la Suisse repousse positivement ce qu'on exigeait d'elle, et le ministère français fait dire par les *Débats* que cette pièce clôt le démêlé. A la bonne heure ! nous avons des ministres de bonne composition ! »

Le *Courrier Français* déclarait que, par la réponse du Directoire, la dignité de la Suisse était restée intacte, et que la Confédération n'avait fait aucune concession indigne d'elle.

L'*Europe Industrielle* résumait ainsi son opinion sur le même sujet : « Sans être ni trop obscure ni trop explicite, la réponse que le gouvernement français a reçue du Directoire fédéral de Lucerne est, aux yeux du ministère, représenté par le *Journal des Débats*, la conclusion heureuse et pacifique, comme nous l'avions toujours espéré, du différend relatif à Louis-Napoléon. Ainsi se termine, sans effusion de sang, cette querelle moitié citoyenne, moitié dynastique, qui a causé tant de bruit, fait aiguiser tant de sabres, consommé tant de paroles, et qui finit, comme toutes choses finissent aujourd'hui, par un compromis ; car il vient une époque où les peuples y regardent à deux fois avant de s'engager dans des guerres dont la nécessité ne leur est pas démontrée. Il n'y a eu de vaincu, dans tout cela, que le général Aymar, auquel sa *turbulente* proclamation a donné une maladie que le repos et l'obscurité auront bientôt guérie. Lui seul est resté sur le champ de bataille. Est-ce une satisfaction à la Suisse ou à l'opinion publique ?.... »

On lisait dans le *Bon Sens* cette appréciation non moins remarquable :

« La réponse à la note du duc de Montebello, telle que l'a adoptée la Diète helvétique dans sa 41e séance, est un monument de sagesse et de dignité ; elle est partout empreinte de cette haute modération du bon droit, dont la simple expression met en évidence, par le seul contraste, l'inconséquence, pour ne pas dire la fougue extravagante, du Cabinet Molé. Cette réponse si calme et si pleine de fermeté de nos *turbulents voisins* devient une critique amère de la pétulance de notre pacifique juste-milieu ; et si jamais le différend qui s'est élevé entre la Suisse et la France à l'occasion du prince Louis-Napoléon fournit une page (1) à l'histoire de notre époque, le jugement qu'on en portera résultera infailliblement de l'opposition entre les paroles de la Diète et cette éloquence de brouillon dont le général Aymar s'est servi pour animer les soldats confiés à son commandement.

« En vain le gouvernement, qui a ses instruments, comme la Restauration avait les siens, pour certaines conjonctures, s'empresse-t-il de les désavouer lorsque la conjoncture est passée. Personne aujourd'hui n'est dupe de ces indispositions de commande qui viennent si à propos motiver un remplacement ; et quoique le gouvernement se garde bien de jouer jamais, comme on dit, cartes sur table, il s'est fait, depuis vingt-cinq ans, assez de politique de toute espèce, assez d'intrigues de tout genre ont eu lieu, pour que l'on soit à même de deviner un prétexte. L'intention de tenter un coup de main sur Genève, pendant que le débat n'avait encore aucune issue, c'est-à-dire avant que rien ne vînt légitimer la moindre hostilité,

(1) Je suis heureux d'avoir pu écrire cette *page historique*. Elle présentait, du reste, trop d'intérêt pour rester dans l'oubli.

15

sera certainement niée dans le cas où le Cabinet Molé se contenterait de la réponse de la Diète. Mais si un tel projet n'avait pas existé, pourquoi alors tous ces immenses préparatifs si dispendieux, tous ces rassemblements et ces déploiements de forces opérés à grands frais? Craignait-on une invasion de notre territoire par la Suisse? Cette appréhension aurait été le comble du ridicule : les Suisses ne sont forts que chez eux, ils le savent bien, et dans toutes leurs résolutions n'ont-ils pas annoncé la ferme volonté de se renfermer dans leur territoire, afin d'être plus puissants à se défendre, et de garder toujours en même temps pour eux l'avantage de la bonne cause avec celui de la position?

« Aujourd'hui la Diète n'a véritablement cédé en rien ; la question relative à Louis-Napoléon et à sa qualité de citoyen de Thurgovie est et restera indécise : au passé elle n'est pas jugée, elle ne l'est pas non plus pour l'avenir ; et quoique au présent elle ne paraisse plus pendante, puisque le prince a pris volontairement le parti de se retirer, l'état dans lequel l'a laissée la Diète est loin d'être une satisfaction réelle octroyée à la diplomatie des Tuileries.

« Cependant si l'on en croit des personnes qui peuvent être initiées aux secrets de cette diplomatie, elle considérerait maintenant l'affaire suisse comme terminée, et de toute cette grande colère il ne resterait que le contre-ordre expédié en toute hâte à l'armée de l'Est, de reprendre tranquillement, l'arme à volonté, le chemin de ses quartiers d'hiver.

« Quant à M. de Montebello, après avoir fait tant de bruit, on l'enverrait, dit-on, auprès d'une cour absolutiste de la maison de Bourbon, où il pourrait bien se faire accueillir en se vantant, s'il lui plaisait, d'avoir fait peur à une petite république, et d'avoir montré un grand respect pour les traités de 1815, en se chargeant de persécuter le neveu du bienfaiteur de son père. Ce dévouement, nous n'en doutons pas, sera pour lui un grand mérite; on lui en saura gré.

« Mais que dira l'Europe de cette parade véhémente que l'on vient de faire à la frontière, drapeau déployé? Que pensera-t-elle de ces absurdes démonstrations qui aboutiront, à quoi?

La montagne en travail enfante une souris.

« Une telle comédie serait honteuse pour la France, si elle y avait eu quelque part ; elle a été une occasion de gloire pour la Suisse, où le sentiment de nationalité ne s'était jamais prononcé avec plus de regret, à cause de ses sympathies pour la France ; avec plus d'énergie, à cause de l'injustice. »

D'après ce jugement presque unanime porté sur l'affaire suisse, on comprend l'hésitation que la diplomatie des Tuileries mettait à se déclarer publiquement satisfaite. Un des organes ministériels, la *Revue de Paris*, fit enfin cesser toute incertitude à cet égard, par l'insertion du petit article suivant :

« La réponse du Directoire fédéral au gouvernement français, réponse qui termine le différend avec la Confédération helvétique, exigeait une notification du gouvernement français. Elle consiste dans une lettre ostensible de M. Molé à M. de Montebello, qu'on dit conçue en termes pacifiques, mais pleins de dignité et réservant tous les droits de la France. Cette lettre sera sans doute publiée par les journaux suisses avant que d'être connue en France. »

L'importante nouvelle était donnée sous une forme bien singulière et avec le laconisme de la mauvaise humeur. Quoi qu'il en fût, le ministère s'était exécuté... Sa lettre de pacification avait été communiquée, le 15 octobre dans l'après-midi, par l'ambassadeur français, au président du Directoire fédéral, à Lucerne. Comme l'annonçait la *Revue de Paris*, elle était adressée à M. le duc de Montebello ; je la rapporte textuellement :

« Paris, 12 octobre 1838.

« Monsieur le Duc,

« M. le comte Reinhardt m'a remis, avec votre dépêche du 6 octobre, la réponse du Directoire fédéral à votre office du 1er août, et je m'empresse de vous en accuser réception.

« Le gouvernement du roi n'a jamais demandé à la Suisse d'éloigner de son sein un de ses citoyens. Autant qu'aucune autre nation, la France respecte l'indépendance et la dignité de ses voisins ; mais elle veille en même temps au maintien de son honneur et de son repos. La Confédération, nous le croyons, ne laissera plus abuser d'une généreuse hospitalité, celui dont les étranges prétentions sur la France prouvent assez que la Suisse ne saurait le compter parmi ses enfants. C'est avec une véritable satisfaction, Monsieur le Duc, que le gouvernement du roi a vu la Diète déclarer *qu'elle désire, autant que peut le désirer le gouvernement français, que des complications de la nature de celles qui ont eu lieu ne se renouvellent plus.*

« La Suisse sentira sûrement, sans qu'il soit besoin de le rappeler ici, tout ce que la France se devrait à elle-même, si jamais, et par impossible, les mêmes conjonctures se reproduisaient.

« Quant aux démonstrations que la Diète appelle *hostiles* et qui lui auraient causé un *pénible étonnement*, le gouvernement du roi n'a pas cessé d'espérer, un seul instant, que des mesures suggérées par la prudence prendraient un autre caractère.

« Pour comprendre ces mesures et le sentiment qui les a dictées, la Diète aurait pu se reporter à l'attitude qu'elle-même avait prise, et au refus dont les délibérations des Grands-Conseils menaçaient la France. Aujourd'hui, Monsieur le Duc, ces circonstances ont changé : Louis-Bonaparte quitte la Suisse. Il vous reste à annoncer au Vorort que le corps d'observation formé sur notre frontière de l'Est va se dissoudre.

« Ce n'est pas sans émotion que le roi et son gouvernement ont lu les paroles qui terminent la réponse de la Diète. Comme à toutes les époques de son histoire, la France est encore prête à témoigner à la Suisse qu'elle est son allié le plus fidèle, son ami le plus sincère, le défenseur le plus invariable de son indépendance. De son côté, la Suisse veillera, nous n'en doutons pas, à ce qu'aucune cause de mésintelligence ou de mécontentement ne vienne troubler désormais la bonne harmonie et les rapports d'une amitié si ancienne et que les deux pays ont tant d'intérêt à perpétuer.

« Veuillez, Monsieur le Duc, donner lecture de cette lettre à Monsieur le Président du Directoire, et lui en laisser copie.

« Recevez l'assurance de ma haute considération.

« MOLÉ. »

Ainsi qu'on l'a vu plus haut, M. de Montebello ne tarda point à faire cette communication officielle.

CHAPITRE XV.

Appréciation du dénouement de l'affaire suisse. — Belle conduite et généreuses paroles d'un vieillard de Sainte-Croix (canton de Vaud). — Départ de Louis-Napoléon. Un grand nombre de Thurgoviens l'accompagnent jusqu'à Constance. Comment il est reçu par la population de cette cité. Sa réponse à un message de M. de Metternich. — Licenciement des troupes suisses. Clôture de la session de la Diète fédérale. Publication du gouvernement genevois. Ordres du jour du général Guiguer, des colonels Kunkler et Zimmerli. Proclamations des gouvernements de Vaud et de Berne. — Mouvement de retraite des troupes françaises. Les militaires français en visite à Genève ; leur réception dans cette ville. Accueil fait à des officiers bernois par les officiers de la garnison d'Huningue.

Le différend était donc terminé, le gouvernement français se déclarait satisfait par l'éloignement volontaire de Louis-Napoléon ; il n'exigeait pas davantage, ses démonstrations militaires paraissaient n'avoir pas eu d'autre but. Une déclaration aussi importante était fortifiée par l'assurance la plus formelle que la France respectait l'indépendance et la dignité de la Suisse, et qu'elle était toujours *son plus fidèle allié*. Seulement le gouvernement français recommandait à la Confédération de faire en sorte que les mêmes complications ne se renouvelassent plus.

Ainsi qu'on pouvait en juger, il avait réduit de beaucoup ses exigences. Dans le principe, c'était une expulsion officielle, une expulsion par arrêté fédéral, qu'il voulait ; le départ spontané du prince ne devait point suffire : il ne fallait rien moins que son bannissement. A quoi attribuer un pareil amendement aux notes des 1er et 14 août ? Si ce n'était à l'attitude que les députations de Thurgovie, de Vaud et de Genève avaient fait prendre à la Diète ; si ce n'était au patriotisme, à l'ardeur et à la fermeté que les populations genevoises et vaudoises avaient montrées en face de l'invasion qui menaçait leurs frontières. « Aussi, ajoutait le *National Genevois*, ne nous laissons-nous pas abuser par les protestations actuelles de M. Molé. La Suisse eût-elle incliné vers la pusillanimité et la faiblesse, ce ministre aurait, nous en sommes persuadés, tenu à ses premières injonctions, exigé une satisfaction complète, et placé pour l'avenir un nouveau jalon à de nouveaux commandements. Alors c'en eût été fait de cette liberté, de cette indépendance si chère aux vrais Suisses ; alors les Vingt-deux Républiques avilies, déshonorées, eussent été *impitoyablement* rayées, vu leur prétendue *turbulence*, de la liste des Etats souverains. »

La Suisse en général, Vaud et Genève en particulier, n'avaient donc qu'à se réjouir de cette terminaison pacifique. Aussi la Diète s'était-elle empressée de voter des remerciments aux cantons de Vaud et de Genève, et d'adresser des félicitations à ceux de leurs co-Etats qu'on avait vus tout prêts à les seconder.

Entre autres faits qui honoraient les Vaudois, et qui avaient eu lieu lors des derniers événements, on citait celui-ci : Un citoyen de Sainte-Croix, père de famille, enrôlé, quoique sexagénaire, dans les guérillas, avait adressé les paroles suivantes à son fils, qui, partant pour la frontière, éprouvait beaucoup de peine à se séparer de lui : « Sois bon soldat, défends ton pays, nous pleurerons quand nous nous reverrons ! » En effet, au retour ils pleurèrent, mais de joie, en songeant à un dénouement si honorable pour la patrie.

Louis-Napoléon était parti, le dimanche 14 octobre, après avoir envoyé sa carte à tous les membres de la Diète, pour prendre congé d'eux ; il se rendait en Angleterre. Le prince avait quitté Arenenberg avec la plus vive douleur. Un grand nombre de Thurgoviens l'avaient accompagné jusqu'à Constance. Chaque côté de la route était garni d'une multitude de personnes, accourues des localités voisines afin de recevoir les adieux de l'illustre proscrit. Une lettre particulière donnait les détails suivants sur son voyage et sur l'accueil que lui avait fait la population badoise :

« Presque tous les habitants de Constance étaient depuis plusieurs heures à la porte de Suisse. On savait que Louis-Napoléon devait traverser notre ville pour s'éloigner du territoire helvétique. Le prince était attendu à midi ; mais deux heures avaient sonné, et il n'avait pas encore paru. La foule, qui est prompte à former des conjectures, commençait à accréditer les bruits les plus étranges, lorsqu'enfin à deux heures et demie, le courrier du prince est entré dans la ville, et bientôt ses équipages sont arrivés près de la porte.

la demande à laquelle il devait son éloignement de la Suisse.

Le départ du prince fut annoncé officiellement, par le gouvernement thurgovien, au Directoire fédéral. La Haute Diète, réunie le 16, ayant reçu cette communication, ainsi que celle de la lettre de M. Molé, en date du 12, prit immédiatement un arrêté prescrivant le licenciement des troupes. Cet arrêté, dont voici les principales dispositions, fut adopté à l'unanimité des Etats :

« Article 1er. Les troupes fédérales actuellement au service effectif sont licenciées. Le Vorort, conjointement avec le Conseil de Guerre, est invité à opérer ce licenciement dans le plus bref délai.

« Art. 2. Sont également licenciées les troupes fédérales actuellement de piquet, et celles invitées à se tenir prêtes au premier appel.

« Art. 3. Le Conseil de Guerre est invité à adresser, au nom de la Diète, des remercîments aux troupes fédérales pour le zèle dont elles ont fait preuve dans les dernières circonstances.

« Art. 4. Le Conseil de Guerre est également invité à adresser, au nom de la Diète, des remercîments plus particuliers à ceux des Etats qui, dans les dites circonstances, ont manifesté leur patriotisme et leur zèle pour la défense du pays, et notamment aux cantons frontières menacés, qui, au premier danger, ont pris spontanément des mesures de défense, avant même que la Diète eût pu s'en occuper. »

Trente à quarante voitures, occupées par les principaux habitants des environs, suivaient la sienne et composaient une espèce de cortége. Ces voitures se sont arrêtées à la barrière, dont les abords étaient gardés par deux haies de soldats, et le prince a reçu les adieux de ses amis. Tout le monde avait les larmes aux yeux.

« Après quelques minutes d'une scène vraiment touchante, Louis-Napoléon est remonté en voiture et est entré à Constance au milieu d'une foule considérable. Chacun le saluait avec émotion; les dames surtout se faisaient remarquer par la vivacité de leur douleur. Le prince s'est arrêté environ une heure dans la maison d'un des principaux bourgeois, où toute la haute société de la ville et des alentours s'était donné rendez-vous pour lui faire honneur. Quand il est sorti, les hommes l'ont accompagné jusqu'à sa voiture, en exprimant une profonde affliction; les dames étaient aux fenêtres, agitant leurs mouchoirs; la tristesse était générale : je puis assurer que je n'ai rien vu de plus attendrissant. »

On a prétendu, et cette assertion paraît s'être confirmée, qu'au moment de quitter Arenenberg, Louis-Napoléon avait reçu un message du prince de Metternich, qui lui offrait, au nom de l'empereur, l'hospitalité dans les Etats autrichiens, où il serait reçu et traité comme un prince allié à la famille impériale d'Autriche. Louis-Napoléon aurait refusé, en déclarant qu'il optait pour l'Angleterre, le gouvernement de ce pays étant le seul qui n'eût point appuyé

La Diète, dans la même séance, prononça la clôture de sa session.

Ce fut le 17, à midi, que le gouvernement de Genève reçut de Lucerne copie de la lettre de M. Molé, avec notification de l'arrêté de la Diète, ordonnant le licenciement des troupes fédérales. Le 18, dans la matinée, les milices genevoises qui occupaient les communes de l'extrême frontière rentrèrent dans la ville ; le même jour, eut lieu le licenciement des deux bataillons du contingent ; on commença à travailler au désarmement de la place, et les milices de la réserve cantonale, à l'exception de quelques postes, cessèrent leur service. Les Syndics et Conseil d'Etat avaient, dès la veille, fait la publication suivante :

« Chers concitoyens !

« L'arbitre souverain de la destinée des Etats vient d'étendre de nouveau sur notre patrie sa main protectrice ; elle a écarté de la Suisse les périls auxquels elle a pu se croire exposée. Gloire lui en soit rendue du fond de nos cœurs !

« Les assurances les plus pacifiques ont été données par la France à la Confédération, et ont dissipé les nuages qui s'étaient élevés momentanément entre les deux Etats.

« Les troupes françaises qui s'étaient approchées de notre frontière ne tarderont pas à se retirer. Celles que nous avons mises sur pied vont être licenciées.

« Les divers corps de la milice appelés au service du pays ont rempli leur devoir avec le zèle et le calme qu'on devait attendre de citoyens dévoués ; l'heure du danger les eût trouvés sur le chemin de l'honneur.

« La voix de la patrie a été entendue de ses enfants ; ils y ont répondu par le concours de leurs généreux efforts et par l'unanime expression des plus nobles sentiments. Les liens de confiance et d'affection qui les unissent se sont encore plus étroitement resserrés.

« En même temps que s'accomplissaient avec ardeur les devoirs imposés au nom de la loi, des offres volontaires de service, inspirées par une touchante émulation, parvenaient de toutes parts au Conseil d'Etat.

« Heureuse la nation dont les citoyens comprennent ainsi leurs obligations !

« Genevois ! ce n'est pas sans une profonde et douce émotion que vos magistrats ont été les témoins de la conduite honorable que vous avez tenue. Ils vous en remercient au nom de cette patrie dont vous avez bien mérité, et qui en gardera le souvenir.

« Genève, le 17 octobre 1858.

« Au nom des Syndics et Conseil d'Etat,

« DE ROCHES, *Secrétaire d'Etat.* »

En même temps paraissait l'ordre du jour adressé aux troupes fédérales par le général Guiguer :

« Soldats !

« Notre mission est terminée, et vous allez rentrer dans vos foyers.

« Vous y trouverez la plus belle des récompenses,

le sentiment d'avoir rempli, et bien rempli votre devoir.

« Je suis chargé, de plus, par le Conseil de Guerre de vous exprimer la satisfaction de la Haute Diète pour vos bons services, ainsi que pour le zèle patriotique et l'obéissance militaire que vous avez manifestés.

« Et moi, soldats, je vous remercie du fond de mon cœur d'avoir réalisé et même surpassé mon attente, car vous m'avez procuré ainsi une grande jouissance, celle d'estimer encore plus ceux qu'on aime.

« Adieu, mes camarades ; souvenez-vous quelquefois de votre vieux frère d'armes, qui, malgré sa retraite, ne vous oubliera jamais.

« Lausanne, 17 octobre 1838.

« *Le général commandant le corps d'observation,*

« GUIGUER. »

Cet ordre du jour, si honorable pour les troupes suisses, était accompagné de celui de M. le colonel Kunkler, dont voici la teneur :

« Soldats des Contingents genevois !

« En vous transmettant le dernier ordre du jour de notre brave général, j'éprouve le besoin de vous dire que je partage les sentiments qu'il vous exprime si bien.

« Recevez aussi mes remercîments pour la confiance que vous m'avez montrée.

« Adieu, mes chers camarades ; conservons tous le

souvenir de ces beaux jours d'honneur, de dévouement et de patriotisme.

« Genève, le 18 octobre 1838.

« *Le colonel commandant la place de Genève et la 3ᵉ brigade du corps d'observation de gauche,*

« KUNKLER.

« Pour ampliation :

« *Le chef d'état-major cantonal,*

« Ch. Bontems, *colonel.* »

Le calme avec lequel la population genevoise reçut la nouvelle du maintien de la paix entre la Suisse et la France est digne de remarque. Tous les citoyens éprouvèrent de la satisfaction en apprenant cette heureuse issue ; mais aucun ne se livra aux bruyantes manifestations de joie ordinaires à la sortie d'un péril quelconque. C'est que le vrai courage les animait généralement lors de l'imminence des hostilités ; c'est qu'ils avaient parfaitement compris leur situation, et qu'ils étaient fermement disposés à supporter toutes les éventualités, toutes les chances de l'agression dont on les menaçait. Les détracteurs de la Genève moderne, en accordant à sa population les palmes commerciales et industrielles, lui refusaient celles du courage ; force leur était désormais de lui rendre justice, et de reconnaître que l'aptitude au commerce et aux arts n'excluait ni l'énergie, ni la bravoure, à l'heure du danger.

Il y avait, certes, lieu d'être surpris de l'importance

des travaux exécutés par l'artillerie et le génie à l'effet de mettre Genève en état de défense. Dans dix jours, près de cent bouches à feu, tant obusiers que mortiers et canons de gros calibre, avaient été placées en batterie sur plates-formes, et approvisionnées, chacune, de 200 coups. Aussi le Conseil d'État ne manqua-t-il pas d'adresser au lieutenant-colonel d'artillerie, M. Massé, une lettre spéciale où il le félicitait de la promptitude et du zèle qu'il avait apportés à armer la place ; et M. Massé, de son côté, décerna à toutes les compagnies les éloges qu'elles avaient si bien mérités. Le dimanche 21 octobre, il y avait, à Genève, affluence de personnes venues du canton de Vaud pour visiter les fortifications. Ce jour-là et le lendemain on voyait des carabiniers vaudois se promener avec des citoyens genevois. Plusieurs militaires français, en uniforme ou en habit bourgeois, fraternisaient avec les Suisses. Je ne puis omettre de rapporter comme un acte des plus louables dans l'état des choses, la diminution que beaucoup de propriétaires firent à leurs locataires, du temps que ceux-ci avaient passé hors de chez eux pour la défense et la sûreté du pays.

Le vendredi 19 octobre, une députation de la Compagnie des Pasteurs de l'Eglise Réformée de Genève était allée complimenter le Conseil d'Etat. Le dimanche suivant, un service d'actions de grâces avait lieu dans tous les temples, en présence d'une foule considérable.

Le licenciement s'opérait aussi dans le canton de

Vaud. A l'ordre du jour de M. le général Guiguer, déjà cité (pag. 241 et 242), était jointe cette proclamation du gouvernement :

« Officiers, sous-officiers et soldats !

« En vous appelant sous les armes, le Conseil d'Etat comptait sur votre dévouement, sur votre zèle, sur votre patriotisme. Vous avez pleinement répondu à son attente.

« Lorsque tous les yeux étaient tournés sur vous, vous avez compris à l'instant la grande mission qui vous était confiée, celle de prouver l'attachement du peuple vaudois à son indépendance, à ses institutions, et de montrer qu'il était prêt à tout sacrifier pour les défendre.

« Votre empressement à rejoindre vos drapeaux, votre attitude calme, votre exacte discipline, vous ont conquis l'approbation et la reconnaissance de la patrie.

« Aujourd'hui que la bonne harmonie est rétablie entre la France et la Suisse, et que toute apparence de danger a cessé, vous allez rentrer dans vos foyers, avec le sentiment d'avoir rempli dignement vos devoirs.

« Dans cette heureuse occurrence, le Conseil d'Etat éprouve le besoin de vous exprimer, en ce qui le concerne, son entière satisfaction.

« Recevez ses remercîments et adressez avec lui

vos actions de grâces à la divine Providence qui a conservé la paix de notre pays.

« Donné à Lausanne, le 17 octobre 1838.

« *Le Vice-Président du Conseil d'Etat,*
« BOISOT.

« *Le Chancelier,* Gay. »

Une proclamation dont voici le texte, avait été également publiée par le gouvernement de Berne :

« Chers concitoyens !

« Le Président du Vorort ayant reçu de l'ambassadeur français la communication officielle que le gouvernement de ce pays est satisfait de la réponse qui a été faite le 6 octobre, au sujet de l'éloignement de Louis-Napoléon Bonaparte ; qu'il considère les difficultés existant entre les deux nations comme entièrement terminées, et qu'il a aussitôt donné l'ordre aux corps de troupes qui sont aux frontières de se retirer ; la Diète a décrété hier de licencier aussi les troupes suisses appelées sous les armes, et de cesser toutes les mesures militaires prises pour la défense de notre indépendance.

« Nous avons chargé le Département militaire de l'exécution immédiate de ces décrets, avons contremandé les revues des bataillons de la réserve et de la landwehr, et déclaré dissous les corps volontaires qui, par amour de la patrie, s'étaient formés dans plusieurs localités.

« En vous donnant connaissance de ces faits,

chers concitoyens, nous sentons le besoin de vous exprimer notre reconnaissance pour votre conduite calme, énergique, et digne de l'ancienne réputation du nom bernois. Nous remercions en particulier les corps de troupes régulières et les corps volontaires du zèle et du dévouement avec lesquels, au premier appel, ils ont pris les armes pour la défense de la patrie.

« Veuille la Providence veiller désormais sur notre pays, comme elle l'a fait, jusqu'à présent, d'une manière si évidente !

« Berne, le 17 octobre 1838.

« *L'Avoyer*, TSCHARNER.

« *Le premier Secrétaire*, J.-F. STAPFER. »

Comme on a pu l'observer, les proclamations que je viens de reproduire sont empreintes d'un sentiment religieux qui en rehausse encore le noble caractère. Si cette confiance éclairée dans l'intervention divine fortifie un peuple aux jours du danger, elle le prémunit aussi contre les périls et les malheurs à venir. Effet puissant, résultat salutaire qu'on ne saurait trop signaler !

Le même jour, le colonel Zimmerli, commandant de l'aile droite, congédiait ses troupes par l'ordre du jour suivant :

« Soldats !

« Les démêlés entre la Suisse et la France, notre voisine, ayant été terminés à l'amiable, la Diète a décrété le licenciement de toutes les troupes de la

Confédération. Le Conseil de Guerre m'a en même temps chargé, au nom de la Diète, de vous exprimer la satisfaction qu'elle éprouve de vos bons services, du dévouement patriotique dont vous avez fait preuve, ainsi que de l'excellente discipline qui a été observée parmi vous. Je m'acquitte de cette commission avec d'autant plus de plaisir, que j'ai eu lieu d'être moi-même content de votre conduite militaire.

« Vous allez rentrer paisiblement dans le sein de vos familles, et je suis assuré que vous emporterez avec vous la conviction que cette campagne, quoiqu'on n'en soit pas venu aux mains, a augmenté la confiance de la patrie dans le soldat, celle du soldat dans ses propres forces, et qu'elle a, par conséquent, contribué à affermir la paix.

« Je me sépare de vous, en désirant que la conscience d'avoir rempli votre devoir vous accompagne dans vos foyers, comme la plus douce des récompenses.

« Au quartier-général de Soleure, 17 octobre 1838.

« *Le Colonel fédéral,*
commandant le Corps d'observation,
« ZIMMERLI. »

Le 20 octobre, les miliciens suisses étaient rentrés presque tous dans leurs foyers. De leur côté, les troupes françaises regagnaient leurs garnisons respectives. L'*Impartial* de Besançon, du 16, annonçait qu'elles avaient ordre de rétrograder ou de changer de direction, pour retourner dans l'intérieur. On écrivait de

Lons-le-Saunier que les contre-ordres commençaient à arriver. Ainsi un détachement de chasseurs, qui se dirigeait vers Gex, après avoir séjourné au chef-lieu du Jura, était reparti pour Dôle, d'où il sortait. Le jour même où le maréchal-de-camp d'André allait se mettre en route pour prendre le commandement de sa brigade sur la frontière, cet officier supérieur recevait une dépêche qui empêchait son départ. On lisait dans le journal de Strasbourg que la compagnie de pontonniers qui avait quitté cette ville, allait, par ordre, rebrousser chemin. L'avis officiel que la division de rassemblement était dissoute, arrivait à Mâcon le mardi 16, et l'ordre de revenir dans cette ville, avait été envoyé immédiatement au 32º de ligne. Le 41ᵉ devait quitter St.-Claude pour se rendre à Lyon. Les troupes cantonnées à Ferney-Voltaire et dans les communes environnantes n'avaient pas encore reçu, le 24, l'ordre de partir ; aussi Genève fut-elle visitée, pendant quelques jours, par un assez grand nombre de militaires français appartenant au 5ᵉ léger. C'était chose curieuse que l'empressement avec lequel ils entraient dans cette ville, et le plaisir qu'ils paraissaient y goûter. Les citoyens de toutes les classes leur faisaient, il est vrai, le plus gracieux accueil. On courait au-devant d'eux, on les entourait, et c'était à qui les mènerait, ou chez soi, ou dans les cafés, dans les restaurants, dans les hôtels, pour leur faire fête. Ils partirent le 27, non-seulement désabusés des préventions que la malveillance et la mauvaise foi leur avaient inspirées particulièrement contre Genève, mais de plus, en se réjouissant non moins sincèrement que les Suisses, de ce pacifique dénouement. Une nombreuse réunion de Français et de Genevois avait eu lieu le 25 ; entre autres couplets composés pour la circonstance, qui y furent vivement applaudis, on remarque le suivant, que chantait un citoyen suisse (1) :

> Soldats français, maintenant que Bellone
> Laisse à Bacchus le règne de la paix,
> Au lieu de sang, du nectar de la tonne
> Versons, amis, et buvons à longs traits.
> Nous étions là pour notre indépendance,
> Et vous par force.... Oh ! nous le savons bien.
> Buvez à nous, nous boirons à la France ;
> Le roi n'en saura rien.

Les mêmes sentiments se manifestaient sur d'autres points de la frontière. En voici un exemple : trois officiers du 8ᵉ bataillon bernois étant allés se promener à Huningue, les sentinelles leur rendirent les honneurs militaires, et ils furent aussitôt abordés par les officiers de la garnison, comblés de prévenances et de marques d'intérêt ; le colonel les fit inviter à dîner. On leur exprima la satisfaction que faisait éprouver généralement, parmi les troupes françaises, la cessation de toute mesure hostile envers la Suisse, et la répugnance avec laquelle ces troupes auraient tiré l'épée contre les fils de Guillaume Tell. Arrivés à Saint-Louis, les officiers bernois furent également traités en bons voisins et amis par les militaires qui y étaient stationnés.

(1) Ce couplet faisait partie d'une chanson dont l'auteur était un citoyen vaudois, nommé *Philippe* Consat, barbier-coiffeur à Genève.

CHAPITRE XVI.

Réflexions du journal suisse l'*Helvétie* et de plusieurs journaux français sur les derniers événements. — NAPOLEON III annoncé par l'*Europe Industrielle*. — L'article 2 du traité de Fontainebleau (14 avril 1814). — Lettre de M. Patorni, avocat de la famille Bonaparte, en réponse à un article du *Journal de Paris* concernant cette famille. — Le duc de Bordeaux. — Témoignages de sympathie donnés à Louis-Napoléon par les peuples des Etats allemands qu'il traverse avant de s'embarquer pour l'Angleterre. — Adresses de plusieurs cantons suisses à leurs confédérés de Vaud et de Genève.—Banquet du bataillon d'artillerie genevois. — Une assertion blessante pour l'honneur français comme pour l'honneur suisse, est formellement démentie. — Hymne en faveur du maintien de la paix. — La nomination de M. le baron Mortier à l'ambassade française se confirme ; M. le duc de Montebello quitte Berne pour venir à Paris.

Le 30 octobre, le commmandant supérieur et l'état-major de la division de rassemblement de troupes françaises sur les frontières de l'Est cessèrent leurs fonctions ; tout était rentré, à cette époque, dans l'ordre accoutumé.

L'*Helvétie*, journal bernois, que j'ai déjà eu l'occasion de citer, s'exprimait, dans les termes qui suivent, sur cet heureux dénouement :

« Nous sommes enfin arrivés au terme de nos incertitudes : la difficulté entre la France et la Suisse est terminée. Dieu soit loué ! notre patrie s'en est tirée honorablement, et nos milices peuvent rentrer dans la vie civile avec la conscience de s'être admirablement montrées en présence des dangers qui menaçaient notre indépendance.

« Toute crainte de guerre cesse aujourd'hui ; mais, et c'est avec orgueil que nous le disons, la Suisse vient d'ajouter une belle page à son histoire, par la manière dont elle s'est conduite en cette occasion. L'énergique élan des populations helvétiques à la première nouvelle de l'approche des troupes françaises de nos frontières, la spontanéité de leur dévouement, la noblesse avec laquelle plusieurs gouvernements ont fait un appel à leurs concitoyens, la promptitude avec laquelle nos préparatifs de défense ont été improvisés, tout a concouru à prouver que la génération actuelle n'est point indigne de ses aïeux, et que la patrie peut compter fermement sur elle.

« Ce spectacle vraiment sublime n'a pu échapper aux regards de nos voisins attentifs, et ce n'est pas sans admiration qu'on a vu un petit peuple se disposer courageusement à défendre l'entrée de son territoire, malgré une énorme disproportion entre les forces des deux nations.

« La division qui régnait entre les cantons à l'époque où la note française fut présentée, l'agitation de Schwytz étaient des motifs bien légitimes de craintes ; car si cette situation eût continué à exister, elle eût paralysé nos moyens de défense déjà si faibles en présence d'un ennemi si fort, et nous eût livrés à sa merci. A l'approche du danger commun, le vieux sang suisse s'est remué ; plus forte que celle des intérêts privés, la voix de la patrie s'est fait entendre, et tout s'est réuni pour la défense du plus précieux de nos droits, l'indépendance nationale. Espérons que cette circonstance contribuera à relever la Suisse aux yeux de nos voisins, qui, encouragés par cette apparente faiblesse, pensaient pouvoir faire bon marché de nous, et nous préservera pour longtemps des exigences tracassières auxquelles la diplomatie paraissait décidée à nous accoutumer. »

La plupart des journaux français et même ceux qui n'éprouvaient pas de sympathie pour le neveu de l'Empereur, étaient loin de féliciter le ministère du résultat qu'il avait obtenu. « Louis-Napoléon a quitté la Suisse, écrivait le *Nouvelliste Français* ; il est parti, emportant avec lui mieux que ses dieux domestiques, c'est-à-dire ce titre de *prétendant* que la peur lui a donné, et qu'elle ne saurait lui arracher à présent, dût-elle déjà s'en repentir. Il est parti, et sans doute avec une vanité satisfaite et une ambition pleine d'espérance; car s'il était entré en Suisse furtivement presque, et obscurément, comme un réfugié qui demande asile, comme un de ces coupables, innocents malgré eux, et pour qui la justice peut se montrer miséricordieuse sans danger, il en sort aujourd'hui, aux yeux de l'Europe attentive, librement, fièrement, en homme qui sait son personnage, plus par procédé pour le gouvernement qui l'a accueilli, que pour le ministère de France, devant qui ni lui ni la Suisse n'ont reculé. Magnifique résultat, en résumé, de plusieurs mois d'une diplomatie grâce à laquelle l'exil volontaire d'Arenenberg a effacé le ridicule de l'affaire de Strasbourg !... Telle est donc la fin de cette triste querelle, fin sans netteté et qui ne rompt pas à jamais et d'un seul coup avec les enchevêtrements qu'on a redoublés autour de soi. »

Comme corollaire d'un article où il démontrait que la diplomatie française n'avait pas à s'applaudir de ses œuvres, le *Courrier Français* disait sans circonlocutions : « Dans cette querelle d'un grand État contre un petit, elle a réussi à mettre le droit, la justice et le vœu des peuples du côté du petit État ; enfin le gouvernement de Juillet n'avait contre lui qu'un prétendant, et maintenant il en a deux. »

Le *Temps* émettait la même opinion plus clairement encore et dans les termes ci-après :

« Le prince Louis-Napoléon était séparé de nous par les Alpes et par toute l'étendue de la Suisse. Il était isolé dans un pays pauvre et très-peu agité par les questions politiques. Désormais il n'y aura plus entre lui et nous que la largeur du détroit, et de plus il va se trouver commodément établi au milieu des débris de nos mécontents, au centre de la petite cour formée par le prince Joseph, son oncle. Et qui ne sait si cet outrage ne sera pas pour lui une incessante provocation à des projets que le séjour de Thurgovie et ses devoirs de citoyen suisse ne lui auraient pas permis de concevoir ? »

L'*Europe Industrielle* tranchait le mot. Ce n'était plus le citoyen suisse, c'était le *futur empereur* qu'il fallait voir désormais dans Louis-Napoléon.

« Grâce à Dieu, s'écriait-elle, l'affaire de la France

avec la Confédération est terminée. Elle a fini comme elle avait commencé, c'est-à-dire par hasard. Louis-Napoléon Bonaparte se retire en Angleterre ; il n'est plus citoyen suisse : *il est NAPOLÉON III, un nouveau prétendant.* Voilà tout ce que le ministère français aura gagné à cette levée de boucliers diplomatique, qui, à notre sens, n'avait pas de cause et ne pouvait, par conséquent, avoir d'effet. »

L'avénement, quinze ans après, de Louis-Napoléon Bonaparte au trône impérial, sous le titre de Napoléon III, a vérifié cette sorte de prédiction que contenait l'article de l'*Europe Industrielle*. Là se montre encore une puissance providentielle qui, sans doute, en soumettant l'héritier de l'Empereur à de fortes épreuves, le préparait pour de hautes destinées, et, par suite de la rigueur dont il était alors victime, lui rendait une liberté d'action dont la continuation de son séjour en Suisse l'aurait certainement privé. Les tentatives qu'il pourrait faire désormais dans le but de se créer une position autre que celle de proscrit, se trouvaient justifiées d'avance, et son nom, ceint, comme il l'était, de l'auréole de la persécution et du malheur, devait reparaître tôt ou tard, avec sa grandeur et son heureux prestige, aux yeux de la France fatiguée d'humiliations et de vicissitudes depuis 1815.

En voyant aujourd'hui la prodigieuse réalisation de la parole si hardiment avancée en 1838 par l'*Europe Industrielle*, il paraît curieux de rappeler l'affectation avec laquelle, dans certains journaux et même dans des notes diplomatiques, on refusait alors le titre de *prince* à Louis-Napoléon. Or, pour convaincre d'injustice ou d'ignorance les hommes qui lui déniaient cette qualité, il suffisait de se reporter à l'article 2 du traité de Fontainebleau (14 avril 1814), dont voici la teneur :

« LL. MM. l'empereur Napoléon et l'impératrice Marie-Louise conserveront leurs titres et qualités, pour en jouir leur vie durant.

« La mère, les frères, sœurs, neveux et nièces de l'empereur conserveront également, partout où ils se trouveront, les titres de princes de sa famille. »

Ce traité est signé par le prince de Metternich, le comte de Nesselrode, le duc de Vicence, le maréchal duc de Tarente, etc. Il a été approuvé par le roi Louis XVIII, le 31 mai 1814, sous le contre-seing de M. de Talleyrand.

Si les ennemis de la famille impériale méconnaissaient la vérité à son égard, en revanche ils admettaient et s'efforçaient d'accréditer toute supposition de nature à tromper sur son compte l'opinion publique. Ainsi, au moment où la présence de Louis-Napoléon sur le territoire suisse excitait le plus vivement la colère de M. Molé, le *Journal de Paris* accusait le prince de ne pas répondre *à la générosité de la France envers sa famille*. Quelque temps après, parut la lettre suivante, qui était adressée au même journal :

« Paris, le 20 octobre 1838.

« Monsieur le Rédacteur,

« Votre numéro du 10 septembre dernier contient

un article dans lequel on trouve ce passage : « Quand la
« fortune a renversé l'empereur du faîte des grandeurs
« humaines, la France a voulu se montrer généreuse et
« reconnaissante envers les frères et les parents de
« celui qui avait sauvé la révolution compromise par
« l'anarchie, et accompli de si grandes choses. Ils
« ont tous emporté une fortune honorable, et la sol-
« licitude de la France a du moins assuré leur indépen-
« dance sur la terre d'exil. Il y a quelques mois à
« peine, Madame la comtesse de Lipona (1) a reçu un
« nouveau bienfait, après toutes les marques de géné-
« rosité dont la famille Bonaparte avait été comblée. »

« Cet article a péniblement affecté les frères exilés de Napoléon, et je reçois l'invitation de rectifier les faits, pour que l'opinion publique ne soit point égarée. Avocat des illustres proscrits, je suis à même de faire connaître la vérité tout entière, et je me fais un devoir de vous éclairer, tout en éclairant le pays.

« Lorsque vous dites que la France a assuré l'indépendance des Bonaparte sur la terre d'exil, en les comblant de marques de générosité, vous entendez sans doute parler du *gouvernement français*. Or, les deux gouvernements qui se sont succédé en France

---

(1) Caroline Bonaparte, sœur de l'empereur Napoléon Ier, veuve de Murat et ancienne reine de Naples. Les Chambres avaient voté, au profit de cette princesse, une pension *viagère* de *cent mille francs* : dédommagement bien inférieur à ce qu'elle réclamait de Louis-Philippe lui-même. — Mme la comtesse de Lipona mourut à Florence le 18 mai de l'année suivante.

Le nom de comtesse de Lipona, que la veuve de Murat avait pris, n'était que l'anagramme de Napoli, et un souvenir de sa grandeur passée.

depuis 1815, loin de se montrer généreux envers les frères de l'Empereur, se sont montrés, l'un *spoliateur*, l'autre *indifférent*. Le gouvernement de la Restauration a *confisqué* tout ce qui lui appartenait, malgré la charte de Louis XVIII, qui abolissait la confiscation; le gouvernement de Juillet a maintenu jusqu'ici toutes ces confiscations, en dépit de la charte ancienne et de la charte nouvelle.

« Agréez, etc.

« Patorni. »

Suivait une énonciation de faits que le *Journal de Paris*, en insérant la lettre de M. Patorni, déclarait ne pouvoir contester.

On recevait alors des nouvelles d'un autre prétendant. Le duc de Bordeaux (plus tard le comte de Chambord, aujourd'hui Henri V, suivant les légitimistes) venait de terminer ses études sous la direction de M. de Frayssinous. Il allait commencer son éducation princière et ses voyages sous la surveillance de MM. le duc de Lévis, de Champagny et de Montbel. MM. Clouet et Monnier, qui avaient servi sous l'empire et qui parlaient trop souvent de l'Empereur et de la gloire de nos armes à cette époque, avaient été remerciés; ils avaient d'ailleurs le tort de n'être pas nobles. Le prince devait, assurait-on, se rendre très-prochainement à Berne, d'où, vraisemblablement, la diplomatie Molé n'exigerait pas son renvoi, attendu que son acceptation du titre de citoyen d'un canton quelconque paraissait peu probable, et qu'en tout cas l'on ne se soucierait nullement d'avoir raison contre lui.

Les nouvelles d'Allemagne annonçaient, en outre, que Louis-Napoléon traversait ce pays au milieu des témoignages de la sympathie populaire. Le 16 octobre, au moment de son départ de Manheim, où il avait passé la nuit, la foule se pressait autour de sa voiture pour le voir; des cris de vive Napoléon! se faisaient entendre, tout le monde se découvrait très-respectueusement : il était facile de reconnaître le vif intérêt que le nom de l'Empereur et la persécution exercée contre un des neveux du grand homme inspiraient à ces populations.

« Louis-Napoléon, disait un correspondant, est un jeune homme de taille moyenne, qui paraît avoir de 27 à 30 ans. Sa figure est toute napoléonienne, son profil est celui de l'Empereur ; mais sa moustache nuit un peu à sa ressemblance avec son oncle ; sa physionomie a quelque chose de grave et de sévère ; elle m'a paru aussi empreinte de mélancolie ; sa tournure, toute militaire, a le genre qui plaît aux Français. On pense que le prince ne tardera pas à arriver à Londres, car il paraît qu'il ne s'arrêtera nulle part, les ambassadeurs des diverses puissances ayant mis cette condition aux visas de son passeport. »

On lisait dans une lettre de Coblentz, datée du 18 octobre :

« Le prince Louis-Napoléon a passé hier ici sur le bateau à vapeur de Rotterdam. On croyait qu'il arriverait par la poste, et une foule nombreuse l'attendait. Mais la curiosité publique a été déçue ; la foule a dû se porter sur le rivage et se contenter de voir de loin passer ce jeune prince qui a failli causer une guerre générale. Il paraît avoir voulu éviter toutes les grandes villes. En se dérobant à la curiosité publique, il a désappointé bien des gens, mais il a fait preuve de tact et d'esprit. Son voyage le long du Rhin est une circonstance qui rappelle bien des souvenirs. On remarque que sur toute sa route il se trouve dans les Etats qui appartiennent ou ont appartenu à sa famille. Ainsi, il a traversé les Etats de ses cousins, les princes de Hohenzollern, Hechingen et Sigmaringen ; les Etats de sa cousine la grande-duchesse de Bade, les anciens Etats de son oncle Jérôme, roi de Westphalie ; les provinces rhénanes de son oncle Napoléon, l'ancien duché de Berg et de Clèves de son frère le prince Napoléon, prince royal de Hollande ; et enfin, le royaume de Hollande, où a régné son père. »

On écrivait de Dusseldorf, le 19 octobre :

« Louis-Napoléon est arrivé hier, à neuf heures du soir, dans notre ville, par le bateau à vapeur de Mayence ; il est descendu à l'hôtel des *Trois couronnes impériales*, au milieu d'une foule nombreuse. Quand il est monté en voiture, tout le monde s'est découvert et lui a témoigné la plus haute estime. Le peuple a suivi sa voiture jusqu'au pont volant, en lui faisant toute espèce de démonstrations amicales, comme à une vieille connaissance. Louis-Napoléon a pris la route de terre de Rotterdam, par Clèves et Nimègue. Pendant toute la journée, on a vendu dans les rues un grand nombre de silhouettes d'une parfaite ressemblance avec l'illustre voyageur. Il s'embarquera pour Londres, mardi 23 octobre, sur le bateau à vapeur *le Batavier.* »

Tandis que, par leurs manifestations en l'honneur du neveu de Napoléon, les Allemands se montraient fidèles au culte des grands souvenirs, les cantons de Vaud et de Genève continuaient à recevoir de leurs co-États des marques de gratitude. Ne pouvant reproduire chacune des adresses qui leur furent présentées, je crois devoir citer textuellement celle du canton d'Argovie. Elle me paraît les résumer toutes.

« Chers confédérés,

« Le départ volontaire de Louis-Napoléon Bonaparte a changé l'attitude menaçante de la France en de nouvelles protestations de paix et d'amitié ; il a mis un terme aux mesures militaires qui avaient été prises de part et d'autre.

« Nous ne pouvons nous empêcher, dans cette circonstance, de nous rappeler avec une sincère reconnaissance le sublime exemple de fidélité fédérale que vous avez donné à toute la Confédération, en vous hâtant spontanément, et sans hésitation, de vous opposer au danger dont nous étions menacés.

« Nous déclarons avec joie que c'est à vous, à l'élan patriotique et au dévouement dont vos populations étaient animées, que la Suisse doit d'être restée dans la ligne honorable qu'elle a suivie. Cet élan, en réveillant en nous l'amour de la patrie, nous a rendus forts dans l'intérieur et dignes de respect aux yeux de l'étranger; il est cause que nous avons pu conserver pur et sans tache l'un des plus beaux joyaux de notre indépendance ; c'est lui qui a décidé l'ennemi à renoncer à ses injustes prétentions, à terminer le différend à l'amiable, et qui l'empêchera désormais de blesser sans raison un peuple faible, à la vérité, sous le rapport des forces matérielles, mais courageux et résolu à défendre son bon droit jusqu'à la dernière extrémité.

« Ce en quoi vous avez encore bien mérité de la patrie, chers confédérés, c'est que, malgré nos divisions politiques, malgré l'égoïsme et l'indifférence de quelques-uns des membres de la Confédération, vous avez su mériter l'estime générale et faire revivre parmi nous la certitude qu'il existait encore un lien fédéral et un dévouement entier pour la commune patrie. Puissiez-vous, si jamais un pareil cas se présentait (ce dont la Providence veuille nous préserver !), puissiez-vous trouver dans vos frères des cantons orientaux, le dévouement et la fidélité dont vous avez donné un si bel exemple !

« En vous recommandant à la protection divine, nous vous prions d'être assurés de nos sentiments d'amitié, de reconnaissance et de sympathie. »

(*Suivaient de nombreuses signatures.*)

L'adresse envoyée de Lucerne à MM. Rigaud et Monnard était également signée par un grand nombre de citoyens, en tête desquels figuraient des membres des deux Conseils, des officiers supérieurs, des juges à la Cour d'Appel et aux autres tribunaux, des ecclésiastiques, en un mot, des notabilités de toutes les conditions civiles ou militaires.

Les patriotes neuchâtelois, bien que soumis à un gouvernement peu favorable à la cause helvétique, voulurent aussi exprimer, en cette occasion, à MM. Rigaud et Monnard les sentiments dont ils étaient animés. La situation exceptionnelle du canton-principauté (1) auquel ils appartenaient, prêtait un nouvel intérêt à leur lettre, dont voici la copie exacte :

« Chers confédérés,

« Au moment où une puissance voisine menaçait notre patrie dans ses droits de nation libre et hospitalière, le peuple suisse n'éprouva qu'une crainte, celle de voir ses mandataires sacrifier à des intérêts matériels du moment toutes les espérances de liberté et d'indépendance nationale.

« Mais cette inquiétude a été de courte durée. A la nouvelle du danger, le patriotisme helvétique a trouvé dans les représentants fidèles, des défenseurs de ses droits; et à la voix de ces hommes de cœur, les bataillons de la patrie se sont ébranlés, et les vieux étendards de notre liberté ont flotté sur le Jura et en face de l'ennemi.

« Témoins du dévouement de leurs frères d'armes des cantons voisins, sans avoir été appelés comme eux à un service actif pour défendre contre l'étranger

---

(1) Le roi de Prusse, à cette époque, exerçait encore son autorité *princière* dans le canton de Neuchâtel.

le sol de la patrie, menacé d'une invasion, les patriotes neuchâtelois se font un devoir de témoigner hautement leur reconnaissance aux citoyens dévoués qui, dans les Conseils de la Suisse, comme sous les armes, ont dignement soutenu, dans cette circonstance mémorable, l'honneur et l'indépendance helvétiques ; et ils saisissent avec empressement l'occasion qui leur est offerte pour renouveler leurs protestations de dévouement à la patrie suisse, en implorant sur elle et sur ses dignes défenseurs la protection du ciel. »

(*Suivaient 1543 signatures.*)

Les localités qui avaient fourni le plus de signatures à cette pièce, proportionnellement à la population, étaient Travers, Couvet, Buttes, Fleurier, Motiers et Boveresse, la Chaux-de-Fonds et le Locle. Les Bayards, la Côte-aux-Fées et Saint-Sulpice, ainsi que plusieurs villages du Vignoble, avaient aussi apporté un bon contingent de reconnaissance à leurs confédérés.

De notables citoyens de Zurich, auxquels s'étaient joints beaucoup de magistrats, avaient ouvert une souscription, dans le but de décerner : 1° A chacun des deux honorables représentants de l'opinion nationale, MM. Monnard et Rigaud, une médaille d'or de la valeur intrinsèque d'environ cent écus, et portant une inscription appropriée à la circonstance ; 2° aux braves milices des cantons de Vaud et de Genève, un drapeau d'honneur, orné d'inscriptions et d'emblèmes patriotiques.

Une lettre écrite par des Suisses domiciliés à Londres, et sur laquelle on comptait 108 signatures, avait été adressée à MM. Monnard et Rigaud, pour les remercier du courage et de la fermeté qu'ils avaient montrés dans les conjonctures difficiles où s'était trouvée la Confédération. Deux coupes d'argent accompagnaient ce tribut d'estime et de gratitude présenté aux deux honorables députés. De cette époque date la fondation à Londres d'un *Cercle* ou *Club suisse*. Les signataires de l'adresse sentirent la nécessité d'avoir un centre de réunion où ils pussent s'entretenir des affaires de la patrie.

Quelque temps après, la Société des Carabiniers et plusieurs citoyens de Unterhallau, commune du canton de Schaffhouse, envoyèrent à chacun des gouvernements de Genève et de Vaud un sabre d'honneur, comme témoignage de leur reconnaissance et de leur sympathie pour la conduite de ces cantons en octobre 1838.

Un banquet général du bataillon d'artillerie eut lieu à Genève le 3 novembre. Plus de mille citoyens, parmi lesquels une centaine de Vaudois, venus tout exprès de Lausanne, y assistaient. La fête se passait dans l'ancien grenier à blé de Rive. Des magistrats, des officiers composaient la table du milieu ; on remarquait à cette table les députés à la dernière Diète, MM. Rigaud et Soret, à côté de M. Massé, lieutenant-colonel du bataillon. Cet honorable citoyen se leva le premier pour porter un toast aux députés de Genève et aux milices du canton de Vaud. Il félicita la députation genevoise de son vote énergique, et conclut en invoquant, pour les institutions fédérales, un lien plus fort et mieux en harmonie avec l'esprit des vrais Suisses. L'assemblée applaudit chaleureusement ce toast et le vœu dont il était suivi. M. Rigaud, dans une réponse éloquente et modeste, fit observer que la députation n'avait fait que son devoir, en s'acquittant scrupuleusement de son mandat et en votant conformément aux instructions qu'elle avait reçues. Il porta ensuite un toast à tous les corps de la milice genevoise, leur adressa des remerciments et de justes éloges, sans oublier les jeunes volontaires qui, sous la patriotique dénomination d'*Enfants de Genève*, avaient, à l'intérieur ainsi qu'à l'étranger, fait connaître d'une manière si digne les sentiments de la génération nouvelle. Les paroles de l'illustre ancien syndic (1) furent accueillies par les plus vifs applaudissements. D'autres discours, prononcés sous l'inspiration des dernières circonstances, et suivis de chansons patriotiques, excitèrent aussi l'enthousiasme de l'assemblée.

En voyant de grandes réunions s'organiser si promptement et avec un accord si parfait, dans un petit pays, on ne peut que se former une opinion favorable du caractère, des mœurs, de l'aisance de ses habitants. Et combien mérite d'être remarquée la présence de premiers magistrats, d'officiers supé-

(1) Un des peintres les plus distingués de Genève, M. Henri DEVILLE, eut l'heureuse idée de lithographier les traits de M. RIGAUD. Ce portrait bien ressemblant, quoique fait de mémoire, eut un grand succès. Chacun voulut avoir sous les yeux l'image du *premier député de Genève à la Diète de* 1838.

rieurs, assistant à ces fêtes ; réalisant ainsi, dans la vie sociale, l'égalité écrite dans les lois !

Malgré l'évidence des faits et les manifestations assez significatives que je viens de mentionner entre beaucoup d'autres, certaines personnes, celles-ci, par un esprit de malveillance, celles-là par défaut de jugement, allaient disant et répétant partout, que la Suisse avait dû donner à la France *quinze à vingt millions* pour ne pas avoir la guerre. Cette supposition, moins blessante pour la Suisse que pour le gouvernement français, qu'on accusait ainsi d'une injuste et honteuse exigence, n'avait aucun fondement. C'était bien assez, d'ailleurs, que la Confédération eût à payer les frais de casernement, de déplacement de ses milices, les travaux de fortification, et les autres dépenses que lui avait occasionnées, sans motif réel, la politique quasi-belliqueuse du Cabinet Molé. Une telle imposture, si elle avait obtenu quelque créance, n'aurait pu qu'indisposer plus gravement encore les Suisses contre la France, en les blessant dans leur dignité. Il n'est pas douteux, d'ailleurs, que la demande d'une indemnité quelconque eût remis tout en question. Mais alors le gouvernement français, je me plais à le faire remarquer, eut, du moins, le bon esprit de ne point fournir matière à un nouveau débat.

Ici se placent tout naturellement des strophes que m'inspirèrent le maintien de la bonne harmonie entre les deux peuples, et surtout mon affection (1)

(1) Arrivé à Genève en 1829, par suite de persécutions politiques, je regardais cette République comme ma seconde patrie. Ce sentiment a toujours dominé dans la rédaction de mon journal.

pour Genève, dont la sûreté et les intérêts s'étaient trouvés si gravement compromis :

> Enfin l'image de la guerre
> A disparu de nos remparts,
> Soutien du commerce et des arts,
> La Paix a rassuré la terre.
> Nos cœurs n'auront point à gémir
> Des horreurs d'une guerre impie ;
> Et de notre riche industrie
> Les heureux jours vont revenir.
>
> Entendez-vous ces chants que la reconnaissance
> De toutes parts adresse à l'Eternel ?
> C'est qu'aujourd'hui l'Helvétie et la France
> Se sont donné le baiser fraternel.
>
> La Suisse, libre et souveraine,
> Cédait aux caprices des rois ;
> Mais hier, forte de ses droits,
> Elle leur a dit : « Je suis reine !...
> « J'ai souffert, hélas ! trop longtemps
> « Le poids de toutes vos entraves :
> « Mes fils ne seront point esclaves...
> « Vous menacez.... Je vous attends ! »
>
> Entendez-vous ces chants que la reconnaissance
> De toutes parts adresse à l'Eternel ?
> C'est qu'aujourd'hui l'Helvétie et la France
> Se sont donné le baiser fraternel.
>
> Pour toi, surtout, belle Genève,
> Pour toi, noble canton de Vaud ;
> Pour vous, *Monnard*, pour vous, *Rigaud*,
> Qu'un monument d'airain s'élève !
> Par vous la Suisse a conservé
> Ses droits et son ancienne gloire.
> Dans les fastes de son histoire
> Votre nom est déjà gravé.
>
> Entendez-vous ces chants que la reconnaissance
> De toutes parts adresse à l'Eternel ?
> C'est qu'aujourd'hui l'Helvétie et la France
> Se sont donné le baiser fraternel.

Cette pièce, qui avait pour titre : LA PAIX, fut publiée dans le *National Genevois* du 14 novembre, et reproduite par plusieurs autres feuilles.

Vers cette époque, la nouvelle du remplacement de M. le duc de Montebello fut confirmée. L'ordonnance royale qui envoyait M. le baron Mortier en Suisse, nommait M. le duc de Montebello ambassadeur près de S. M. le roi des Deux-Siciles. « Malgré la jactance du ministère Molé, disait à ce sujet le *Bon Sens*, une lettre de satisfaction vient d'être donnée à la Suisse. La nomination de M. le duc de Montebello à l'ambassade de Naples n'est pas autre chose. Le séjour de ce diplomate auprès de la Diète helvétique n'était plus tenable ; il devenait instant d'ordonner son rappel. Personnellement M. de Montebello n'a point à se plaindre de ce changement de destination, mais il n'en est pas de même du ministère français ; ce sacrifice a dû singulièrement coûter à son orgueil. »

On assurait que M. le baron Mortier était un homme froid, posé, conciliant, qui n'aurait pas de peine à rétablir les relations amicales entre la France et la Confédération.

Le 1er décembre, M. le duc de Montebello quitta Berne, avec sa famille, pour se rendre à Paris. L'*intérim* fut confié au premier secrétaire d'ambassade, M. de Reinhardt.

CHAPITRE XVII.

Arrivée de Louis-Napoléon à Londres. — Singulière démarche du gouvernement de S. M. le roi Louis-Philippe auprès du gouvernement anglais. — Visite d'un Bourbon à un Bonaparte. — Manifestations de toutes les classes de la population de Londres en l'honneur d'un illustre proscrit. — Confiscation sanctionnée par le pouvoir issu de Juillet 1830, au préjudice de la famille de l'Empereur. — Silence absolu gardé sur l'affaire suisse dans le discours d'ouverture des Chambres françaises. Effet que produit ce silence. — Discours prononcé le 31 décembre 1838, par le Premier Syndic de Genève. — MM. Pelet (de la Lozère), Villemain et Dubouchage signalent à la Chambre des Pairs une lacune dans le discours royal. Longue et grave discussion dans la Chambre des Députés, relativement à cette même lacune. M. Larabit. Quelle majorité obtient le gouvernement. — Fin du ministère Molé. — Émeute des 12 et 13 mai 1839. Lettre écrite à ce sujet par Louis-Napoléon.

Arrivé à Londres, avec sa suite, composée de sept personnes, Louis-Napoléon s'était logé à l'hôtel Fenton's, situé près de St.-James. Le roi Louis-Philippe, encore égaré par la peur, fit faire à son ambassadeur auprès du gouvernement de S. M. la reine Victoria une démarche ridicule. Il demandait que le prince fût tenu de résider hors de Londres, et dans une localité déterminée de la Grande-Bretagne. Cette demande avait, sans doute, pour but d'exercer à l'égard de S. A. I. une surveillance plus facile. Le ministère anglais répondit que les lois du pays ne permettaient pas cette restriction du droit d'asile, et qu'on ne pouvait solliciter des Chambres un *alien-bill* dirigé contre Louis-Napoléon en particulier.

Le prince de Capoue, frère de S. M. le roi de Naples, était allé voir l'illustre exilé à l'hôtel Fenton's. De toutes les visites que Louis-Napoléon avait reçues, celle-ci était assurément la plus remarquable ; cette politesse d'un Bourbon envers un Bonaparte, était un fait aussi curieux qu'inattendu. Le neveu de l'Empereur n'avait, en outre, qu'à se louer des procédés dont les notabilités anglaises usaient envers sa personne. Lorsqu'il visita la Banque d'Angleterre, le gouverneur de cet établissement le reçut avec les plus grands égards. Le prince, qui paraissait se connaître très-bien en mécanique, s'entretint pendant quelque temps avec M. Oldham, l'inventeur des nouvelles machines dont on se servait à la Banque. Après une visite de trois heures, durant laquelle furent mis sous ses yeux tous les trésors et toutes les curiosités de cet établissement magnifique, le gouverneur le conduisit dans ses appartements, où une collation avait été préparée. Le prince, sa suite et la famille du gouverneur y prirent part. Une foule considérable, qui avait attendu Louis-Napoléon à sa sortie de l'hôtel, lui témoigna, sur son passage, autant de respect que de sympathie.

Dès son arrivée à Londres, S. A. I. avait envoyé son aide-de-camp, M. le vicomte Fialin de Persigny (1), près de lord Melbourne, président du Conseil des Minis-

---

(1) M. Fialin de Persigny, élu Représentant du Peuple par un des colléges du département du Nord, a siégé, en 1849, 1850 et 1851, à l'Assemblée Nationale. Il a été, en 1852, 53 et 54, ministre de l'Intérieur. L'Empereur Napoléon III lui a confié, en 1855, le poste d'ambassadeur à Londres.

tres. M. de Persigny était chargé d'exprimer la gratitude du prince pour la bienveillance que le gouvernement anglais avait montrée à son égard pendant les dernières négociations qui avaient eu lieu en Suisse.

Quelque temps après, le journal le *Globe* annonçait que Louis-Napoléon avait été reçu membre d'une Société littéraire de St.-James-Street.

Les plus gracieuses manifestations se succédaient en sa faveur. Le 9 novembre, à midi, avait lieu la prestation de serment du Lord-Maire de Londres. Cette brillante cérémonie, si originale par les costumes qu'elle représente et les usages qu'elle rappelle, avait mis en mouvement tous les habitants de la Cité. Louis-Napoléon ayant voulu jouir de ce singulier spectacle, y assistait d'une fenêtre dont la vue dominait l'entrée du Grand-Pont. Le Lord-Maire, qui descendait là de voiture, pour monter sur une espèce de bucentaure tout doré, l'ayant aperçu, le salua de la manière la plus affable ; alors les regards de la multitude se tournèrent vers le jeune prince, son nom retentit soudain dans les groupes, et, à l'instant, des cris de *vive le prince Napoléon ! vive l'Empereur !* éclatèrent de toutes parts.

Il était très-recherché des cercles ; les plus hauts personnages tenaient à honneur de le recevoir. On a remarqué qu'aux réunions de cérémonie et aux bals parés il se montrait presque toujours en uniforme d'officier d'artillerie.

Certes, à Arenenberg, le prince ne produisait ni autant d'effet, ni autant de bruit. Qu'avait donc gagné le roi Louis-Philippe, en le mettant dans la nécessité de chercher un refuge en Angleterre? Déjà, au commencement de décembre, on annonçait comme prochaine la fondation, à Paris, d'une feuille napoléonienne. « La famille Bonaparte, disait l'*Europe Monarchique*, va, assure-t-on, faire paraître un journal impérialiste, sous les auspices de Louis-Napoléon. Le gouvernement a fait tant de folies ; il a si étrangement grandi ce prince ! Il lui a mis une force morale en main : aujourd'hui le prince en profite ! »

La famille Bonaparte venait, d'ailleurs, de voir se renouveler, en quelque sorte, l'œuvre de spoliation dont elle avait été victime par suite de la chute de son illustre chef. Il s'agissait d'une somme de *douze millions*, à elle due pour dotations apanagères et arrérages de la liste civile, dont une ordonnance de Louis XVIII avait prononcé la confiscation. Une réclamation à ce sujet ayant été portée devant le Conseil d'État, le ministère avait opposé l'incompétence de ce Conseil, fondée sur ce qu'il s'agissait d'application de lois purement politiques ; et, par ce motif, la requête de la famille de l'Empereur avait été repoussée. Conduite étrange de la part d'un pouvoir qui était issu d'une révolution populaire, et que l'on avait cru appelé à réparer les injustices ou les erreurs de la Restauration !

Le roi Louis-Philippe ne tarda pas à commettre en personne une faute non moins grave, et qui devait avoir encore plus de retentissement. Dans le discours que S. M., ayant à sa droite le duc d'Orléans, et à sa gauche le duc d'Aumale, prononça, le 17 décembre 1838, au Palais-Bourbon, pour ouvrir la session des Chambres, *il n'était nullement question de la Suisse*, bien que les différends de la France avec le Mexique et la République Argentine y fussent signalés.

Cette singulière réticence était-elle l'effet de la honte que le ministère éprouvait en songeant à sa conduite dans une querelle soulevée mal à propos et avec tant d'imprudence? Assurément on ne pouvait supposer que son silence fût l'expression d'une sorte de dédain. Il avait attaché à l'affaire suisse un intérêt capital, il l'avait traitée avec une gravité peu commune, il avait réclamé, pour l'amener à bonne fin, le concours de l'Autriche, de la Prusse, de la Russie, etc. Non, certes, ce n'était pas le dédain, mais la honte, qui avait fait rayer le paragraphe relatif à la Suisse. Sans cela, le discours royal eût dit que l'on se félicitait de ce que la bonne harmonie, momentanément troublée entre un pays voisin et la France, était heureusement rétablie. La France et la Suisse auraient entendu avec joie cette déclaration. Au lieu de cela qu'avait-on fait?... On avait eu hâte de parler du prince nouveau-né, le comte de Paris, d'annoncer le prochain baptême de ce rejeton dynastique, et de convoquer les Chambres autour de son berceau. Cette annonce et celle de l'établissement d'un évêché à Alger avaient paru plus sérieuses et d'un plus haut intérêt qu'une simple mention du rétablissement des relations de bonne amitié avec un peuple voisin, un ancien allié.... Oh ! cette manière d'agir était pitoyable ; elle était digne du gouvernement juste-milieu ; c'était le couronnement de sa pauvre politique d'août, de septembre et d'octobre !

Les journaux français indépendants poursuivaient de leurs justes critiques le silence que je viens de qualifier.

« Pas un mot de la Suisse, disait le *Commerce*, de la Suisse dont une parole devait, sans doute, chercher à effacer le ressentiment et resserrer l'amitié, si utile aux intérêts et à la sécurité de la France. Pas un mot de l'Angleterre, notre ancienne alliée, qui accueille et fête ce *prétendant* contre lequel notre gouvernement avait assemblé une armée. » C'est qu'en effet l'Angleterre était aussi laissée de côté... Elle avait le tort de s'être refusée à seconder la grande croisade anti-helvético-napoléonienne !

« On remarque, faisait observer le *Patriote Jurassien*, qu'il n'est rien dit de ce conflit étrange et odieux qui a été près de mettre aux mains deux peuples voisins et alliés. Sur la Suisse silence absolu. Que pouvait-on dire, hélas ! sans se condamner soi-même, sans avouer qu'on avait été maladroit et brutal, et, ce qui est pire, qu'on n'avait pas réussi ? Le succès justifie tout en politique ; mais le système n'a pas l'habitude des succès, vis-à-vis de l'étranger surtout. »

Le *Courrier de l'Ain*, qui avait montré quelque repentance d'avoir accueilli des calomnies contre Genève et contre la Suisse, ne s'était point corrigé (1).

(1) Le désappointement de certains adversaires de la Suisse et de Ge-

Suivant lui, le silence que le discours de la couronne, avait gardé sur l'affaire suisse *paraissait du meilleur goût* dans les départements de l'Est ; *mais il avait excité quelque dépit au-delà de la frontière.* « Du dépit, non, mais de l'étonnement, oui, répondait le *National Genevois* ; car, après la dernière lettre adressée à M. de Montebello par M. Molé, lettre conçue en de bons termes et qui a mis fin au différend, on pouvait présumer que le Cabinet français et Louis-Philippe en particulier se feraient un plaisir de rappeler le pacifique dénouement d'une difficulté qui menaçait de devenir grave et d'amener en Europe certaines complications. Outre cela, l'alliance helvétique est encore assez précieuse pour que l'on doive s'applaudir de ce qu'elle ne soit pas entièrement rompue.

On a souvent besoin d'un plus petit que soi,

a dit le sage fabuliste ; ce serait sans doute le cas d'appliquer cette moralité. De plus, il est faux que le silence en question *ait paru du meilleur goût*. Chacun est d'avis qu'il aurait mieux valu que l'affaire eût été mentionnée, que c'eût été plus digne du caractère français, et qu'en l'éludant on a fourni matière à des interprétations qui sont loin d'être favorables au Cabinet. Du reste, ajoutait la feuille genevoise en ter-

nève en particulier, avait été si vif, que, même quatre ans après, soit le 26 septembre 1842, lors de persécutions que j'éprouvais comme journaliste, un des correspondants du *Courrier de l'Ain* m'écrivait de Gex : « Ce qui « nuira essentiellement à votre cause, ce sera *le parti pris par vous* « *en 1838.* »

minant, il est probable que la Chambre des Députés pensera comme nous à cet égard, qu'elle ne trouvera point ce silence *du meilleur goût*, et que le ministère sera forcé de s'expliquer. »

Le 31 décembre, avait lieu à Genève, comme d'usage, dans le temple de Saint-Pierre (1), l'installation des magistrats appelés à fonctionner pendant l'année qui allait s'ouvrir. Le langage tenu en cette circonstance solennelle, par M. RIEU, contrastait singulièrement avec le mutisme auquel la royauté de Juillet et ses ministres avaient cru devoir se condamner. Voici les paroles remarquables que l'honorable Premier Syndic adressait aux membres du Conseil Représentatif :

« Nous nous hâtons, Messieurs, d'arriver à un
« trait qui donne du relief aux derniers mois de
« cette année.

« C'est la France demandant à la Suisse l'expul-
« sion d'un prince qui fut adopté par l'un des can-
« tons, et dont la destinée se lie à l'éclat d'un nom
« célèbre.

« Une question de droit fédéral et de dignité natio-
« nale fut alors opposée à une question de ce droit
« qu'invoquent entre eux les Etats avant de recourir
« à la force. Le débat fut animé dans les divers
« Conseils de la Confédération.

« Le vote qu'émit en Diète votre députation fut

(1) Un des édifices les plus remarquables de Genève est l'église cathédrale de Saint-Pierre, bâtie il y a environ huit siècles. Sa façade a été refaite au milieu du 18e siècle, sur le modèle du Panthéon de Rome.

dicté par le sentiment réfléchi du droit et de la dignité de la Suisse.

« Ce vote, vous l'adoptâtes, Messieurs, après une
« discussion profonde et solennelle que n'oubliera
« pas le pays.

« Vous attendiez encore la décision que prendrait
« la Diète, lorsqu'un danger soudain vint menacer
« notre sol.

« A l'approche des troupes étrangères, qu'un ordre
« menaçant pour la Suisse précédait, vers la frontière
« du canton, la population s'émut et se leva ; les ba-
« taillons d'une milice pleine de zèle furent aussitôt
« sous les armes ; le contingent, mis sur pied, garnit
« les avant-postes ; et des volontaires, militairement
« organisés, devancèrent l'âge du service.

« Nos remparts furent armés par ces bras réunis,
« qui prodiguaient le temps et la fatigue pour servir
« la patrie ; et le désir d'une honorable défense,
« dégagé du timide calcul des risques à courir, anima
« seul tout un peuple.

« L'unanime approbation de la Diète accueillit les
« cantons de Vaud et de Genève, qui, comprenant les
« devoirs qu'impose une Confédération, devancèrent,
« en s'armant, sur les points menacés, les mesures
« militaires fédérales, et s'acquirent dans l'estime
« de leurs Confédérés, une place dont ils sont fiers.

« Un départ volontaire, vous le savez, Messieurs,
« vint terminer le différend, cause première de ces
« préparatifs ; et l'honneur de la Suisse ne fut pas
« compromis. Loin de nous d'amplifier un danger qui

« n'est plus ; une main plus forte que la nôtre a dé-
« tourné l'orage, qui n'a pas éclaté : mais que d'im-
« pressions civiques et profondes a développées son
« approche !

« A la vue de cette milice armée ou préparant de
« ses mains la défense commune, qui de nous n'en-
« tendit une voix lui crier : « Tu as une patrie ! »
« Genevois, vous l'avez, cette patrie, parce que vous
« la voulez libre, heureuse et honorée ; vous la
« conserverez, parce que vous saurez la défendre :
« vous en avez donné le gage.

« Ah ! gardez au milieu de vous ce trésor précieux
« de confiance et d'union que vous possédez, et dont
« vous avez fait l'usage le plus beau ; votre bonheur
« et votre indépendance en sont inséparables.

« Si jamais de tels liens venaient à se relâcher,
« que le souvenir de cette émotion nationale, présent
« à votre esprit, les resserre et les fortifie. »

S'adressant ensuite à l'assemblée tout entière, M. le
Premier Syndic ajoutait :

« Magistrats, législateurs, citoyens, vous la conser-
« verez aussi cette patrie, au milieu des chances
« variées de la politique, en la plaçant sous l'égide
« du Dieu qui protégea vos pères, et qui vous protége
« aujourd'hui.

« Vous la conserverez, si vous maintenez au
« milieu de nous le dévouement aux affaires du pays
« et les mâles vertus si nécessaires aux Républi-
« ques... »

Peu de jours après cette grave et intéressante cérémonie, la prévision du *National Genevois* relativement à l'incroyable lacune remarquée dans le discours d'ouverture des Chambres françaises, se réalisait. Si les attaques dont le ministère fut l'objet dans la Chambre des Pairs, de la part de MM. Pelet (de la Lozère), Villemain et Dubouchage, n'obtinrent aucun résultat, il en fut autrement pour celles qui eurent lieu dans la Chambre des Députés. Cette Chambre sembla n'être pas d'avis qu'on escamotât la mention obligée d'une affaire qui avait excité si fortement l'attention générale, causé tant de mouvements de troupes et entraîné des dépenses s'élevant à plusieurs millions. La Commission, chargée de rédiger la réponse au discours du trône, jugeant convenable de suppléer à l'omission qu'on y remarquait, présenta, dans la séance du 4 janvier 1839, un projet d'adresse où figurait ce passage significatif :

« Un dissentiment a éclaté entre votre gouverne-
« ment et la Suisse ; nous désirons qu'il n'ait point
« altéré les rapports de vieille amitié qui unissaient
« les deux pays et qu'avaient encore resserrés les
« événements politiques de 1830. »

La discussion de ce paragraphe occupa deux séances ; elle fut des plus animées : les principaux orateurs y prirent part. De grandes vérités sortirent, en cette circonstance, de la bouche des Duvergier de Hauranne, Passy, Etienne, Odilon Barrot, Dufaure, Mauguin, Ganneron, Mathieu de la Redorte, Lamartine, Larabit, etc. M. Larabit, c'est justice d'en faire l'observation, encore mieux inspiré que ses collègues, se montra particulièrement, et autant que la situation pouvait le permettre, le défenseur de Louis-Napoléon, qu'en dépit des orléanistes et des légitimistes, il appelait l'*illustre proscrit*.

« On reproduira, sans doute encore, contre la
« Suisse, disait l'honorable député, cette accusation
« banale qu'elle est un foyer d'intrigues. La vérité
« est que la présence d'un illustre proscrit troublait
« le sommeil de messieurs les ministres. Ils avaient
« peur d'un prétendant ; mais je leur fais observer
« qu'il n'est pas nécessaire d'être né sur les mar-
« ches d'un trône pour se croire appelé à porter une
« couronne. Le prince Louis aurait suffisamment
« appris à la porter, cette couronne, en portant les
« épaulettes de sous-lieutenant d'artillerie ; mais sa
« prétention n'allait pas si loin. La Suisse s'est no-
« blement conduite en faisant respecter les droits de
« ses citoyens, et le ministère lui-même aurait dû se
« souvenir que Louis-Philippe y avait reçu protection
« et hospitalité. »

De son côté, M. Odilon Barrot, ayant particulièrement en vue le rétablissement de la bonne harmonie entre la France et la Suisse, s'exprimait en ces termes :

« Espère-t-on que parce que vous avez passé sous
« silence les faits qui ont donné lieu à des proclama-
« tions hostiles, à une prise d'armes, espérez-vous
« que les germes seront détruits, les souvenirs effa-
« cés ? Oh ! ce serait une folle espérance ! J'ap-
« prouve donc le sentiment de la Commission dans

« la juste mesure où il est exprimé... Assurément,
« la Suisse, cette nation grande par son intelligence,
« grande par ses institutions, est numériquement
« faible ; mais j'espérais que, si un gouvernement
« libre venait à s'établir chez nous, on respecterait
« cette nation. Je me suis trompé ; le gouvernement
« de Juillet a fait cause commune avec les gouver-
« nements de la Sainte-Alliance, et la Suisse n'a pas
« distingué la France dans ce réseau qui s'est ouvert.
« C'est alors que j'ai senti le besoin d'une réparation
« éclatante, et que je me suis félicité du projet d'a-
« dresse. Notre général, dans sa proclamation aux
« troupes assemblées sur la frontière, non-seulement
« a fait des menaces, mais il a été plus loin, il a fait
« des insultes. La Commission vous demande quel-
« ques mots de sympathie pour un pays voisin et
« ami ; vous ne les refuserez pas, et vous vous sou-
« viendrez qu'il ne faut pas donner à l'Europe un
« triste spectacle, celui de la révolution de Juillet
« tirant le canon contre la Suisse. »

Le langage tenu par M. Passy n'était pas moins favorable à la Confédération.

« Voyez, faisait-il remarquer, combien les rôles
« ont été intervertis. Le plénipotentiaire anglais n'a
« pas appuyé nos réclamations ; elles l'ont été seu-
« lement par les ministres de Prusse, de Russie et
« d'Autriche. En outre, l'on a exalté en Suisse le parti
« qui nous est opposé, et, au contraire, on a abattu,
« démoralisé celui qui avait pour nous des sympathies.
« Nos différends avec la Suisse ont même fait croire

« un moment à la guerre. Le discours de la couronne
« n'en a pas parlé ; c'est une lacune grave, il faut la
« combler, il faut raviver dans le cœur des Suisses
« ces vieilles sympathies qui nous étaient acquises,
« au lieu de travailler à les détruire. »

De son côté, M. Dufaure, après avoir rappelé qu'il était résulté de l'enquête qu'on n'avait rien à reprocher au prince depuis la mort de sa mère, terminait ainsi la partie la plus importante de son discours :

« La conduite du Cabinet a forcé les habitants de
« Genève à courir sur les remparts et à s'armer con-
« tre la France. Dans cette situation, il me paraît de
« bon goût et d'une bonne politique d'insérer un
« paragraphe dans l'adresse, pour raviver un peu en
« notre faveur les sentiments des Suisses. Un de nos
« honorables contradicteurs, M. Baude, a prétendu
« que nous ne devions pas faire amende honorable.
« Eh ! Messieurs, peut-on nous taxer de pusillani-
« mité ? Non, la supériorité de la France est incon-
« testable ; il n'y a donc ni faiblesse ni déshonneur,
« de notre part, à tendre la main aux Cantons. »

Enfin, le 15 janvier, on passa à la votation ; une première et une seconde épreuve ayant été déclarées douteuses, il fallut recourir au scrutin secret. Il en résulta 208 boules blanches et 221 noires, c'est-à-dire un rejet à la faible majorité de *six voix*, déduction faite des sept boules noires fournies par le banc des ministres.

Six voix ! une telle majorité n'offrait rien de sérieux à quiconque savait comme était composée la

Chambre, de quels moyens d'influence et même de corruption le ministère disposait. Et d'ailleurs, parmi les députés qui avaient voté contre le paragraphe, beaucoup expliquaient leur vote par le désir d'éteindre entièrement, s'il était possible, le souvenir de la querelle dont il s'agissait. Le ministère lui-même avait voulu justifier ainsi le silence gardé dans le discours royal.

En résumé, le débat avait signalé de la manière la plus éclatante les torts du Cabinet des Tuileries à l'égard de la Confédération ; il avait mis en évidence, plus favorablement que jamais, le caractère hospitalier, le courage des enfants de l'Helvétie, et notamment l'intrépidité de ceux de Genève et de Vaud, qui, chose digne de remarque, avaient reçu, de la part des plus grands orateurs, de justes applaudissements. Venait en dernier lieu une manifestation imposante, celle des sentiments sympathiques de la *moitié* des Représentants du pays. La Suisse avait donc obtenu pleine satisfaction des deux côtés. Il n'était pas jusqu'à M. le duc de Montebello qui, dans la Chambre des Pairs, dont il était membre, n'eût fait une sorte d'amende honorable, en cédant à l'obligation de se taire sur des actes auxquels une parole imprudente aurait pu donner encore plus de gravité (1).

(1) L'ex-ambassadeur en Suisse pouvait être encore sous l'impression des suites fâcheuses qu'avait eues son départ de Berne. Le fourgon chargé de son mobilier le plus précieux avait versé à deux lieues de cette ville, dans un marais près de la route. Le dommage était considérable. Pour surcroît de malheur, M. de Montebello, dès son arrivée à Paris, avait été atteint d'une indisposition assez grave.

On sait quelles furent les destinées du ministère Molé, comment il finit, après une longue et douloureuse agonie. Démissionnaire par suite des échecs qu'il avait essuyés dans la discussion de l'adresse, puis resté debout au moyen d'ordonnances, soit de prorogation, soit de dissolution de la Chambre des Députés ; battu à plate couture dans la lutte électorale qu'il avait lui-même provoquée, il succomba décidément le 31 mars, après avoir légué à ses successeurs un pouvoir déconsidéré et une situation déplorable sous tous les rapports.

On sait, en outre, quels embarras, quelles difficultés, quelles turpitudes sortirent de son héritage : abaissement de la France à l'extérieur, long et inquiétant provisoire, résultat d'une politique sans nom ; crise commerciale, perturbation, puis stagnation des ateliers, faillites sur faillites, rassemblements tumultueux dans plusieurs quartiers de Paris, émeutes sanglantes, voilà quelques-unes des bienfaits dont on fut redevable aux sages et habiles promoteurs de l'affaire suisse !

A ces observations se rattache un fait qui prouve l'acharnement du système de persécution occulte ou ostensible que l'on suivait contre Louis-Napoléon :

Lors du mouvement séditieux des 12 et 13 mai, dont MM. Barbès et Blanqui jeune étaient les chefs, la malveillance eut soin d'accuser d'abord le parti bonapartiste. On disait que le colonel Vaudrey avait été arrêté ; on faisait remonter la trame du complot jusqu'à la personne du prince, on ne manquait pas, à

officiers fédéraux, la conduisit de l'hôtel de la *Couronne* à la plaine de Plainpalais, où tous les bataillons genevois étaient rassemblés. On forma le carré, et le chef de la députation, M. le lieutenant-colonel d'Orelli, prononça le discours suivant :

« Très-chers Confédérés du Canton de Genève !

« Les événements du mois d'octobre de l'année
« dernière ont démontré à la Suisse et à l'Europe que
« le peuple et les milices du canton de Genève sont
« dignes d'être les confédérés des enfants de cette
« vieille Helvétie dont la gloire militaire brilla pen-
« dant tant de siècles.

« Des magistrats ou des diplomates, méconnais-
« sant le patriotisme national, étaient sur le point
« d'accéder aux demandes impérieuses d'une puis-
« sance se disant notre amie, mais qui se montre
« souvent amie bien exigeante et plus qu'équivoque ;
« une proclamation presque incendiaire donna heu-
« reusement l'éveil à la nation entière et força même
« les plus craintifs à tenir un autre langage et à pour-
« voir à la défense du pays.

« Genevois, vous étiez appelés, avec nos chers
« frères du canton de Vaud, à prouver que cette
« flamme qui mène à tant de hauts faits remplit vos
« cœurs. Avec une rare abnégation vous volâtes à
« la défense de vos remparts et des frontières fédéra-
« les ; l'intempérie de la saison, les travaux les plus
« rudes et les plus inaccoutumés furent un rien pour
« vous. Vous saviez qu'une attaque ennemie com-

« promettait vos plus chers intérêts, mais vous
« saviez aussi que les yeux de la Suisse et de l'Europe
« surveillaient vos actions, dont dépendaient l'hon-
« neur et l'indépendance de la patrie.

« Confédérés ! vous avez accompli tout ce qu'on
« pouvait attendre de votre patriotisme ; recevez-en
« les remercîments, non-seulement des milices, mais
« aussi de l'immense majorité des habitants du can-
« ton de Zurich, qui apprécient également et votre
« amour pour la patrie et vos sentiments fraternels !
« Acceptez, comme gage de la conformité de nos sen-
« timents, ce drapeau pur et sans tache ; conservez-
« le comme un témoignage de notre amour fraternel ;
« qu'il unisse à jamais les deux cantons, et qu'au
« jour du danger il témoigne à tous que les Genevois
« et les Zuricois seront toujours prêts à se dévouer
« pour soutenir l'indépendance et l'honneur de la
« patrie ! »

En terminant son discours, M. d'Orelli remit le
drapeau entre les mains de M. l'inspecteur-général.
Vingt-deux coups de canon saluèrent le noble éten-
dard, la musique fit entendre les airs aimés des
Suisses, des cris de joie retentirent de toutes parts.
Lorsque l'émotion fut un peu calmée, et le silence
rétabli, M. l'inspecteur-général de la milice genevoise
répondit en ces termes :

« Monsieur le Lieutenant-Colonel, Messieurs les
Officiers de la Milice du Haut Etat de Zurich !

« Je viens, au nom de la milice genevoise, vous

« témoigner notre profonde reconnaissance pour la
« preuve si distinguée, si honorable, d'affection fra-
« ternelle, qu'ont bien voulu nous donner nos chers
« camarades et frères d'armes de la milice zuricoise,
« en vous envoyant ici pour nous apporter ce beau
« drapeau, que nous conserverons comme preuve de
« votre attachement, et auquel nous tenons de tout
« notre cœur.

« Mais, Messieurs, méritons-nous cette marque
« touchante de votre approbation ? Nous avons fait
« notre devoir, oui ; mais nous n'avons fait que no-
« tre devoir, comme nous serons toujours prêts à le
« faire lorsque l'honneur, l'indépendance et la liberté
« de notre chère patrie seront menacés ; c'est ce que
« je puis vous assurer au nom de toute notre milice ;
« c'est ce qu'a fait aussi le canton de Vaud ; c'est ce
« qu'auraient fait tous les cantons de la Suisse, et en
« particulier le Haut Canton de Zurich, s'il avait été
« placé comme nous du côté de la frontière où le ter-
« ritoire pouvait être menacé et attaqué.

« Ce que je dis, Messieurs, c'est ce que nous pen-
« sons tous ; et c'est cette persuasion que nous som-
« mes *tous pour un et un pour tous*, qui fera notre
« force, malgré notre faiblesse, nous reposant avec
« confiance et énergie sur ce Dieu de nos pères qui
« nous a conservés d'une manière si providentielle.

« Veuillez, Messieurs, témoigner à nos chers frères
« d'armes et confédérés du Haut Etat de Zurich notre
« profonde reconnaissance ; dites-leur bien que les
« milices de Genève n'oublieront jamais la preuve

« d'affection et d'estime qu'ils viennent de nous don-
« ner ; et vous, Messieurs, en particulier, recevez nos
« remercîments pour la peine que vous avez prise et
« le bonheur que vous nous procurez en nous four-
« nissant l'occasion de vous recevoir comme des amis,
« mieux que des amis, comme des frères. »

Tous les miliciens s'associèrent, par un cri général d'approbation, aux sentiments exprimés dans ce discours. Le drapeau parcourut les rangs et recueillit, sur son passage, des bravos unanimes ; l'artillerie marqua, par ses majestueuses détonations, chacune des phases de cette scène imposante. Puis le cortége et les troupes rentrèrent en ville et allèrent déposer le drapeau à l'une des places d'honneur de l'arsenal.

Vers 4 heures, un repas magnifique, préparé à l'hôtel de la Navigation, aux Pâquis, reçut la députation zuricoise, qu'accompagnaient MM. les Syndics, plusieurs Conseillers d'État, les autorités militaires du canton et un grand nombre d'officiers. Des toasts y furent portés à la Confédération, à Zurich, au canton de Vaud, au canton de Genève, aux officiers supérieurs qui avaient été chargés du commandement et de l'armement de cette place en 1838, etc. Le soir, M. d'Orelli et les autres délégués se rendirent, précédés de flambeaux et suivis d'une foule considérable, à l'hôtel de la Coulouvrenière, où une excellente musique joua des airs nationaux, et où les citoyens, animés du plus généreux enthousiasme, firent retentir, jusqu'à une heure avancée de la nuit, les cris de : *Vive la Confédération ! vivent les Zuricois !*

La médaille d'or, provenant aussi de la souscription zuricoise, et frappée en l'honneur de MM. Rigaud et Monnard, avait été remise à chacun de ces anciens députés.

Cette médaille représente l'Helvétie, sous la figure d'une femme, inscrivant les noms de *Genève* et de *Vaud* dans une roche sur laquelle est posée une couronne de lauriers, et contre laquelle sont appuyés le bouclier, le casque et l'épée de la patrie. Au fond s'élève une montagne de rochers. Au-dessus de ce tableau on lit les mots : *Aux gardiens de l'honneur national.* Le revers porte l'inscription suivante : *Aux fidèles Suisses* C. MONNARD *et* J.-J. RIGAUD, *en reconnaissance des paroles dignes de nos ancêtres prononcées par eux à la Diète de Lucerne, le 31 août 1838 : les Zuricois animés des mêmes sentiments.* Les coins, vrais chefs-d'œuvre, sont dus au burin de M. ABERLI, de Zurich, qui y a consacré plus de trois mois de travail.

La soie et le tissu du drapeau sont de production nationale, et portent les couleurs de la Confédération. D'un côté, l'on voit une guirlande de lauriers, au milieu de laquelle paraît la République de Zurich, sous la figure d'une femme armée d'un bouclier aux couleurs du canton, et déposant une couronne sur un rocher où se trouvent gravés les écussons de Vaud et de Genève. De l'autre côté, on lit cette inscription en lettres d'or : *Aux milices des Cantons de Vaud et de Genève, leurs frères d'armes de Zurich.* Le drapeau est surmonté d'une couronne civique traversée par un faisceau d'armes, et au-dessous de laquelle sont gravés les mots : *Octobre* MDCCCXXXVIII. Les peintures, dont l'effet est admirable, sont dues au talent de M. LUTHY.

De telles manifestations rappelaient trop bien l'espèce d'agression dont la Suisse avait été l'objet neuf mois auparavant.

Louis-Napoléon, réfugié à Londres, ne menait point une existence oisive; il terminait un écrit du plus haut intérêt, et dont il avait formé le projet dès l'année 1834, ainsi que l'indique un passage de la lettre suivante, alors adressée par la reine Hortense à Mme Emile de Girardin (1) :

« Je vous ai retrouvée tout entière dans votre aimable lettre, ma chère Delphine. Que votre mari ne m'en veuille pas d'aimer à vous appeler de ce nom; c'est celui que vous portiez à Rome, en Suisse, quand vous me répétiez vos jolis vers, et que je me plaisais à entendre cet organe si français et si expressif! Vous ne m'avez donc pas oubliée? je vous en remercie, car je pensais qu'à Paris l'on oubliait tout! Il m'est bien doux de voir que cette méfiance, trop motivée peut-être, n'est pas aussi générale que je le craignais.

« Certainement je serai charmée de recevoir sou-

---

(1) Je reproduis avec empressement ce touchant et précieux témoignage de l'estime et de l'affection que la reine Hortense portait à Mme EMILE DE GIRARDIN (Delphine Gay). Remarquable par sa beauté, sa grâce et son esprit, surnommée, à ses débuts comme poète, *la Muse de la patrie*, Mme Emile de Girardin occupait l'une des premières places dans la République des Lettres. Sa mort, que j'apprends aujourd'hui, 1er juillet 1855, sera l'objet d'un deuil universel.

vent et vos ouvrages et vos lettres ; vous ne pouvez douter du plaisir que me feront toutes les preuves de votre souvenir. J'ai demandé si souvent : Est-elle mariée ? est-elle heureuse ? Vous me deviez bien de me répondre d'une manière qui me satisfasse autant.

« Je penserai à la proposition que vous me faites ; le plus difficile est de trouver quelque article qui puisse être amené naturellement. Mon fils fait un ouvrage sur l'artillerie ; ce ne serait guère intéressant à lire ; il veut, après, faire quelque chose sur son oncle ; alors nous verrons ce qu'il pourra vous envoyer. Il s'est bien formé depuis que vous ne l'avez vu, et il me rend bien heureuse par la bonté de son caractère, sa noble résignation qui tempère la vivacité et la fermeté de ses opinions ; je n'ose lui souhaiter la patrie, car je fais trop de cas de la tranquillité, et là où l'on vous craint, on ne peut plus espérer d'être aimé. Aussi la résignation pour toutes les injustices comme pour tous les mécomptes, est devenue la vertu qui nous convient le mieux.

« Croyez au plaisir que j'aurais à vous revoir, à faire connaissance avec votre mari et à vous renouveler l'assurance de mes sentiments.

« Arenenberg, ce 26 avril 1834.

« HORTENSE. »

Ce que, suivant le dire de la reine, Louis-Napoléon *voulait écrire sur son oncle,* ne manqua pas d'être fait aussitôt que la position du prince et les circonstances le permirent. Or, l'œuvre dont il s'agissait n'est autre que celle qui a produit le plus de sensation. Le titre : *Des idées napoléoniennes* en indique l'importance et le but. Cette publication est datée de Carlton-Terrace, juillet 1839.

« Quand on voudra la lire sans prévention, dit
« M. Temblaire dans sa *Notice sur les écrits de*
« *Louis-Napoléon Bonaparte*, on ne la lira pas sans
« intérêt et sans fruit ; on y trouvera une rare intel-
« ligence de l'époque impériale, plus profondément
« étudiée qu'elle ne l'a encore été dans aucune pu-
« blication, et réduite aux formules les plus nettes
« qu'on puisse en donner ; on y trouvera des pensées
« élevées, des aperçus d'une grande portée, des pages
« éloquentes ; on y trouvera de l'admiration, comme
« tout le monde en France en a pour l'Empereur
« et comme il ne peut sans doute être interdit à son
« neveu d'en avoir ; mais on y trouvera aussi une
« bonne foi absolue ; on y trouvera, en un mot, tout
« ce qui constitue une production éminente et tout
« ce qui peut, dans les meilleures conditions, faire
« rendre justice à son auteur. »

Celui-ci s'expliquait ainsi lui-même dans sa préface :

« L'Empereur n'est plus !... mais son esprit n'est
« pas mort. Privé de la possibilité de défendre par
« les armes son pouvoir tutélaire, je puis au moins
« essayer de défendre sa mémoire par des écrits.
« Eclairer l'opinion en recherchant la pensée qui a
« présidé à ses hautes conceptions, rappeler ses vas-
« tes projets, est une tâche qui sourit encore à mon

« cœur et qui me console dans l'exil ! la crainte de
« choquer des opinions contraires ne m'arrêtera pas ;
« des idées qui sont sous l'égide du plus grand génie
« des temps modernes peuvent s'avouer sans détour ;
« elles ne sauraient varier au gré de l'atmosphère
« politique. Ennemi de toute théorie absolue et de
« toute dépendance morale, je n'ai d'engagement
« envers aucun parti, envers aucune secte, envers
« aucun gouvernement ; ma voix est libre comme
« ma pensée... et j'aime la liberté ! »

Un ouvrage aussi fort, qui révélait dans Louis-Napoléon un écrivain distingué, un penseur, un profond politique, avait fait grand bruit, et, par conséquent, redoublé les craintes de la quasi-légitimité (1). Dès le mois de décembre suivant, à l'occasion de la saisie, opérée chez M. Crouy-Chanel, d'un certain nombre de lettres écrites par Louis-Napoléon, lettres dans lesquelles il ne faisait cependant qu'exprimer son opinion sur les hommes et sur les choses, on supposa un complot bonapartiste. Plusieurs personnes furent arrêtées ; on disait que le prince avait disparu de Londres, qu'il était caché à Paris, et même des rumeurs encore plus alarmantes se répandirent à la Bourse. La lettre qui suit, envoyée de Londres au rédacteur en chef du *Commerce* et publiée par ce

---

(1) Cependant Louis-Napoléon n'oubliait point la Suisse. A la fin de juin 1839, il envoya de Londres une superbe coupe d'argent à la Société des Carabiniers du canton de Thurgovie, dont il avait été nommé président. Cette coupe fut donnée pour prix au Tir cantonal qui eut lieu au commencement du mois suivant.

journal, mit fin à ces inventions de la politique ou de la malveillance :

« Carlton-Gardens, le 12 décembre 1839.

« Monsieur,

« Le prince Louis-Napoléon, fatigué de tous les bruits ridicules que l'on répand sur son compte, me charge de vous écrire pour les démentir. Comme le prince ne désavoue jamais aucune de ses actions, il est loin de nier qu'il ait écrit quelquefois à M. Crouy-Chanel. Mais si le gouvernement a les vraies lettres du prince entre les mains, il doit avoir la preuve évidente que le neveu de l'Empereur s'est toujours opposé de la manière la plus formelle à l'organisation d'émeutes ; enfin, qu'il hait l'intrigue au plus haut degré, parce qu'il sait qu'elle ne fait tort qu'à celui qui y a recours.

« D'ailleurs, Monsieur, dans une des lettres qui doivent être au pouvoir de la police, il y a cette phrase, qui répond à toutes les accusations : « *Je n'emploierai jamais pour réussir aucun moyen que je ne puisse avouer dans toutes les circonstances de ma vie.* » Permettez-moi, en terminant, Monsieur, de vous faire remarquer qu'il y a peu de personnes, dans la position du prince, qui puissent avouer ainsi publiquement ce qu'elles ont dit et écrit, lorsqu'on est parvenu à saisir une correspondance intime.

« Recevez, etc.

« Vicomte de PERSIGNY. »

Quel fut le dénouement de l'affaire Crouy-Chanel,

commencée avec tant de fracas et qui avait servi de prétexte à une longue procédure, à de nombreuses arrestations et aux plus actives recherches dans les départements, ainsi qu'à Paris? — Purement et simplement une ordonnance de non-lieu...

La déclaration expresse que contenait la lettre de Louis-Napoléon, en date du 17 mai, peignait bien, comme la phrase reproduite dans la lettre de M. de Persigny, le caractère et les dispositions du neveu de l'Empereur. Déjà, en plus d'une circonstance, ce prince avait manifesté son courage et la noblesse de ses sentiments. Mais que de rudes épreuves il avait presque continuellement à subir! Aussi, lorsqu'au mois d'août 1840, il exposa sa liberté, sa vie même, dans une entreprise que l'insuccès devait faire qualifier de téméraire, on put dire avec raison que les provocations ne lui avaient pas manqué.

AFFAIRE DE BOULOGNE-SUR-MER.

L'histoire a déjà enregistré le rôle infime auquel, en juillet 1840, le système de paix à tout prix avait laissé réduire la France. Un traité, concernant les affaires d'Orient, et où le nom français n'était pas même mentionné, avait été conclu entre l'Angleterre, l'Autriche, la Russie et la Prusse. Le caractère et les dispositions du Cabinet des Tuileries faisaient présumer que cet affront n'amènerait, de sa part, que de bruyantes et vaines démonstrations. Les journaux indépendants l'accusaient de n'avoir point assez de cœur pour replacer la France au rang d'où la quadruple alliance venait de l'exclure. Et, en effet, aucune résolution énergique n'avait encore été prise au commencement du mois d'août.

Les circonstances ne furent sans doute pas étrangères au projet que forma soudainement Louis-Napoléon de débarquer à Boulogne-sur-Mer et de chercher de nouveau à ramener la nation française vers ses nobles destins.

Ce débarquement eut lieu le 6. Le prince avait l'intention d'arriver à Boulogne avant le jour, d'enlever sans bruit l'infanterie qui s'y trouvait en garnison, de se porter à la haute-ville, de s'emparer du château et des cinq mille fusils qu'il renfermait, d'appeler le peuple aux armes, puis de quitter précipitamment Boulogne, afin de se présenter en toute hâte aux grandes places du Nord, où il devait rencontrer de nombreuses sympathies. Des difficultés imprévues de débarquement contrarièrent ce plan ; Louis-Napoléon ne put arriver qu'en plein jour et à une heure déjà bien avancée pour l'accomplissement de ses projets, tels qu'il les avait conçus. Néanmoins il dut penser un instant qu'il réussirait. Les soldats l'avaient accueilli aux cris de vive l'Empereur ! Mais la résistance du capitaine commandant le 42ᵉ de ligne (1), en occasionnant un accident par suite duquel un grenadier fut légèrement blessé, causa de l'irrésolution parmi

(1) Un coup de feu, qui paraissait dirigé sur ce capitaine, nommé Col-Puygellier, avait blessé un grenadier. Ce coup de feu, ainsi que Louis-Napoléon l'a déclaré lui-même devant la Cour des Pairs, avait été tiré involontairement, et sans intention d'engager un conflit. — Le capitaine fut élevé, quelques jours après, au grade de major.

les autres militaires ; et alors le prince, voyant son entreprise avortée, se rendit au pied de la colonne de la grande armée, décidé à y attendre la mort. Entraîné, mais trop tard, vers la plage, par ses amis et par des hommes du peuple, il fut pris au moment où, sa barque ayant chaviré, il s'efforçait, ainsi que quelques-uns de ses compagnons, de gagner des embarcations qui lui offraient des chances de salut. Il me répugne de rappeler que, pendant la lutte de ces infortunés contre les flots écumants, des gardes nationaux tiraient sur eux et de telle sorte, qu'il y en eut un de noyé, un de tué presque à bout portant, et trois de blessés, au nombre desquels Louis-Napoléon, qu'une balle avait frappé au bras. Mais aussi je puis ajouter, sans crainte d'être démenti, que la conduite des auteurs de cette atroce et honteuse fusillade dirigée sur des hommes dont la seule alternative était de se noyer ou de se rendre, souleva l'indignation de toutes les classes de la population boulonnaise.

Les relations officielles ont représenté Louis-Napoléon comme s'étant proposé ce but tout personnel : Rétablir le gouvernement impérial et s'en proclamer le chef. Or, ses proclamations de Boulogne, de même que celles de Strasbourg, portaient convocation immédiate d'un Congrès national.

Conduit de Boulogne à Ham, et de Ham à Paris, pour comparaître devant la Cour des Pairs, réunie à cet effet par une ordonnance royale du 9 août, le prince fut l'objet d'une sorte d'assimilation qui fut généralement désapprouvée et qui produisit sur beau-

coup d'esprits une réaction favorable au prisonnier...
On l'avait déposé, à la Conciergerie, dans la chambre
que Fieschi occupait, cinq ans auparavant, à pareille
époque!... Comme s'il existait le moindre rapport
entre le meurtrier, se cachant lâchement pour frapper
ses victimes, et l'homme intrépide, agissant au grand
jour et se présentant à ses adversaires, la poitrine
découverte!... L'ancien roi de Hollande, Louis Bonaparte, retiré à Florence, éprouva une émotion des
plus profondes, à la nouvelle de cet indigne traitement exercé à l'égard de son fils. Dans une lettre au
Courrier Français, ce vénérable et malheureux père
se montrait persuadé que des conseils insidieux et
une intrigue abominable (1) avaient entraîné Louis-
Napoléon à sa perte. Il ajoutait : « Je déclare surtout
« avec une sainte horreur que l'injure que l'on a faite
« à mon fils en l'enfermant dans la chambre d'un
« infâme assassin est une cruauté monstrueuse, anti-
« française, un outrage aussi violent qu'odieux ! »

Une singulière petitesse vint se joindre à cet acte
révoltant, et que rien ne justifiait : le gouvernement
défendit la vente d'un portrait représentant le prince
dans sa prison.

On fit une perquisition dans les bureaux du *Capitole*, feuille entachée de bonapartisme ; plusieurs personnages, entre autres, M. le colonel Vaudrey,

---

(1) A la suite du rapport de M. Launay-Leprovost, sous-préfet de Boulogne, le *Moniteur Parisien* disait que le gouvernement était instruit
d'avance des projets de Louis Bonaparte, et que des avertissements
avaient été donnés en conséquence.

Mme Salvage de Faverolles, M. le comte Bacciochi, etc., furent décrétés d'arrestation, à raison, les uns, de leur parenté avec le prévenu, les autres, de leurs anciennes relations avec lui ou avec feue la reine, sa mère, tous, par un motif des plus vagues, celui de suspicion (1). On voulut même attribuer à la Confédération helvétique une part au moins indirecte dans ce que certains critiques à courte vue appelaient l'*échauffourée de Boulogne*. Ce soupçon de complicité fut reconnu n'avoir pas le moindre fondement ; cependant un citoyen suisse, ancien rédacteur du journal l'*Helvétie*, et qui, l'année précédente, avait été attaché au prince, comme secrétaire particulier, crut devoir adresser au *Courrier Français* la réclamation suivante :

« Monsieur le Rédacteur,

« Je vois avec surprise mon nom figurer sur une liste, publiée par un journal du Pas-de-Calais et reproduite par le *Courrier*, des personnes qui accompagnaient le prince Louis-Napoléon.

« Bien loin de vouloir nier les rapports que j'ai eus avec le prince, et qui datent de son séjour en Suisse, j'avouerai que la nature de ces rapports a été

---

(1) On disait que M. Laity avait été arrêté à Boulogne, mais ce bruit était dénué de fondement. M. Laity, à qui l'Administration avait permis de sortir momentanément de la prison où il était détenu par suite de la brochure qu'il avait publiée, deux ans auparavant, sur l'affaire de Strasbourg, était alors à Lyon, pour recueillir un legs de 20,000 francs de rente qu'un ancien militaire, décédé dans le chef-lieu du département du Rhône, avait fait en sa faveur.

telle, qu'elle a pu faire supposer à quelques personnes que j'ai été acteur dans le coup de main tenté sur Boulogne.

« Il m'importe donc, pour dissiper les inquiétudes de mes amis de la Suisse à mon égard, de déclarer formellement que non-seulement je n'ai point participé à l'affaire de Boulogne, mais que je suis resté complètement étranger à tout ce qui avait l'apparence de menées politiques, comme d'ailleurs ma qualité d'étranger et mes inclinations m'en faisaient la loi. Je n'en déplore pas moins la fatalité qui a poussé à une résolution aussi désespérée le prince Louis-Napoléon, chez lequel tous ceux qui ont vécu dans son intimité ont pu reconnaître d'éminentes qualités du cœur et de l'esprit.

« Agréez, etc.

« GONZALVE PETITPIERRE. »

Toujours fidèle au malheur, M. de Châteaubriand alla voir Louis-Napoléon à la Conciergerie. Il le trouva s'occupant de son procès avec une grande liberté d'esprit. L'illustre écrivain éprouva un sentiment d'admiration en voyant le calme, la fermeté de ce jeune homme dont il avait, en quelque sorte, tracé l'avenir dans la lettre qu'il lui écrivait le 7 septembre 1832 (Voir cette lettre, *pages* 55 et 56); et la position critique de celui qui portait si bien le nom de Napoléon ne changea rien à son jugement ni à ses prévisions.

CHAPITRE XIX.

Louis-Napoléon devant la Cour des Pairs. Ses co-accusés. Son discours. Il s'attribue l'entière responsabilité de la tentative de Boulogne-sur-Mer. — Hommage à la souveraineté du peuple. — Particularités de la défense de MM. de Montholon, Parquin et de Persigny. — Plaidoirie de M. Berryer, défenseur du prince. — Témoignages de sympathie donnés au neveu de l'Empereur. — Désappointement du procureur-général et de l'auditoire. — Arrêt de la Cour des Pairs. Exclamation du principal accusé, en apprenant sa condamnation. Ses paroles au greffier en chef lui notifiant l'arrêt. — Le palais des Tuileries n'est pas satisfait. — Réflexions du *Constitutionnel*. — Louis-Napoléon est conduit au fort de Ham. Sa lettre à M. Berryer.

Malgré la diversion que faisaient le conflit d'Orient, le procès de madame Lafarge, et les nombreux rassemblements d'ouvriers qui avaient lieu sur plusieurs points de la capitale, l'attention publique se tournait principalement vers le palais du Luxembourg, où allait se dénouer le nouveau drame napoléonien.

Ce fut le 28 septembre que la Cour des Pairs (1) se réunit publiquement sous la garde de troupes assez nombreuses pour faire ressembler le palais à une citadelle assiégée. Sur cinquante-quatre prévenus, trente-trois ayant été mis hors de cause, et deux étant absents (2), dix-neuf seulement comparaissaient devant la Cour.

(1) Parmi les membres de la Cour des Pairs, figurait l'auteur du fameux ordre du jour lancé de Lyon, en 1838, contre la Suisse. M. le lieutenant-général *Aymar* s'était empressé de quitter le département du Rhône pour venir siéger dans l'affaire Bonaparte.

(2) MM. *de Querelles* et *Vourlat*.

C'étaient, outre Louis-Napoléon, MM. de Montholon, Voisin, Parquin, Bouffet de Montauban, Laborde, de Mésonan, Lombard, Conneau, de Persigny, d'Almbert, Orsi, Desjardins, Galvani, Ornano, Forestier, Bataille, Aladenise et Bure. Cent trente-quatre Pairs avaient signé l'arrêt de mise en accusation. Le parquet se composait de MM. Frank-Carré, procureur-général; Boucly, Nouguier et Glandaz. On remarquait au banc de la défense MM. Berryer, Ferdinand Barrot, Marie, Delacour, Barillon, Ducluzeau, Jules Favre, Nogent Saint-Laurens et Lignier.

Les tribunes étaient remplies de spectateurs, au nombre desquels on remarquait plusieurs ministres étrangers.

Dans ses premiers interrogatoires, Louis-Napoléon n'avait pas plus cherché à dissimuler ses projets que les faits par lesquels il les avait manifestés. Invité à déclarer s'il avouait l'intention clairement exprimée dans les proclamations, décrets et arrêtés distribués à Boulogne-sur-Mer, de renverser le gouvernement établi en France par la Charte de 1830, il avait répondu affirmativement. Interrogé de nouveau par M. le chancelier Pasquier, à l'ouverture de la première audience publique de la haute Cour, et après la lecture des documents de la procédure, le prince (1) s'exprima en ces termes :

« Avant de répondre à vos questions, j'ai à présen-
« ter à la Cour quelques observations.

(1) Il était vêtu de noir et portait la plaque de grand-officier de la Légion-d'Honneur.

« Pour la première fois de ma vie, il m'est enfin
« permis d'élever la voix en France, et de parler li-
« brement à des Français.

« Malgré les gardes qui m'entourent, malgré les
« accusations que je viens d'entendre, plein des sou-
« venirs de ma première enfance, en me trouvant
« dans ces murs du Sénat, au milieu de vous, que je
« connais, Messieurs, je ne peux pas croire que j'aie
« besoin ici de me justifier, ni que vous puissiez être
« mes juges. Une occasion solennelle m'est offerte d'ex-
« pliquer à mes concitoyens ma conduite, mes inten-
« tions, mes projets, ce que je pense, ce que je veux.

« Sans orgueil comme sans faiblesse, si je rappelle
« les droits déposés par la nation dans les mains de
« ma famille, c'est uniquement pour expliquer les de-
« voirs que ces droits nous ont imposés à tous.

« Depuis cinquante ans, le principe de la souve-
« raineté du peuple a été consacré en France par la
« plus puissante révolution qui ait jamais eu lieu dans
« le monde ; jamais la volonté nationale n'a été pro-
« clamée aussi solennellement, n'a été constatée par
« des suffrages aussi nombreux et aussi libres que
« pour l'adoption des Constitutions de l'Empire.

« La nation n'a jamais révoqué ce grand acte de sa
« souveraineté, et l'Empereur l'a dit : « Tout ce qui
« a été fait sans elle est illégitime. »

« Aussi, gardez-vous de croire que, me laissant
« aller aux mouvements d'une ambition personnelle,
« j'aie voulu tenter en France, malgré le pays, une
« restauration impériale. J'ai été formé par de plus

« hautes leçons, et j'ai vécu sous de plus nobles exem-
« ples.

« Je suis né d'un père qui descendit du trône,
« sans regret, le jour où il ne jugea plus possible de
« concilier, avec les intérêts de la France, les inté-
« rêts du peuple qu'il avait été appelé à gouverner.

« L'Empereur, mon oncle, aima mieux abdiquer
« l'Empire que d'accepter par des traités les frontières
« restreintes qui devaient exposer la France à subir
« les dédains et les menaces que l'étranger se permet
« aujourd'hui. Je n'ai pas respiré un jour dans l'ou-
« bli de tels enseignements. La proscription immé-
« ritée et cruelle qui, pendant vingt-cinq ans, a traîné
« ma vie, des marches du trône sur lesquelles je suis
« né, jusqu'à la prison d'où je sors en ce moment, a
« été impuissante à irriter comme à fatiguer mon
« cœur; elle n'a pu me rendre étranger un seul jour
« à la dignité, à la gloire, aux droits, aux intérêts de
« la France. Ma conduite, mes convictions s'expli-
« quent.

« Lorsqu'en 1830 le peuple a reconquis sa souve-
« raineté, j'avais cru que le lendemain de la conquête
« serait loyal comme la conquête elle-même, et que
« les destinées de la France étaient à jamais fixées;
« mais le pays a fait la triste expérience des dix der-
« nières années. J'ai pensé que le vote de quatre mil-
« lions de citoyens, qui avait élevé ma famille, nous
« imposait au moins le devoir de faire appel à la na-
« tion et d'interroger sa volonté; j'ai cru même que
« si, au sein du Congrès national que je voulais con-

« voquer, quelques prétentions pouvaient se faire
« entendre, j'aurais le droit d'y réveiller les souvenirs
« éclatants de l'Empire, d'y parler du frère aîné de
« l'Empereur, de cet homme vertueux, qui, avant
« moi, en est le digne héritier, et de placer en face
« de la France aujourd'hui avilie, passée sous silence
« dans le congrès des rois, la France d'alors, si forte
« au dedans, au dehors si puissante et si respectée.
« La nation eût répondu : République ou Monarchie,
« Empire ou Royauté (1). De sa libre décision dépend
« la fin de nos maux, le terme de nos dissensions.

« Quant à mon entreprise, je le répète, je n'ai point
« eu de complices. Seul j'ai tout résolu, personne n'a
« connu à l'avance ni mes projets, ni mes ressources,
« ni mes espérances. Si je suis coupable envers quel-
« qu'un, c'est envers mes amis seuls. Toutefois, qu'ils
« ne m'accusent pas d'avoir abusé légèrement de cou-
« rage et de dévouements comme les leurs. Ils com-
« prendront les motifs d'honneur et de prudence qui
« ne me permettent pas de révéler à eux-mêmes
« *combien étaient étendues et puissantes mes raisons*
« *d'espérer un succès.*

« Un dernier mot, Messieurs : je représente devant
« vous un principe, une cause, une défaite. Le prin-
« cipe, c'est la souveraineté du peuple; la cause, celle

---

(1) En 1852, la France, consultée, a répondu : *Empire!* Les avantages qui, suivant Louis-Napoléon, devaient résulter d'une expression sincère de la volonté nationale se sont-ils réalisés ou du moins se trouvent-ils en voie de réalisation? Cette question est adressée aux hommes de bonne foi, à tous ceux que n'aveuglent ni la prévention ni l'esprit de parti.

« de l'Empire ; la défaite, Waterloo. Le principe, vous
« l'avez reconnu ; la cause, vous l'avez servie ; la dé-
« faite, vous voulez la venger. Non, il n'y a pas de dés-
« accord entre vous et moi, et je ne veux pas croire
« que je puisse être dévoué à porter la peine des défec-
« tions d'autrui.

« Représentant d'une cause politique, je ne puis
« accepter comme juge de mes volontés et de mes ac-
« tes une juridiction politique. Vos formes n'abusent
« personne. Dans la lutte qui s'ouvre, il n'y a qu'un
« vainqueur et qu'un vaincu. Si vous êtes les hommes
« du vainqueur, je n'ai pas de justice à attendre
« de vous, et je ne veux pas de générosité. »

Lorsque la vive et longue agitation produite par son discours se fut calmée, Louis-Napoléon répondit à M. le Chancelier qu'il persistait dans ses premières déclarations, et que, du reste, il avait cru agir pour le bien de la nation. « Invoquer et faire prévaloir le
« principe de la souveraineté du peuple, m'avait paru
« et me paraît encore, ajouta-t-il, un des premiers
« devoirs. » Il continua d'assumer sur sa tête l'entière responsabilité de son entreprise, et de prétendre que ses amis l'avaient accompagné sur le paquebot *City of Edinburg*, dans la persuasion qu'il s'agissait d'une simple promenade en mer. Si tous avaient débarqué avec lui à Boulogne, c'était, disait-il, parce que ses projets ne leur avaient été connus qu'au moment où l'honneur et leur affection pour sa personne ne leur permettaient plus de l'abandonner. Les autres accusés, à l'exception de MM. Bataille et Alade-

nise (1), affirmèrent, dans leur défense comme dans leurs interrogatoires, qu'en effet ils avaient ignoré les desseins du prince. M. le comte de Montholon, en particulier, prouva, par des lettres, qu'il croyait aller à Ostende. Ce fut seulement en mer qu'on lui apprit ce dont il était question : il aurait cru commettre une lâcheté, s'il n'avait pas suivi ses camarades. Plusieurs traits de la vie militaire du commandant Parquin furent, en cette circonstance, mis au grand jour. Dans la campagne de Portugal, il avait sauvé la vie du duc de Raguse, et, dans une autre expédition, celle du maréchal duc de Reggio, un des pairs présents. Le maréchal reconnut hautement l'exactitude de cet honorable souvenir. M. le Chancelier se hâta d'interrompre un discours dans lequel M. de Persigny, malgré le danger de sa position, glorifiait le régime napoléonien, en dépeignant la situation où le pouvoir existant avait placé la France. Le Système, et la Pairie qui en était le reflet, venaient déjà de courber la tête sous de grandes et brûlantes vérités sorties de la bouche de M. Berryer. L'éloquent défenseur du prince, répondant au réquisitoire de M. Frank-Carré, avait prononcé, entre autres paroles remarquables, celles qui suivent :

« Quand j'ai entendu M. le procureur-général
« s'écrier, au sujet de l'affaire de Boulogne : « Voilà
« des crimes déplorables ! » de douloureuses réflexions

(1) Lieutenant au 42e de ligne caserné à Boulogne-sur-Mer, M. *Aladenise* s'était empressé d'accueillir les projets de Louis-Napoléon et n'avait rien négligé pour les faire réussir.

« se sont élevées dans mon cœur. Le malheur d'un
« pays où, dans un si petit nombre d'années, tant
« de révolutions successives, violentes, renversant
« tour à tour les droits proclamés, établis, jurés, ont
« laissé de si profondes, de si effrayantes incertitudes
« dans les esprits et dans les cœurs, ce malheur est
« grand, Messieurs !

« Eh quoi ! nous avons été soumis à la République,
« à l'Empire, à la Restauration, à la Royauté de Juillet !
« Ces grands changements, ces variations de gou-
« vernements si rapidement pressés les uns sur
« les autres, comment n'auraient-ils pas agi au
« grand détriment de l'énergie des consciences,
« de la dignité de l'homme, et je dirai même de la
« majesté des lois ? Pardonnez-moi cette réflexion :
« chez un tel peuple, de tels événements qui se sont
« succédé ont dû laisser dans les esprits des doutes
« graves et profonds. Quand on vient qualifier de
« *crime* ce que, dans d'autres temps, on aurait pro-
« clamé comme un *devoir*, il est bien permis de s'alar-
« mer sur l'avenir des institutions du pays.....

« Tant que la maison de Bourbon a régné sur la
« France, il y avait un ordre de succession au trône,
« régulièrement établi ; mais depuis qu'en 1830 la
« Chambre des Députés a changé la dynastie, les
« principes ont été renversés. Le prince Louis a cru
« qu'il lui était loisible de faire valoir devant la France
« les droits que tenait son oncle des Constitutions de
« l'Empire, droits qui avaient été consacrés par le
« vote de 4 millions de Français.

« En 1836, on a appliqué au prince la maxime que
« pour un prince qui a régné, il ne peut pas y avoir
« de jugement; pourquoi donc le traduire aujour-
« d'hui? pourquoi l'avoir mis hors du droit com-
« mun? pourquoi l'avoir fait sortir de la Suisse où il
« était venu recevoir les derniers embrassements
« d'une mère mourante?

« On a été rouvrir la tombe du héros de l'Empire,
« on a été à Sainte-Hélène recueillir ses cendres, on a
« ressuscité le souvenir de Napoléon, et l'on s'étonne
« que des hommes qui ont servi dans les armées
« de l'Empire, des jeunes gens, fascinés par cette
« gloire immense, aient partagé les illusions du
« jeune prince qui est en ce moment sur les bancs
« de la Cour des Pairs! Ce nom, ce nom qu'on fait
« retentir, le jeune prince a dit : c'est à moi à le faire
« retentir sur les frontières. Ce deuil qui se prépare,
« c'est à moi de le conduire, car je suis le neveu,
« l'héritier de l'Empereur ; j'irai sur sa tombe dépo-
« ser ses armes, et je dirai à la France : Voulez-vous
« de moi ?...

« S'il y a eu crime en cela, c'est vous, hommes du
« gouvernement, qui l'avez inspiré. Vous ne voudrez
« donc pas le même jour attacher le nom de Napo-
« léon sur un tombeau de gloire et sur un échafaud.
« Vous ne voudrez pas associer le nom de Napoléon
« à une peine infamante. Cela n'est pas possible,
« vous ne le ferez pas !....... »

Ces considérations et d'autres encore, développées
avec la plus haute éloquence, avaient fait sensation

parmi messieurs les Pairs. M. Berryer, continuant, avait ajouté :

« On veut que vous prononciez une peine contre
« le nom de Napoléon....; qui êtes-vous donc, en re-
« montant au principe de vos existences, comtes,
« ducs, barons, maréchaux?... »

A ces paroles, l'émotion avait redoublé, et un monde de souvenirs imposants s'était présenté à l'esprit de chacun des membres de l'illustre aréopage. Alors, le puissant orateur, donnant l'essor à toute sa pensée, s'était écrié :

« Non, non, Messieurs les Pairs, vous ne pouvez
« juger Louis-Napoléon; je ne vois pas ici des juges
« et des justiciables; vous ne pouvez pas être des
« juges impartiaux! »

Puis, frappant plus haut encore, M. Berryer avait terminé en disant :

« Sachez-le bien, Messieurs, il y a une logique
« inévitable et terrible dans l'instinct des peuples; et
« quiconque, dans sa vie, a brisé une loi morale, doit
« s'attendre à ce qu'on les brise toutes sur lui-même. »

A mesure que se développaient les phases de ce grand débat, la sympathie publique en faveur du neveu de l'Empereur se manifestait d'une manière bien sensible. A l'une des dernières audiences, les gardes nationaux faisant la haie sur le passage des accusés, présentèrent les armes au prince; l'officier qui les commandait le salua avec son sabre. Louis-Napoléon répondit gracieusement au salut militaire, et donna une poignée de main à l'officier.

La dernière audience, celle du 2 octobre, montra encore dans tout son jour le caractère du client dont M. Berryer, quoique ne partageant pas ses opinions politiques, avait bien voulu accepter la défense. M. le procureur-général ayant répliqué aux avocats des accusés, mais particulièrement à M. Berryer, Louis-Napoléon se leva, et dit avec énergie : « M. le procureur-
« général vient de prononcer un discours très-élo-
« quent, mais il était inutile. En priant M. Berryer
« de vouloir bien exprimer mes intentions dénaturées
« et mes droits, je voulais faire par-là mon devoir
« envers ma naissance et ma famille. M. Berryer a
« admirablement bien rempli mon attente. Maintenant
« qu'il s'agit de mon sort, je ne veux pas me mettre à
« l'abri derrière une exception. Je veux partager le
« sort de ceux qui ne m'ont pas abandonné au jour
« du danger. Je prie M. Berryer de ne pas continuer
« ma défense. » L'honorable défenseur, au grand désappointement de l'auditoire, et de M. Frank-Carré lui-même, déclara, dans les termes les plus flatteurs pour Louis-Napoléon, qu'il lui obéirait, trop heureux de s'associer au noble sentiment que le prince venait d'exprimer. « Ce sentiment, dit-il, rend plus précieux
« pour moi l'honneur que le prince m'a fait de me
« choisir pour avocat, et je m'applaudis d'avoir mis
« pour sa défense tout le zèle et toute la force de mes
« convictions. »

Après de longues délibérations, la Cour des Pairs condamna Louis-Napoléon à l'*emprisonnement perpétuel* dans une forteresse située sur le territoire continental du royaume (1), et treize de ses co-accusés à une détention plus ou moins longue ; un seul, M. Aladenise, fut condamné à la déportation ; quatre, MM. Desjardins, Galvani, d'Almbert et Bure, furent acquittés.

Le prince reçut, le 6, de M. Cauchy, notification de l'arrêt. Le secrétaire-archiviste éprouvait une telle émotion, que la parole lui manqua plus d'une fois en remplissant sa mission officielle. Quand il arriva à la disposition qui prononçait l'*emprisonnement perpétuel*, le prince, voyant son trouble, lui adressa cette parole rassurante (et qui se vérifia six ans après) : « Monsieur le greffier en chef, on disait autrefois que « le mot *impossible* n'était pas français; aujourd'hui, « on peut en dire autant du mot *perpétuel*. »

Les débats du procès, et l'arrêt lui-même, suivant les informations parvenues au journal le *Capitole*, avaient produit au château une très-pénible impression. M. le Chancelier aurait eu à subir de dures apostrophes sur la coupable tolérance qu'on l'accusait d'avoir montrée à l'égard de M. Berryer, en lui permettant d'intervertir les rôles, et de mettre en question la légitimité de l'ordre de choses. On avait, du reste, très-mal pris les formes courtoises que la Pairie avait montrées envers le prince, et le profond sentiment de sa position exceptionnelle, empreint jusque dans l'arrêt qui le condamnait. Les sympathies napoléoniennes, ouvertement et chaleureusement

(1) On rapporte que le prince, en apprenant sa sentence, s'écria : « Du moins, j'aurai le bonheur de mourir en France ! »

manifestées dans les comités secrets de la Cour par les plus illustres vétérans de l'Empire, paraissaient avoir piqué au vif de hautes susceptibilités.

Le *Constitutionnel* faisait les remarques suivantes sur la peine dont la Cour des Pairs avait frappé le prince Louis-Napoléon : « L'emprisonnement, d'après l'article 9 du Code pénal, est une peine correctionnelle dont la durée est déterminée, par l'article 49 du même Code, de six jours à cinq ans, et qui n'emporte avec elle aucun caractère infamant. La Cour des Pairs, en étendant à perpétuité la durée de l'emprisonnement infligé au prince Louis-Napoléon, a usé du droit que lui donnent ses précédents, de créer une peine, pour ainsi dire nouvelle ; mais elle n'a pas ôté à l'emprisonnement son caractère originel, qui éloigne de ceux qui le subissent toute tache d'infamie, toute incapacité légale... »

L'arrêt ne tarda pas à recevoir son exécution. Le prince, accompagné de M. Lardenois, ancien lieutenant-colonel de la garde municipale, et d'un gardien, fut conduit, en chaise de poste, au château de Ham, forteresse qui lui était assignée pour prison. Parti du Luxembourg le 6 octobre, à minuit, il arriva le 7, vers midi, à sa destination, où vinrent bientôt le rejoindre M. le général Montholon et M. le docteur Conneau, auxquels fut accordée l'autorisation de subir aussi leur peine à Ham. La garnison de ce fort, suivant le *Guetteur de Saint-Quentin*, était alors de 400 hommes. On transféra plusieurs des autres condamnés dans la citadelle de Doullens.

Voici une lettre que Louis-Napoléon, avant son départ de la capitale, s'était empressé d'écrire à M. Berryer.

« Paris, 5 octobre 1840.

« Mon cher Monsieur,

« Je ne veux pas quitter ma prison de Paris sans vous renouveler mes remercîments pour les nobles services que vous m'avez rendus pendant mon procès. Dès que j'ai su que je serais traduit devant la Cour des Pairs, j'ai eu l'idée de vous demander de me défendre, parce que je savais que l'indépendance de votre caractère vous mettait au-dessus des petites susceptibilités de parti, et que votre cœur était ouvert à toutes les infortunes, comme votre esprit était apte à comprendre toutes les grandes pensées, tous les nobles sentiments. Je vous ai donc pris par estime.

« J'ignore ce que le ciel me réserve, j'ignore si jamais je serai dans le cas de vous prouver ma reconnaissance; j'ignore si jamais vous voudrez en accepter les preuves ; mais, quelles que soient nos positions réciproques, en dehors de la politique et de ses désolantes obligations, nous pouvons toujours avoir de l'estime et de l'amitié l'un pour l'autre ; et je vous avoue que, si mon procès ne devait avoir eu d'autres résultats que de m'attirer votre amitié, je croirais encore avoir immensément gagné, et je ne me plaindrais pas du sort.

« Adieu, mon cher monsieur Berryer, recevez l'assurance de mes sentiments d'estime et de reconnaissance.

« LOUIS-NAPOLÉON. »

Expression des sentiments les plus élevés, gage de profonde gratitude et d'un souvenir durable, cette lettre honore l'avocat et le client.

CHAPITRE XX.

Cinquième tentative d'assassinat sur la personne de Louis-Philippe. L'assassin était-il un instrument du parti bonapartiste ? — Voyage du comte de Chambord en Suisse. Le roi des Français change de politique à l'égard de la Confédération. Sa lettre au Directoire fédéral. — Rigueurs exercées, à Ham, envers Louis-Napoléon ; leur influence sur sa santé. — Sentiments du prince à l'approche du jour fixé pour la translation des dépouilles mortelles de son oncle à l'Hôtel des Invalides. Sa résignation. Ses nombreux travaux littéraires. Il réfute une calomnie reproduite par le *Journal du Peuple* et par le *Morning-Post*. Sa lettre à M. L*** au sujet de bruits d'amnistie. — Arrivée d'une estafette à Ham. — Encore un complot bonapartiste imaginaire. — Les Jésuites à Lucerne. — Les corps-francs. Arrêté de la Diète relatif à ces bandes armées. Immixtion des Cabinets étrangers et notamment du gouvernement français dans cette affaire. Réponse de M. le président de la Diète à une dépêche de M. Guizot. — De quel côté se range l'opinion publique.

Le 15 octobre, juste huit jours après l'arrivée du prince à Ham, une nouvelle tentative d'assassinat (la cinquième) eut lieu contre la vie de Louis-Philippe. Un coup de carabine fut tiré sur la voiture de S. M., qui retournait à Saint-Cloud. Ni le roi ni aucun membre de sa famille ne furent atteints (1). L'assassin se nommait *Darmès* (Marius-Ennemond). Certaines gens inclinaient à voir, ou cherchaient à faire voir, dans cet odieux attentat, une conséquence du procès de Boulogne, un acte de vengeance de quelque partisan des Bonaparte ; mais la perquisition opérée au domi-

(1) Un garde national à cheval et un valet de pied furent légèrement blessés.

cile de l'inculpé fit découvrir, à côté de nombreuses copies de pamphlets anarchiques, celle d'un discours destiné à réfuter les proclamations de Louis-Napoléon. Toute suspicion dirigée, en cette circonstance, sur le parti bonapartiste, tombait devant les témoignages écrits de l'aversion de Darmès pour les idées napoléoniennes. D'ailleurs, il ne cessa de déclarer qu'il n'avait pas de complices.

Vers cette époque, le comte de Chambord se trouvait en Suisse. On lui attribuait l'intention d'acheter les châteaux d'Arenenberg et de Gottlieben, qui alors étaient en vente. Le froid accueil que lui avaient fait plusieurs cantons, et notamment celui de Thurgovie, l'auraient détourné de ce projet. Il était parti de Rorschach (canton de Saint-Gall), en bateau à vapeur, pour retourner à Constance. Cette excursion du prétendant légitimiste sur le territoire helvétique n'avait donné lieu à aucune note de la part du Cabinet des Tuileries, n'avait pas élevé le plus petit nuage entre les deux gouvernements. Dans la position que les événements d'Orient et le système de *paix partout et toujours*, faisaient à la France, le roi Louis-Philippe se montrait facile, obséquieux même à l'égard des *turbulents voisins* contre lesquels, en 1838, par peur d'un autre prétendant, il avait envoyé une armée. On peut en juger d'après les termes de sa réponse à la lettre de félicitations que le Directoire fédéral lui avait adressée à l'occasion de l'attentat de Darmès :

« *Louis-Philippe, roi des Français, à nos très-chers, grands amis, alliés et confédérés, les Prési-*

dent et Députés composant la Diète générale de la Confédération helvétique, salut !

« Très-chers, grands amis, alliés et confédérés, nous avons été vivement touché de la lettre que vous nous avez écrite, avec tant d'empressement, à l'occasion du péril récent que nous avons couru avec notre bien-aimée épouse et compagne, et notre très-chère sœur. Le but constant de nos efforts est, vous le savez, d'assurer à la France et à l'Europe l'ordre et la paix, seules garanties de la prospérité des peuples et de la stabilité des gouvernements ; nous sommes heureux de voir que, fidèles à cette vieille affection qui, dans tous les temps, a signalé les cantons de l'Helvétie pour la France et ses rois, vous nous rendez la justice d'être persuadés que le renouvellement des odieuses tentatives auxquelles nous sommes en butte ne nous arrêtera pas dans l'accomplissement de la grande tâche à laquelle notre vie entière est consacrée.

« Cette confiance et les sentiments dévoués dont vous nous avez donné tant de témoignages, sont pour nous une source de douces consolations. Soyez certains qu'en retour nous ne cesserons de travailler à multiplier les bons rapports qui nous unissent, et à saisir les occasions de vous prouver l'entière bienveillance et l'inviolable et particulière affection dont nous sommes animé pour vous.

« Sur ce, nous prions Dieu qu'il vous ait, très-chers, grands amis, alliés et confédérés, en sa sainte et digne garde.

« Écrit en notre palais des Tuileries, le 29ᵉ jour du mois d'octobre de l'an de grâce 1840.

« Votre bon ami, allié et confédéré,

« LOUIS-PHILIPPE. »

Tandis que l'héritier des Bourbons de la branche aînée allait et venait librement dans le voisinage de la France, sans que la nouvelle dynastie parût en éprouver la moindre inquiétude, le neveu de Napoléon, traité plus rigoureusement que ne le comportait l'arrêt de la Cour des Pairs, était détenu dans une chambre de quelques mètres carrés, au lieu d'avoir, conformément à la lettre et à l'esprit du dit arrêt, la forteresse tout entière pour prison. Aussi la privation absolue d'exercice, succédant pour lui aux habitudes les plus actives, avait-elle assez gravement altéré sa santé. « Par cela seul que l'on a prononcé contre lui une peine arbitraire, celle de l'emprisonnement *perpétuel*, que nos lois ne reconnaissent pas, on a certainement voulu, disait le *Capitole* du 5 novembre, que cette détention fût assez tolérable pour pouvoir être supportée pendant tout le cours d'une vie humaine sans en abréger la durée. Nous nous bornons pour aujourd'hui à appeler l'attention de M. Duchâtel (1) sur une situation qui fait peser sur lui une grave responsabilité... »

Le prince souffrait, en outre, les continuelles et poignantes étreintes d'une pensée qui sera comprise de tous les cœurs. L'arrivée des dépouilles mortelles

(1) M. Duchâtel était alors ministre de l'Intérieur.

de Napoléon dans la capitale était proche ; on préparait une cérémonie magnifique pour leur translation à l'Hôtel des Invalides : ces grandes funérailles devaient avoir lieu en présence d'une foule innombrable de citoyens et d'étrangers, heureux d'être témoins d'honneurs rendus à si juste titre... Et son neveu avait la douleur de songer que ni lui ni aucun autre membre de sa famille n'assisteraient à cet immense convoi, ne prendraient part à cette manifestation de la reconnaissance publique, à cette apothéose dont l'histoire n'offrait point d'exemple ! Peut-être eût-il succombé à ses souffrances physiques, qu'aggravaient des regrets, hélas ! trop motivés, s'il n'avait été soutenu et consolé par l'idée que, du moins, il habitait la France ; qu'en échangeant les ennuis d'un exil *perpétuel* contre les rigueurs d'une captivité non moins longue, il laissait une preuve éclatante, un souvenir impérissable de ses sentiments et de son amour pour le pays.

Le tableau de la cérémonie du 15 décembre, cérémonie qui avait été digne de Napoléon, exerça une salutaire influence sur la santé du prince. Cette solennelle consécration de la gloire civile et militaire de son oncle, du héros dont il interprétait si sagement la politique, et expliquait si bien les actes (1), fortifia dans son âme l'énergie de la résignation. Au surplus, je dois dire, pour être exact, que des adoucissements ne tardèrent pas à être apportés aux mesures intolérables dont il avait été d'abord l'objet.

(1) Voir son ouvrage intitulé : *Des idées napoléoniennes.*

Toujours inspiré, quelle que fût sa situation, par le désir d'être utile, Louis-Napoléon employa la majeure partie de son temps à des travaux littéraires d'un haut intérêt politique, industriel et social. Ainsi furent publiés : en 1841, les *Fragments historiques*, dont le sujet est le développement des analogies et des différences que présentent entre elles les révolutions de France et d'Angleterre de 1830 et de 1688 ; — en 1842, l'*Analyse de la question des sucres*, travail cité par tous les hommes spéciaux comme étant la meilleure des dissertations auxquelles cette question ait donné lieu ; — en 1843, un *Projet de loi sur le recrutement de l'armée ;* — en 1844, une *Réponse à M. de Lamartine ;* puis, enfin, l'*Extinction du paupérisme*. Cette brochure, résultat des vives sympathies de Louis-Napoléon pour les souffrances de la classe laborieuse, valut à son auteur une lettre de remercîments qui lui fut adressée de Paris, au nom des ouvriers, par un grand nombre d'entre eux. Il écrivit aussi, dans plusieurs journaux, des articles portant un cachet remarquable (1). Des *Mélanges* composés de lettres sur différents sujets, de traductions d'auteurs allemands, italiens, etc., sont également sortis de sa plume. Il travaillait, en dernier lieu, à un grand ouvrage ayant pour titre : *Le Passé et l'Avenir de l'Artillerie*, qui ne devait pas former moins de trois volumes in-4°.

Quoique prisonnier, il eut encore à soutenir d'in-

(1) Le *Progrès du Pas-de-Calais*, le *Journal du Loiret*, la *Revue de l'Empire*, etc., s'applaudissaient de l'avoir pour collaborateur.

justes attaques dirigées de plusieurs côtés contre sa personne.

Le rédacteur du *Journal du Peuple*, que, sans doute, un renseignement inexact avait fourvoyé, dut insérer dans ses colonnes la réclamation suivante :

« Monsieur,

« J'ai appris que votre journal du 16 novembre contenait ces lignes : « Il y a maintenant dans ce « même château de Ham un homme qui, après avoir « échappé au châtiment de son premier attentat par « la promesse de ne plus rien entreprendre contre le « gouvernement de Louis-Philippe, a violé son ser- « ment, et a dirigé une seconde tentative à main « armée contre la dynastie. »

« Malgré mon désir d'éviter toute polémique, je dois réfuter une assertion si contraire à la vérité, si blessante pour mon honneur. *Je n'ai jamais pris aucun engagement quelconque envers le gouvernement.* Il y a cinq ans, j'ai été mis en liberté contre mon gré et sans conditions. Dans mon procès à la Cour des Pairs, le procureur-général a été obligé de le reconnaître. Jamais je n'ai manqué à ma parole, je n'y manquerai jamais.

« Comme cette accusation n'est que la reproduction des calomnies dirigées contre moi, après l'affaire de Strasbourg, par la presse ministérielle, j'espère que vous voudrez bien rectifier cette erreur, Monsieur, que je me plais à croire involontaire de votre part.

« Agréez, etc.

« Louis-Napoléon Bonaparte. »

Dans une lettre adressée, le 26 juillet 1842, au *Morning-Post*, le prisonnier de Ham repoussait avec force la même accusation, que cette feuille avait reproduite d'après l'ouvrage de Mlle Louise Costello. Il rappelait sa réclamation au *Journal du Peuple*, et terminait par ces mots justement sévères : « Je pense « que l'auteur du *Pèlerinage en Picardie et en Au-* « *vergne* se repentira d'avoir aggravé ma captivité en « m'attaquant par la calomnie. »

La lettre suivante, que le prince adressait neuf mois après, à un de ses amis, confirmait encore l'*absence de tout engagement* de sa part, lors de sa transportation en Amérique. Elle exprimait aussi ce noble sentiment (l'amour de la patrie) qui dominait en lui :

« Fort de Ham, le 18 avril 1843.

« Monsieur,

« Vous me dites qu'on parle beaucoup à Paris d'une amnistie, et vous me demandez l'impression que produit sur moi cette nouvelle. Je réponds franchement à votre question.

« Si demain on ouvrait les portes de ma prison, en me disant : « Vous êtes libre ; venez avec nous « vous asseoir comme citoyen au foyer national ; la « France ne répudie plus aucun de ses enfants », ah ! certes, alors, un vif mouvement de joie saisirait mon âme. Mais si, au contraire, on venait m'offrir de changer ma position actuelle pour l'exil, je refuserais une telle proposition ; car ce serait à mes yeux une aggravation de peine. Je préfère être captif sur le sol français que libre à l'étranger.

« Je connais, d'ailleurs, ce que vaut une amnistie de la part du pouvoir actuel. Il y a sept ans, après l'affaire de Strasbourg, on vint, une nuit, m'arracher à la justice du pays, et sans écouter mes protestations, sans même me donner le temps de prendre les vêtements les plus nécessaires, on m'entraîna à deux mille lieues de l'Europe. Après avoir été retenu prisonnier jusque dans la rade de Rio-Janeiro, on me conduisit, enfin, aux États-Unis. Ayant appris à New-York la nouvelle de la grave maladie de ma mère, je revins en Angleterre. En arrivant, quelle fut ma surprise de voir que toutes les portes du continent m'étaient fermées par les soins du gouvernement français, et quelle fut mon indignation en apprenant que, pour m'empêcher d'aller fermer les yeux de ma mère mourante, on avait répandu, pendant mon absence, cette calomnie (tant de fois reproduite et démentie), que j'avais promis de ne plus revenir en Europe !

« Trompant la police des États allemands, je parvins en Suisse, et assistai au spectacle le plus déchirant pour le cœur d'un fils. A peine le corps de ma mère reposait-il dans le cercueil, que le gouvernement français voulut me faire renvoyer du sol hospitalier où j'étais devenu propriétaire et citoyen. Le peuple suisse soutint mes droits, et me garda. Mais, voulant éviter des complications sans nombre, et même une collision, je quittai volontairement, mais non sans de vifs regrets, les lieux où ma mère avait, depuis vingt ans, transporté ses pénates français, où j'avais grandi, où enfin je comptais assez d'amis pour pouvoir croire, parfois, que j'étais dans mon pays. — Voilà quels furent, à mon égard, les effets de l'amnistie violente du gouvernement. Croyez-vous que je puisse en désirer une seconde?

« Banni depuis vingt-cinq ans, deux fois trahi par le sort, je connais, de cette vie, toutes les vicissitudes et toutes les douleurs; et, revenu des illusions de la jeunesse, je trouve, dans l'air natal que je respire, dans l'étude, dans le repos de ma prison, un charme que je n'ai pas ressenti lorsque je partageais les plaisirs des peuples étrangers, et que, vaincu, je buvais à la même coupe que le vainqueur de Waterloo.—En un mot, je répéterais, si l'occasion s'en présentait, ce que j'ai dit à la Cour des Pairs : « Je ne veux pas de générosité, car je sais ce qu'il en coûte! »

« Recevez, etc.

« LOUIS-NAPOLÉON BONAPARTE. »

Les bruits qui avaient donné lieu à cette correspondance étaient sans fondement; et, du reste, le roi Louis-Philippe était loin de se montrer favorablement disposé envers le prisonnier de Ham. Dans la nuit du 26 au 27 septembre, une estafette arriva au château pour appeler l'attention du commandant supérieur sur les marques de sympathie que le neveu de l'Empereur recevait de la garnison. Il fut défendu aux soldats, sous peine de cinq jours de salle de police, de lui présenter les armes lorsqu'il paraissait sur le bastion, et aux officiers de le saluer.

Ajouterai-je que des militaires qui avaient fait partie de la garnison, ayant apporté à Bapaume (Pas-de-Calais) quelques exemplaires de la brochure ayant pour titre : *Des idées napoléoniennes*, il fut question, dans cette ville, d'un complot bonapartiste, et qu'une enquête fut ouverte à cette occasion ?...

De cet incident non suivi de résultats, mais qui pourtant fit fouiller des casernes, et particulièrement les sacs du 71e de ligne, passons à un des faits les plus graves de l'année 1844, l'*introduction des Jésuites à Lucerne*. Cette faute du parti réactionnaire excita une grande agitation ; des bandes armées, composées d'individus appartenant, la plupart, aux cantons de Berne, d'Argovie, de Bâle-Campagne et de Soleure, envahirent le territoire lucernois. Vaincues en 1844, elles ne furent pas plus heureuses en 1845. Aucun gouvernement n'avait autorisé de pareilles tentatives ; aussi la Diète fut-elle unanime pour prendre contre ces bandes, connues sous la dénomination de *corps-francs*, un arrêté prescrivant des mesures propres à prévenir ou à réprimer un tel désordre. Malgré cela, les grandes puissances crurent devoir s'immiscer dans cette affaire d'intérieur. Parmi les notes (et il y en avait même une de la Sardaigne), celle venue de Paris et communiquée au Directoire par M. le comte de Pontois, alors ambassadeur de France près la Confédération, n'était pas la moins attentatoire à la dignité d'États indépendants. Le roi Louis-Philippe, ayant pour organe

M. Guizot, usait cette fois d'un ton *magistral* envers ses *très-chers, grands amis, alliés et confédérés*(1). Voici la réponse qui lui fut faite. Elle était adressée à M. de Tschann, chargé d'affaires de la Confédération suisse à Paris :

« Zurich, le 17 mars 1845.

« Monsieur,

« Dans une audience particulière, demandée par M. le comte de Pontois, ambassadeur de S. M. le roi des Français, Son Excellence m'a donné lecture et m'a laissé copie d'une dépêche datée du 3 mars, qu'elle venait de recevoir de M. Guizot, ministre des affaires étrangères.

« En s'acquittant de cette mission, M. l'ambassadeur a déclaré qu'il n'était point dans les intentions du gouvernement de S. M. de s'ingérer dans les affaires intérieures de la Confédération, et que la démarche actuelle était dictée uniquement par l'ancienne amitié de la France pour la Suisse, et par un intérêt sincère pour son indépendance et son bonheur. J'ai remercié M. le comte de Pontois de cette déclaration, en ajoutant que c'était dans ce sens que je comprenais la communication de S. Exc. Toutefois, Monsieur, je dois, dans ma position comme président de la Diète, vous transmettre quelques observations sur lesquelles j'appelle toute votre attention.

« Lorsque la dépêche de M. le ministre des affaires

(1) Voir, page 320, sa lettre du 29 octobre 1840.

étrangères a été écrite, les instructions des États sur la question des *corps-francs*, objet dont elle traite spécialement, ainsi que la probabilité d'une solution conforme aux intérêts de la Suisse, pouvaient être connues à M. l'ambassadeur. La communication de cette dépêche au moment même où la Diète allait s'occuper des mesures relatives aux corps-francs, devait dès-lors réveiller les susceptibilités nationales, et ce résultat était d'autant plus naturel, que quelques-unes des expressions dont S. Exc. M. Guizot s'est servi semblent être plutôt celles d'une injonction que d'un simple conseil bienveillant. Je ne relèverai point cependant les passages qui ont pu donner lieu à une pareille interprétation, puisque j'admets comme certain, ainsi que M. l'ambassadeur me l'a déclaré, qu'il n'est jamais entré dans la pensée de M. le ministre des affaires étrangères de froisser les sentiments d'indépendance nationale, sentiments que la France possède à un degré éminent, et qu'elle respecte chez les autres peuples.

« Si les troubles qui ont affligé la Suisse dans ces derniers temps ont attiré l'attention de l'Europe, il est juste d'observer qu'ils n'ont pas porté la plus légère atteinte aux rapports internationaux. La Confédération, j'en suis convaincu, évitera avec soin tout ce qui pourrait compromettre ces rapports; mais elle estime aussi que son droit, comme État indépendant, de régler ses affaires intérieures, ne saurait être sujet au moindre doute.

« Vous êtes autorisé à donner lecture de cette dépêche à M. le ministre des affaires étrangères, et à lui en laisser copie.

« Agréez, Monsieur, l'assurance de ma haute considération.

« *Le Président de la Diète*,

« H. MOUSSON. »

Ce langage, plein de convenance et de modération, ne manquait pas d'énergie; on y reconnaissait les traditions de 1838. L'opinion publique, il est vrai, se prononçait fortement contre l'appel fait aux disciples d'Ignace. Une révolution, dont cet appel était la cause, venait d'avoir lieu dans le canton de Vaud, qu'avait mécontenté la politique peu accentuée suivie à cet égard par ses Conseils. En considérant les menées, les conférences mystérieuses, les allures suspectes de certains cantons, presque continuellement en opposition avec la majorité libérale, on jugeait les *corps-francs* au moins dignes d'excuse. Le parti ultramontain dût-il trouver des soutiens au dehors, les protestants et les catholiques éclairés se montraient résolus à ne point reculer devant lui. Ce fut sous l'inspiration de ces sentiments que Berne, au mois d'avril suivant, fit aussi sa révolution.

CHAPITRE XXI.

Le *Sonderbund* entre officiellement en scène. Liste des États dont il est composé. Effet produit par la mise au jour de leur traité d'alliance. — Maladie de l'ancien roi de Hollande. Demande adressée par son fils au roi Louis-Philippe. Lettre à M. Odilon Barrot. Espérance déçue. Évasion de Ham. Détails donnés par Louis-Napoléon lui-même sur cet événement. — La fuite du prince fut-elle favorisée par le gouvernement français ? — Procès de Péronne : deux condamnations. — Renvoi de livres au dépôt de la guerre. — Le 7 octobre 1846 à Genève. Il faut en prendre son parti. M. le comte de Bois-le-Comte. — La note et les *Pièces mécaniques* de 1847. Où la sympathie pour le *Sonderbund* va-t-elle se . . . . . . ? — Résolution de la Diète fédérale. — Aux armes des deux côtés ! — Défaite du *Sonderbund*. Impuissance de la diplomatie étrangère. Un nouvel avenir s'ouvre pour la Suisse. — Louis-Napoléon à Londres. Il n'oublie pas ses amis encore détenus. — Son retour à Paris en février 1848. Nouveaux obstacles. — Justice du peuple. — Conclusion.

Au milieu de l'agitation excitée par l'établissement des Jésuites dans un des trois cantons appelés alternativement à diriger les affaires fédérales, le *Sonderbund* (Ligue séparée) osa lever le masque et arborer son drapeau. *Lucerne*, *Uri*, *Schwytz*, *Unterwald*, *Zug*, *Fribourg* et le *Valais*, États catholiques, alors presque entièrement fermés à toute espèce de progrès, composaient cette nouvelle alliance. Soleure et le Tessin, quoique catholiques aussi, n'en faisaient point partie. Ce fut au mois de mai 1846 que, pour la première fois, le traité de la Ligue des sept cantons parut ostensiblement et au grand jour. « Dès que l'on

« connut ce pacte particulier à côté du Pacte, cette
« prétention hautement affichée de faire une confédé-
« ration dans la Confédération, il n'y eut, dit
« M. Gaullieur (1), qu'un cri d'indignation et de dé-
« tresse dans toute la Suisse radicale... » Il aurait
pu ajouter : « et libérale ». En effet, l'union n'avait
pas encore subi, depuis les querelles religieuses de
1655, une épreuve aussi périlleuse ni aussi alarmante.
Mais, grâce à Dieu, la majorité avait pour elle la force
et le bon droit (2).

Le même mois (mai 1846) fut signalé par un événement extraordinaire, imprévu, et qui, tout-à-coup,
mit un terme aux rapports plus ou moins fâcheux de
Louis-Napoléon avec le roi Louis-Philippe.

Plus de cinq ans s'étaient écoulés depuis que le
prince était détenu, quand il fut informé que son
père, Louis Bonaparte, était dangereusement malade
et manifestait le désir de le revoir avant de mourir.
Ces tristes nouvelles le portèrent à solliciter de Louis-
Philippe quelques jours de liberté, en s'engageant sur
l'honneur à rentrer dans les murs de Ham aussitôt
qu'il aurait fermé les yeux de l'ancien roi de Hollande (3). Sa demande fut rejetée, ou plutôt, on lui

(1) Page 52 de son ouvrage intitulé : *La Suisse en* 1847.
(2) Les cantons, suivant l'article 6 du Pacte, ne pouvaient former entr'eux de liaisons préjudiciables à l'alliance générale. L'existence occulte du *Sonderbund* remontait à 1843 ; la découverte du protocole des séances tenues les 13 et 14 septembre de cette année-là par les délégués des cantons séparatistes, découverte qui a eu lieu après les événements de la campagne de novembre 1847, n'a laissé aucun doute à cet égard.
(3) Ce prince mourut à Livourne le 25 juillet 1846, à la suite d'une attaque d'apoplexie. Il était âgé de 68 ans.

répondit par un refus déguisé sous une condition inacceptable. La lettre qu'il écrivit à M. Odilon Barrot, qui avait bien voulu se charger de faire, auprès du pouvoir, les démarches nécessaires, explique clairement la conduite tenue de part et d'autre en cette grave circonstance :

« Fort de Ham, le 2 février 1846.

« Monsieur,

« Permettez-moi, avant de répondre à la lettre que vous avez bien voulu m'écrire, de vous remercier, ainsi que vos amis politiques, de l'intérêt que vous m'avez témoigné, et des démarches spontanées que vous avez cru devoir faire pour alléger le poids de mon infortune. Croyez que ma reconnaissance ne manquera jamais aux hommes généreux qui, dans des circonstances si pénibles, m'ont tendu une main amie.

« Maintenant, je dois vous dire pourquoi je ne crois pas devoir signer la lettre dont vous m'envoyez le modèle. L'homme de cœur qui se trouve seul en face de l'adversité, seul en présence d'ennemis intéressés à l'avilir, doit éviter tout subterfuge, toute équivoque, et mettre la plus grande netteté dans ses démarches ; comme la femme de César, il faut qu'il ne puisse pas même être soupçonné. Si je signais la lettre que vous et beaucoup de députés m'engagez à signer, je demanderais réellement grâce sans oser l'avouer ; je me cacherais derrière la demande de mon père, comme un poltron qui s'abrite derrière un arbre pour éviter le boulet. Je trouve cette conduite peu digne de moi. Si je croyais honorable et convenable d'invoquer purement et simplement la clémence royale, j'écrirais au roi : Sire, je demande grâce.

« Mais telle n'est point mon intention. Depuis bientôt six ans, je supporte sans me plaindre une réclusion qui est une des conséquences naturelles de mes attaques contre le gouvernement. Je la supporterai encore dix ans, s'il le faut, sans accuser ni le sort ni les hommes. Je souffre; mais tous les jours je me dis : Je suis en France, je conserve mon honneur intact ; je vis sans joies, mais aussi sans remords, et tous les soirs je m'endors satisfait. Rien de mon côté ne serait venu troubler ce calme de ma conscience, ce silence de ma vie, si mon père ne m'eût manifesté le désir de me revoir auprès de lui pendant ses vieux jours. Mon devoir de fils vint m'arracher à ma résignation, et je me décidai à une démarche dont je pesai toute la gravité, mais qui portait en elle ce caractère de franchise et de loyauté que je désire mettre dans toutes mes actions. J'écrivis au chef de l'État, à celui-là seul qui eût le droit de changer ma position; je lui demandai d'aller auprès de mon père; je lui parlai de *bienfait*, d'*humanité*, de *reconnaissance*, parce que je ne crains pas d'appeler les choses par leur nom. Le roi a paru satisfait de ma lettre ; il a dit au digne fils du maréchal Ney, qui avait bien voulu se charger de la remettre, que la garantie que j'offrais était suffisante; mais il n'a point encore fait connaître sa détermination. Les ministres, au contraire, statuant sur une copie de ma lettre au roi, que je leur avais envoyée par déférence, abusant de ma position et de la leur, m'ont fait transmettre une réponse qui prouve un grand mépris pour le malheur. Sous le coup d'un pareil refus, ne connaissant même pas encore la décision du roi, mon devoir est de m'abstenir de toute démarche, et surtout de ne pas souscrire à une demande en grâce déguisée en piété filiale.

« Je maintiens tout ce que j'ai dit dans ma lettre au roi, parce que les sentiments que j'y ai manifestés étaient profondément sentis et me paraissent convenables ; mais je n'avancerai pas d'une ligne. Le chemin de l'honneur est étroit et mouvant ; il n'y a qu'un travers de main entre la terre ferme et l'abîme.

« D'ailleurs, croyez-le bien, Monsieur, si je signais la lettre dont il s'agit, on se montrerait encore plus exigeant. Le 25 décembre, j'écris une lettre assez sèche à M. le ministre de l'intérieur, pour lui demander d'aller auprès de mon père. On me répond poliment. Le 14 janvier, je me décide à une démarche très grave de ma part, j'écris au roi une lettre où je n'épargne aucune des expressions que je crois convenables à la réussite de ma demande. On me répond par une impertinence.

« Ma position est claire et simple : je suis captif, mais je me console en respirant l'air de la patrie. Un devoir sacré m'appelle auprès de mon père, et je dis au gouvernement : Une circonstance impérieuse me force à vous demander comme un bienfait de sortir de France. Si vous m'accordez ma demande, comptez sur ma reconnaissance, et comptez-y d'autant plus que votre décision aura l'empreinte de la générosité ; car il n'y a aucun compte à faire de la reconnaissance de ceux qui auraient consenti à s'humilier pour obtenir un avantage.

« En résumé, j'attends avec calme la décision du roi, de cet homme qui a comme moi traversé trente années de malheur.

« Je compte sur l'appui et la sympathie des hommes généreux et indépendants comme vous.

« Du reste, je m'en remets à la destinée, et je m'enveloppe d'avance dans ma résignation.

« Recevez, Monsieur, la nouvelle assurance de ma haute estime.

« LOUIS-NAPOLÉON BONAPARTE. »

Son espérance dans la magnanimité du roi se trouva encore une fois trompée (1). Obéissant alors à la nécessité ainsi qu'au sentiment d'indignation dont ce refus inhumain l'avait pénétré, il conçut un projet d'évasion, et l'exécuta avec succès *le 25 mai* 1846. L'aventure fut des plus curieuses, elle amusa beaucoup le public, qui, généralement, s'intéressait au neveu de l'Empereur. Dans le but, sans doute, de prévenir ou de rectifier les rapports inexacts qui pouvaient être répandus à ce sujet, le prince s'empressa de faire lui-même le récit de sa fuite, dans la lettre suivante,

(1) Environ sept mois auparavant, soit en juillet 1845, le gouvernement avait refusé au prince de Montfort (NAPOLÉON BONAPARTE) la permission de faire une visite à son cousin, prisonnier à Ham.

adressée au rédacteur du *Progrès du Pas-de-Calais*, M. Frédéric Degeorge :

« Le désir de revoir mon père sur cette terre m'a
« fait tenter l'entreprise la plus audacieuse que j'aie
« jamais tentée, et pour laquelle il m'a fallu plus de ré-
« solution et de courage qu'à Strasbourg et Boulogne ;
« car j'étais décidé à ne pas supporter le ridicule qui
« s'attache à ceux qu'on arrête sous un déguisement,
« et un échec n'eût pas été supportable. Mais enfin,
« voici les détails de mon évasion :

« Vous savez que le fort était gardé par 400 hom-
« mes qui fournissaient une garde journalière de 60
« soldats placés en sentinelles hors du fort ; de plus,
« la porte de la prison était gardée par trois geôliers,
« dont deux étaient toujours en faction. Il fallait donc
« passer devant eux d'abord, puis traverser la cour
« intérieure, devant les fenêtres du commandant ;
« arrivé là, il fallait passer le guichet, où se trouvaient
« un soldat de planton et un sergent, un portier-
« consigne, une sentinelle, et enfin, un poste de 30
« hommes.

« N'ayant voulu établir aucune intelligence, il fallait
« fatalement avoir recours à un déguisement. Comme
« on faisait réparer plusieurs chambres du bâtiment
« que j'habitais, il était facile de prendre un costume
« d'ouvrier. Mon bon et fidèle valet de chambre, Char-
« les Thélin, se procura une blouse et des sabots ; je
« coupai mes moustaches, et je pris une planche sur
« mon épaule.

« Lundi matin, vers huit heures et demie, lorsque

« les ouvriers furent à l'ouvrage, Charles leur porta
« à boire dans une chambre, afin de les empêcher de
« se trouver sur mon passage; il devait aussi appeler
« un gardien en haut, tandis que le docteur Conneau
« causerait avec les autres; et cependant, à peine
« sorti de ma chambre, je fus accosté par un ouvrier
« qui me prit, en passant, pour un de ses camarades;
« au bas de l'escalier, je me trouvai face à face avec
« un gardien. Heureusement, je lui mis la planche
« que je portais, devant la figure. Je parvins dans la
« cour, tenant toujours la planche du côté des sen-
« tinelles et devant les personnes que je rencontrais.

« En passant devant la première sentinelle, je lais-
« sai tomber ma planche; je m'arrêtai pour en ra-
« masser les morceaux. Je rencontrai alors l'officier
« de garde, mais il lisait une lettre et ne me remarqua
« pas. Les soldats au poste du guichet semblèrent
« étonnés de ma mise; le tambour se retourna même
« plusieurs fois. Cependant le planton de garde ou-
« vrit la porte et je me trouvai hors de la forteresse;
« mais là, je rencontrai des ouvriers qui venaient à
« ma rencontre et qui me regardèrent avec atten-
« tion. Je mis bien ma planche de leur côté; ce-
« pendant ils paraissaient si curieux que je pensais
« à peine pouvoir leur échapper, lorsque je les en-
« tendis s'écrier : Oh! c'est Bernard!

« Une fois dehors, je marchai rapidement vers
« la route de Saint-Quentin. Peu de temps après,
« Charles, qui la veille avait retenu une voiture
« pour lui, me rejoignit, et nous arrivâmes à Saint-

« Quentin. Je traversai la ville à pied, après m'être
« défait de ma blouse. Charles s'étant procuré une
« voiture, en prétextant une course à Cambrai, nous
« arrivâmes sans encombre à Valenciennes, où je
« pris le chemin de fer pour Bruxelles. Je m'étais
« procuré un passeport belge, mais on ne me l'a
« demandé nulle part. »

Le complément de l'aventure n'offre pas moins
d'intérêt que les détails qui précèdent :

Ce fut à sept heures du soir seulement qu'on s'aperçut du départ du prince. Il paraît que Louis-Napoléon, pour que le commandant du fort ne pût trouver étrange qu'il ne se promenât pas comme il en avait l'habitude à certaine heure de la journée, lui avait fait dire le matin qu'il était indisposé, et qu'il resterait au lit. A sept heures du soir, le commandant, qui voulait avoir par lui-même des nouvelles du malade, se rendit dans sa chambre et fut fort étonné de ne trouver qu'un mannequin coiffé et couché comme le prince l'était d'ordinaire. L'éveil fut aussitôt donné, et toute la brigade de gendarmerie de Ham fut mise en campagne ; mais il était trop tard (1).

Malgré les arrestations qui s'ensuivirent : celles de M. Demarle, commandant de la forteresse, de M. le docteur Conneau et des deux gardiens du prince, on voulut accréditer l'opinion que le gouvernement

(1) Une année auparavant et presqu'à la même date (dans la nuit du 19 au 20 juin 1845), un honorable citoyen suisse, appartenant à l'opinion libérale, M. le docteur Steiger, qui avait été proscrit, puis arrêté, jugé, et enfin condamné à mort, s'était évadé de la prison de Lucerne, grâce à la coopération des gendarmes chargés de le garder.

avait donné les mains à cette évasion. Il n'y avait rien de moins fondé. Pour s'en convaincre, il suffisait de jeter les yeux sur les journaux du département. Tous faisaient connaître que l'évasion du prisonnier de Ham avait été annoncée dans toutes les directions par le télégraphe, et qu'on s'était servi de la même voie pour transmettre son signalement, afin de faciliter les promptes recherches de la police. Un gouvernement qui aurait voulu se débarrasser d'un prisonnier d'État aurait-il agi ainsi? D'ailleurs, des poursuites judiciaires et des débats publics eurent lieu au sujet de cet événement. L'affaire fut portée devant le Tribunal correctionnel de Péronne (Somme). Ce tribunal, dans son audience du 10 juillet 1846, renvoya le commandant et les deux gardiens des faits de la prévention; mais il condamna MM. Charles THÉLIN et CONNEAU : le premier, par défaut, à 6 mois d'emprisonnement ; le second à 3 mois de la même peine ; tous deux solidairement aux frais du procès, comme coupables d'avoir facilité, par connivence, l'évasion du prince.

Je ne dois pas omettre une particularité qui peint bien les habitudes d'ordre de Louis-Napoléon. Le ministre de la guerre, M. Moline de St.-Yon, avait mis à sa disposition tous les ouvrages qui pouvaient l'aider à compléter son important travail sur l'artillerie. Le prince n'avait pas voulu que les livres si précieux qui lui avaient été communiqués pussent s'égarer. Il les avait renvoyés au Dépôt de la Guerre, où ils étaient arrivés deux ou trois jours avant sa disparition de Ham.

Au mois d'octobre de la même année (1846), une nouvelle révolution eut lieu à Genève. Le parti radical, vainqueur dans une lutte sanglante provoquée par une décision impopulaire, relative au *Sonderbund*, arracha le pouvoir des mains d'une côterie pour laquelle le mouvement libéral du 22 novembre 1841 n'avait été d'aucun enseignement (1). Le Cabinet des Tuileries se hâta d'envoyer des troupes à la frontière; mais cette mesure, qui trahissait des idées d'intervention ou du moins quelques craintes, fut bientôt abandonnée. On crut prudent d'accepter les faits accomplis; témoin une lettre, écrite de Zurich le 17 décembre suivant, par M. le comte de Bois-le-Comte, récemment nommé ambassadeur de France près la Confédération, et dans laquelle on lisait, entre autres phrases obligeantes, celle-ci :

« Interprète des sentiments du roi envers la Suisse,
« j'aime à vous assurer du soin que je mettrai à en-
« tretenir avec le gouvernement de Genève les rap-
« ports d'union et d'amitié si heureusement établis
« entre les deux pays. »

Vaines protestations! Quelques mois après, la majorité des XXII États, majorité dont Genève était l'un des membres, eut à se plaindre du gouvernement français. Une note, en date du 2 juillet 1847, contraire aux décisions qui pourraient être prises relativement à l'alliance des Sept cantons, fut commu-

(1) La révolution genevoise de novembre 1841, d'un caractère tout pacifique, avait déterminé des réformes essentielles, et tracé une voie que les Conseils eurent le tort de ne pas suivre.

niquée au Président du Vorort par M. de Bois-le-Comte;
des armes, des munitions et d'autres objets de guerre,
furent expédiés de Besançon pour Fribourg, avec
autorisation ministérielle délivrée le 16 septembre (1).
Fribourg était une des places fortes du *Sonderbund*,
qui alors se trouvait en pleine révolte et agitait avec
fureur les torches de la guerre civile. Or, chose incroyable ! le *Sonderbund*, minorité factieuse, prête
à combattre pour le maintien des abus politiques et
religieux, égarée au point de s'inféoder à l'absolutisme,
de s'abandonner même à l'impulsion des Jésuites,
avait trouvé des sympathies chez le roi Louis-Philippe
et dans M. Guizot! Ce qui, toutefois, n'empêcha pas
la Diète de voter, le 20 juillet, à une majorité de douze
États et deux demi, la dissolution de la Ligue, en se
réservant d'assurer, au besoin, par des mesures vi-
goureuses, l'exécution de ses arrêtés.

Aucune tentative de conciliation n'ayant réussi,
les deux partis ne tardèrent pas à être en présence.
La lutte s'engagea dans les premiers jours de novembre; l'issue, fort heureusement, n'en fut pas longtemps
douteuse : le mois finissait à peine, que c'en était fait
de l'insurrection ultra-catholique. Sans s'inquiéter
des secours attendus de l'extérieur par leurs adversaires, les troupes fédérales, sous le commandement
de M. le général DUFOUR, étaient victorieuses sur tous
les points ; la Ligue était dissoute ; les Jésuites, après

(1) Ces convois militaires, dont le chargement était déguisé sous l'in-
dication de *Pièces mécaniques*, ne purent, par suite de plusieurs
mésaventures, arriver à leur destination.

avoir annoncé vainement un miracle, s'étaient enfuis et avaient ainsi prévenu l'arrêté de la Diète, ordonnant leur expulsion de toute la Confédération; la plupart des citoyens dont l'esprit avait été troublé par la superstition et le fanatisme, revenant à la raison, se hâtaient de rentrer dans le sein de la grande famille helvétique. Bientôt, malgré beaucoup d'intrigues, malgré la note collective du 18 janvier 1848, que les grandes puissances, à l'exception de l'Angleterre, avaient fait remettre à M. le colonel OCHSENBEIN (1), président du Directoire, la Suisse allait substituer à son Pacte du 7 août 1815 une Constitution vraiment nationale. — Nouvel échec que l'intervention étrangère, et la diplomatie orléaniste en particulier, devaient inscrire avec tant d'autres, notamment avec celui qu'elles avaient essuyé, au mois d'octobre 1838, dans l'affaire de Louis-Napoléon.

Ce prince s'était réfugié de nouveau sur le sol britannique, par suite des obstacles qu'une politique méticuleuse avait mis à son voyage en Toscane. Il s'était empressé, dès le lendemain de son arrivée à Londres, d'adresser à l'ambassadeur de France et à sir Robert Peel une lettre dans laquelle, après avoir justifié son évasion de Ham par le désir de se rendre auprès de son vieux père, il protestait de ses intentions pacifiques envers le gouvernement français, et exprimait

---

(1) C'était le même M. *Ochsenbein* qui avait commandé la seconde expédition des corps-francs. La révolution bernoise du mois d'avril 1846 l'avait mis à la tête de son canton, devenu, en 1847, Directoire fédéral.

l'espoir que cette assurance spontanée de sa part contribuerait à abréger la captivité de ses amis.

Fidèle à cet engagement, Louis-Napoléon ne revit la France que le 26 février 1848 ; son retour à Paris fut déterminé par la persuasion que la révolution du 24 lui rouvrait les portes de la patrie, comme aux autres membres de la famille Bonaparte. Mal accueilli, repoussé même, par le gouvernement provisoire, et ne voulant être ni la cause ni le prétexte de dissensions et de troubles, il retourna, dès le lendemain, 27, en Angleterre. Il porta ensuite le désintéressement jusqu'à ne pas accepter de candidature à l'Assemblée nationale. Cependant on proposa, dans les bureaux de cette assemblée, de maintenir pour lui seul la loi d'exil qui frappait la famille de l'Empereur. Une réclamation qu'il avait adressée à ce sujet au Président, ne fut pas lue, bien que, le même jour, communication eût été donnée, en séance publique, de deux lettres écrites par deux princes d'Orléans. Appelé néanmoins, et malgré d'étranges manœuvres (1), à faire partie de la Représentation du pays (2), il se retira encore devant les soupçons injurieux qu'avait excités cette élection, les désordres dont elle avait été le prétexte, et surtout l'hostilité du Pouvoir exécutif. Il agit de même après son élection en Corse, qui avait eu lieu à la presque unanimité. Mais le vœu

(1) Un coup de pistolet, parti par mégarde, suffit pour qu'un membre du Pouvoir exécutif vînt dénoncer à la tribune un mouvement napoléonien, en réclamant des mesures d'urgence.

(2) Il avait eu la majorité des voix dans les départements de la Seine, de l'Yonne, de la Sarthe et de la Charente-Inférieure.

populaire continua de se manifester, et d'une manière de plus en plus éclatante. *Cinq départements*, sans considérer la double démission déjà donnée par le prince, le nommèrent Représentant du Peuple. Les partis durent céder ; lui-même ne put persister dans ses premiers refus. Il opta pour Paris, le lieu de sa naissance, et prit place, le 28 septembre 1848, à l'Assemblée nationale. Le 10 décembre de la même année, nonobstant les efforts d'une concurrence redoutable par sa valeur personnelle et par les moyens dont elle disposait (1), il était élu Président de la République ; environ cinq millions de suffrages, librement exprimés, lui conféraient cette haute dignité. Ainsi se vérifia de nouveau la parole, si remarquable, du discours qu'il avait prononcé en 1838, lors de sa nomination à la présidence de la Société des Carabiniers du canton de Thurgovie : « J'AI TOUJOURS COMPTÉ SUR LES SENTIMENTS DE JUSTICE DU PEUPLE, ET JE NE ME SUIS PAS TROMPÉ ! » (2)

CONCLUSION.

Je m'arrête ici, mon intention n'étant pas d'étendre cette histoire au-delà des limites fixées par son titre même. J'ai voulu que mes contemporains et la pos-

---

(1) Allusion à la candidature de M. le général CAVAIGNAC, qui était alors chef du Pouvoir exécutif.

(2) En décembre 1852, époque où il a été élevé au trône impérial par environ huit millions de voix, Louis-Napoléon a vu se justifier plus solennellement encore sa confiance dans le sentiment populaire.

térité pussent bien connaître, non-seulement la façon d'agir du roi Louis-Philippe envers les Cantons suisses, l'attitude qu'au milieu de circonstances extrêmement graves, la Confédération prit en face du gouvernement de ce monarque, mais surtout la situation, la conduite, les paroles et les actes de Louis-Napoléon dans les diverses phases de son exil (1). Ce simple exposé offre sans doute, comme je l'ai dit d'avance, un beau sujet de réflexion. Je serais tenté de mettre au jour les observations, les enseignements qui, selon moi, doivent en résulter ; cependant il me semble convenable de laisser chacun formuler, libre de toute influence, sa critique et ses jugements. Heureux si j'ai pu fournir des détails intéressants sur cette partie de l'histoire contemporaine ; si, en présentant les hommes et les choses sous leur véritable aspect, j'ai fait une œuvre utile, rectifié quelques erreurs, dissipé certaines préventions, réfuté plusieurs calomnies, et usé ainsi, avec un nouveau succès, des avantages de la publicité !

(1) De l'élection du 10 décembre 1848, date une suite de faits particuliers ou généraux qui doivent nécessairement être le sujet d'une autre publication.

NOTES HISTORIQUES.

I.

ORIGINE DE LA CONFÉDÉRATION SUISSE.

(Page 7.)

C'est de 1314 et du règne de Philippe-le-Bel, 47ᵉ roi de France, que date la Confédération helvétique. Elle doit sa naissance aux mesures cupides de l'empereur Albert, fils du fameux Rodolphe d'Hapsbourg, pour former une principauté en Suisse à l'un de ses fils. Dans ce dessein, il proposa aux États de l'Empire formant les cantons de Schwitz, d'Uri et d'Unterwalden, de les réunir aux terres de la maison d'Hapsbourg; et, sur leur refus, il ordonna aux avoués qu'il y envoyait au nom de l'Empire, de les vexer en toutes manières. Son projet était de les porter à la révolte, qui lui fournirait un prétexte plausible de leur faire la guerre et de les plier à ses volontés. Les trois États, à l'effet de repousser la tyrannie et de se maintenir dans leur indépendance, se confédérèrent alors par les soins de trois hommes célèbres dans leur patrie : Wernier Steuffacher de Schwitz, Gauthier-Furst d'Uri, et Arnould Mechthal d'Unterwalden. Ceux-ci, après s'être associé plusieurs de leurs amis, et entre autres, le fameux Guillaume Tell, s'emparent des citadelles qu'Albert avait élevées pour les maintenir, les démolissent, chassent les avoués et en massacrent même quelques-uns. L'empereur, informé de ces désordres, qu'il avait fait naître, se dispose à en profiter; et déjà il touchait aux frontières lorsqu'un de ses neveux, qui revendiquait de lui son héritage, l'assassina. Après Albert, divers princes de la maison d'Autriche firent à plusieurs reprises, des tentatives contre les Suisses ; mais leurs efforts furent toujours inutiles : et la Confédération s'accrut même, en divers temps, de nouveaux membres qu'elle reçut dans son sein, et qui la portèrent successivement au point où elle est parvenue depuis.

(ANQUETIL, *Hist. de France*, T. III, *pages* 68 *et* 69, 5ᵉ *Éd.*, 1828.)

II.

L'AVOYER LUCERNOIS PIERRE DE GUNDOLDINGEN.

(Page 7.)

Pierre de Gundoldingen fut, comme Arnold de Winkelried, un des martyrs de la liberté et de l'indépendance helvétiques. C'est lui qui, le 9 juillet 1386, étant avoyer de Lucerne, commandait l'armée suisse à Sempach. Blessé dangereusement, en combattant à la tête des siens, il recueillit le peu de forces qui lui restaient encore, non pour songer à son intérêt personnel, mais pour s'occuper de sa ville natale. Un Lucernois s'étant approché de lui afin de recevoir ses dernières volontés : « Dis à nos concitoyens, « répondit-il d'une voix mourante, qu'ils ne laissent au-« cun avoyer plus d'une année en charge, et que Gundol-« dingen leur souhaite un gouvernement sage et la victoire. »

La chapelle de la bataille de Sempach est à une demi-lieue de la ville sur la place où l'on trouva le cadavre du duc Léopold d'Autriche. Au centre, on voit un grand crucifix des deux côtés duquel Léopold et Gundoldingen sont représentés dans l'attitude de la prière. Au-dessus de la porte principale et intérieure, Arnold de Winkelried est aussi représenté saisissant les lances ennemies.

On voit encore à Lucerne la cotte de mailles de Léopold et la bannière de la ville, tachée du sang de Gundoldingen. L'armure de Winkelried est dans l'arsenal de Stanz.

(*Dict. géog.-statist. de la Suisse*, par M. le pasteur Lutz. Éd. de Lausanne, 1836.)

III.
JOURNÉE DE SAINT-JACQUES.
(Page 7.)

En 1444, un combat sanglant se livra presque sous les murs de Bâle, dans le cimetière et vers le lazaret de Saint-Jacques, entre les confédérés suisses et une armée française. Presque tous les Suisses succombèrent après s'être défendus comme des héros. L'armée française, commandée par Louis, Dauphin de France, et depuis roi sous le nom de Louis XI, était de 22,000 hommes. 1,600 Suisses furent exterminés, mais ils vendirent chèrement leur vie, et 6,000 des vainqueurs restèrent sur le champ de bataille. Louis, frappé du courage des Suisses, ne voulut plus être leur ennemi, et fit avec eux un traité d'alliance, premier modèle de ceux qui furent fréquemment conclus dans la suite, et de cette union qui dès-lors a presque constamment régné entre les deux peuples.

(*Statistique de la Suisse*, Ed. de 1830, par J. Picot, de Genève.)

Anquetil, dans son *Histoire de France*, pages 170 et 171 du tome IV, raconte la même affaire en ces termes:

« Le Dauphin (fils de Charles VII), qui avait pris goût

aux expéditions militaires, se laissa tenter du désir d'aller faire la guerre aux Suisses en faveur de la maison d'Autriche. L'empereur, réclamé par le canton de Zurich, à l'occasion d'une querelle avec ceux de Schwitz et de Glaris, n'ayant pu se faire accorder des secours par l'Empire, avait sollicité ceux de Charles ; mais les cantons de Berne et de Soleure, considérant la démarche de leur co-Etat envers Frédéric, comme incompatible avec l'existence de leur confédération, se prononcèrent en faveur des deux cantons menacés. Ce fut contre eux que le Dauphin mena quatorze mille Français et huit mille Anglais. Il y eut à Bottelem, entre Bâle et Montbéliard, une action dite la *Journée de Saint-Jacques*, où douze cents Suisses osèrent affronter l'armée réunie des confédérés. Tous y périrent ; mais, après avoir fait subir une perte de six mille hommes à leurs ennemis, ils succombèrent couverts de gloire, et acquirent pour toujours à leur nation l'estime des Français. Louis, redoutant une seconde victoire, non-seulement fit la paix avec eux, mais montra des dispositions à une alliance qui eut lieu dans la suite. »

IV.

LOUIS-PHILIPPE AU COLLÉGE DE REICHENAU.

(Page 9.)

Reichenau, château situé dans le canton des Grisons, avait un collége appartenant à MM. Bavier, avocat, Tscharner, bourgmestre de Coire, et Aloyse Jost de Saint-Georges, ancien officier aux gardes suisses de France. Grâce à la protection de ce dernier, le duc de Chartres, prince d'Orléans (plus tard roi des Français, sous le nom de Louis-Philippe 1ᵉʳ), obtint une place de professeur. Pendant huit ou neuf mois qu'il habita Reichenau, le prince enseigna l'histoire, la géographie, les mathématiques. Quand il quitta cette résidence pour aller s'établir à Bremgarten, il réclama son diplôme, qui lui fut délivré, et qu'il a conservé religieusement. On voyait (avant la révolution de février 1848), dans la galerie du Palais-Royal, un tableau où il était représenté donnant une leçon de géographie.

(*Histoire de Louis-Philippe-Joseph, duc d'Orléans, par* Tournois, *pages* 418 et 419.)

V.

LA REINE HORTENSE.

(Page 40.)

On raconte l'anecdote suivante relative à la reine Hortense, si vivement regrettée dans le canton de Thurgovie :

« C'était à la fin du mois de mars 1814. La reine de Hollande était à la Malmaison, chez sa mère. Se trouvant un matin dans un des pavillons qui bordent la route, elle voit passer une religieuse. — Ma sœur, d'où venez-vous de si bonne heure ? — De Saint-Germain, Madame, et je vais à Paris. Notre hôpital est fort au dépourvu en ce moment, j'ai ouï dire à notre médecin qu'on avait saisi des toiles anglaises, et que M. Coustard-Saint-Lo les faisait distribuer dans des hôpitaux militaires ; je désirerais bien qu'on nous en cédât quelques pièces pour faire des draps ! nos malades n'en ont pas dans leur lit. — Comment donc ; ce serait une bonne œuvre ; vous ne connaissez peut-être pas M. Coustard? Si vous voulez, je vais me charger de votre commission auprès de lui.

« Inutile d'ajouter que cette proposition fut acceptée avec empressement. Heureuse de cette rencontre, la religieuse continue sa route, mais à peine a-t-elle fait quelques pas, qu'elle se reproche de ne pas avoir cherché à savoir le nom de sa protectrice. Elle retourne, et voit la reine qui la suivait des yeux. — Pardonnez, Madame, à la curiosité qui me ramène, lui dit la sœur; mais je voudrais bien savoir votre nom. Je crois l'avoir deviné; cependant je n'ose.... — Oui, répondit la duchesse de Saint-Leu, d'un air plein de douceur, c'est la pauvre reine Hortense, n'en dites rien à personne. — Oh! non, Madame; nous savons depuis longtemps que vous n'aimez pas qu'on parle du bien que vous faites.... Mais, hélas! nous avons bien peu de charpie, et si Votre Majesté daignait.... — Je vous comprends.

« A dater de ce jour, les soirées de la Malmaison furent employées à faire de la charpie, et la reine Hortense et sa mère ne furent pas les ouvrières les moins actives. »

VI.

TENTATIVE DE BOULOGNE-SUR-MER.

(Page 299.)

Un journal français, organe de l'opinion républicaine, le *National*, attribuait à un entraînement bien naturel et presque irrésistible, le coup de main tenté sur Boulogne par Louis-Napoléon.

« Depuis que le prince a fixé sa résidence en Angleterre, lisait-on dans une correspondance de Londres, son hôtel a été constamment rempli d'officiers de tous grades qui venaient lui offrir leurs services. A la vue de ces démonstrations, il n'est pas étonnant qu'un caractère chevaleresque se soit laissé enflammer, surtout à la pensée du prestige de la mémoire de Napoléon. Des personnes très-éloignées de partager les opinions du prince s'intéressent vivement à lui, à cause de ses qualités personnelles, de ses talents et de sa politesse exquise. Généreux à l'excès, il secourait toutes les infortunes, sans s'informer du pays auquel appartenaient les malheureux implorant son secours. Aussi une sympathie universelle lui était-elle acquise, et tous les torts sont attribués aux hommes qui l'ont poussé. En Ecosse, à Leamington, où il a résidé, il inspirait le respect, l'admiration même ; et son bon sens, dont il a donné tant de preuves, augmente l'étonnement causé par son entreprise si téméraire. Il est vrai que son bon cœur l'a souvent égaré, et plus d'une fois il a été la dupe d'intrigants ou d'espions auxquels il aurait trop bénévolement offert sa bourse. On pourrait citer mille exemples de sa libéralité et de l'extrême délicatesse avec laquelle il agissait.

« Il y a dans la dernière entreprise de Louis-Napoléon (celle de Boulogne-sur-Mer) une circonstance qui lui donne une couleur sombre et mélancolique. Avant son départ, le prince a écrit à son banquier une lettre qui avait tout-à-fait l'air d'un testament : elle contenait ses dernières dispositions pour assurer le sort de ses domestiques et des autres personnes attachées à sa maison. Il donnait, en outre, les plus minutieuses instructions pour le paiement des personnes à qui il pouvait devoir quelque chose. Il payait régulièrement tous les mois ce qu'il devait. Il est évident que ce soin minutieux, au milieu des préoccupations qui devaient accabler le prince, démontre chez lui le caractère le plus honorable et la conscience la plus scrupuleuse. »

VII.

EXÉCUTION D'UN MANDAT DÉCERNÉ CONTRE LE COLONEL VAUDREY.

(Pages 301 et 302.)

Un commissaire de police se présenta porteur du mandat, au domicile de M. Périer, beau-frère du colonel, rue de Tournon, chez lequel on savait qu'il logeait. Le fonctionnaire, après avoir décliné sa qualité, fut introduit près d'une personne qu'on lui avait dit être le colonel Vaudrey, et dont le signalement concordait assez exactement avec celui indiqué. A la suite de l'exposé de la mission qu'il avait à remplir, le commissaire demanda à la personne près de laquelle il avait été introduit, si elle était le colonel Vaudrey. — Voyons votre mandat, Monsieur, répondit l'interlocuteur ; puis, l'ayant examiné : Je suis prêt, continua-t-il. — On descendit l'escalier, on monta en voiture, et ce ne fut qu'au moment d'entrer à la Préfecture que le prisonnier expliqua qu'il n'était pas le colonel Vaudrey, mais bien son beau-frère, M. Périer.

Toutefois, M. Périer n'en fut pas moins écroué ; mais le colonel Vaudrey ne fut pas découvert.

(Extrait de la *Gazette des Tribunaux*.)

VIII.

EFFETS DE L'INTERVENTION FÉDÉRALE DE 1847.

(Pages 344 et 345.)

Comme on l'a vu à l'occasion des graves évènements de

1838, Fribourg comptait, malgré l'influence des Jésuites, un certain nombre de citoyens jaloux de maintenir l'honneur et l'indépendance helvétiques. Une tentative de révolution eut lieu dans ce canton, en janvier 1847, à l'effet de fortifier, au sein de la haute Diète, la majorité libérale. Cette tentative aboutit à une contre-révolution théocratique qui remplit Fribourg de proscriptions. Rentrés le 14 novembre de la même année, avec les troupes fédérales, les exilés proclamèrent, dans une assemblée populaire, le renvoi perpétuel des Jésuites. Le pays a suivi depuis lors une ligne tout opposée à l'ancienne ; c'est en vain que les débris du parti clérico-aristocratique se sont efforcés, à plusieurs reprises et par l'insurrection même, de reconquérir le pouvoir.

Le Valais, dont les dixains occidentaux avaient déjà manifesté, en diverses circonstances, d'ardentes sympathies pour la cause du progrès et de l'indépendance nationale, est aussi un des Etats qui ont le plus vivement ressenti les heureux effets de l'intervention fédérale de 1847. Un citoyen valaisan, M. le colonel BARMAN, qui, comme plusieurs autres membres de sa famille, a rendu d'importants services à l'opinion libérale, est le chargé d'affaires de la Confédération suisse à Paris.

IX.

SUR LA NOTE COLLECTIVE DU 18 JANVIER 1848.

(Page 345.)

L'arrivée à Berne de cette note, signée *Comte de Boisle-Comte* et datée de Neuchâtel, où s'étaient retirées la plupart des Légations étrangères, est la dernière qui soit émanée du gouvernement du roi Louis-Philippe. Après avoir rappelé les dispositions des traités de 1814 et de 1815, relatives à la Confédération helvétique et au Pacte fédéral en particulier, M. de Bois-le-Comte, organe de la France, de la Russie, de l'Autriche et de la Prusse, concluait en disant :

« 1° Que les engagements des puissances envers la Confédération, et ceux de la Confédération envers les puissances, étaient mutuels et fondés sur les mêmes traités ;

« 2° Que si les uns n'étaient pas fidèlement respectés et *maintenus*, les autres seraient inévitablement compromis et suspendus ; et qu'alors les puissances qui avaient garanti à la Suisse les avantages dont elle jouissait, seraient évidemment en droit de ne consulter que leurs devoirs comme membres de la grande famille européenne, et les intérêts de leurs propres pays. »

De son côté, l'Angleterre, représentée par lord Stratford, s'expliquait dans un *memorandum*, sur la situation difficile où se trouvait la Suisse. Mais, au lieu de tenir un langage comminatoire, elle déclarait, quant à la révision du Pacte fédéral, que *ceux qui étaient les plus intéressés au succès de l'œuvre, ceux qui avaient éprouvé les défauts du Pacte existant, devaient être, en dernière analyse, les meilleurs juges de ce qu'il fallait pour le réformer à bonne fin*.

Dans le cours de la même année, les Républiques suisses, faisant acte de sagesse, de fermeté et d'indépendance, supprimèrent le Pacte de 1815, et, par une Constitution fédérale librement discutée et votée, opérèrent, autant que possible, l'œuvre de leur centralisation.

X.

SOUVENIRS DE ZURICH.
(Page 287.)

Le récit de la cérémonie qui eut lieu à Genève pour la réception du drapeau décerné aux milices de ce canton par les patriotes de Zurich, me fait songer aux vers suivants, écrits sous l'inspiration de riantes images et de glorieux souvenirs :

>Salut, Zurich, salut, florissante cité,
>Ville propice et chère aux jours d'adversité ;
>Pour la troisième fois, je revois ton enceinte,
>Et du ravissement je porte au front l'empreinte.
>Que j'aime tes vallons, tes bois et tes coteaux !
>Que j'aime de ton lac le bassin et les eaux !
>Ce lac dont le cristal réfléchit au rivage
>L'inimitable azur d'un beau ciel sans nuage !

>Non loin de la *Limath,* sur le versant assis,
>Seul, dans la rêverie, et libre de soucis,
>Je contemple ces monts que la neige et la glace
>En longs festons d'argent découpent dans l'espace ;
>Monts géants que la main de la Divinité
>Eleva comme un trône à son éternité !

>Quel aspect enchanteur ! quel spectacle sublime !
>A ce pompeux tableau quel esprit ne s'anime !
>Oh ! je n'en puis douter, c'est ici qu'autrefois
>Aux accords de son luth *Gessner* unit sa voix ;
>C'est ici qu'il redit la douleur d'une mère,
>Et les vertus d'Abel, et le crime d'un frère.
>Homme sensible et bon, que tes vers sont touchants !
>*Gessner*, quels nobles cœurs n'ont fait vibrer tes chants !
>Poète vertueux, ton livre plein de charmes,
>Des yeux de son lecteur a tiré bien des larmes !

>Mais d'autres souvenirs se pressent en ces lieux ;
>C'est ici que la France eut un jour glorieux,
>Un grand jour qui vivra palpitant dans l'histoire :

C'est ici que le fils chéri de la victoire,
Masséna, ce héros, ce favori de Mars,
Terrassa *Souvaroff* et confondit les czars ;
Oui, c'est là, sur ces bords, sur ce champ de bataille,
Qu'au bruit de nos clairons, le fer et la mitraille
Ont de la Moscovie écrasé les enfants !
C'est là que nos soldats, radieux, triomphants,
Ont vu fuir en débris, ces barbares phalanges,
De serfs et de vassaux fanatiques mélanges ;
C'est dans ces lieux, enfin, que la patrie en deuil
Sauva sa liberté, retrempa son orgueil....

Honneur à toi, Zurich, gloire de l'Helvétie,
Toi dont le sol fuma du sang de la Russie !
Ton nom sera transmis à la postérité,
De tous les cœurs français il a bien mérité,
Et ton blason viendra se mêler à nos fêtes.
Quelque jour, si, jaloux de venger ses défaites,
L'autocrate ose encore aborder tes remparts,
On verra près du tien flotter nos étendards ;
A leur bouillante ardeur donnant libre carrière,
Du Rhin, nos bataillons franchiront la barrière,
Et les dignes neveux des farouches Strélitz
Retrouveront l'affront d'un nouvel Austerlitz....

L'auteur de ces vers, M. L.-B. LAVOCAT (de Joinville), membre de la Légion-d'Honneur, célébrait ensuite les premiers succès des troupes françaises dans la Crimée, et le triomphe éclatant que la France, unie à l'Angleterre, devait obtenir sur le *colosse du Nord*.

Après avoir rappelé la sanglante défaite qu'essuyèrent, en 1799, sous les murs de Zurich, les Russes, commandés par *Souvaroff*, et chanté, avec une verve toute patriotique, les vainqueurs de *Mentschikoff* et de *Liprandi*, M. LAVOCAT ne pouvait mieux finir que par une grande et heureuse prédiction :

> La moderne Sidon, à son vertige en proie,
> Aura bientôt le sort de Carthage et de Troie ;
> Et bientôt les amis des meurtriers de Paul
> Verront sur son rocher crouler Sébastopol !!

Faite au commencement de 1855, cette prédiction s'est accomplie le 8 septembre de la même année.

XI.

CONFIANCE DE LOUIS-NAPOLÉON DANS LE SENTIMENT POPULAIRE.
(Page 547.)

La confiance de Louis-Napoléon dans le bon sens du peuple, son respect pour la volonté nationale, se sont manifestés dans ses écrits comme dans ses discours.

Que l'on ouvre sa première brochure, les *Rêveries politiques*, publiée à Zurich en 1832, on y lit :

« Chacun se fait un beau idéal de gouvernement, croyant
« telle ou telle forme mieux appropriée à la France ; cepen-
« dant, la conséquence des principes de liberté est de recon-
« naître qu'au-dessus des convictions partielles il y a un
« juge suprême, qui est le peuple. C'est à lui à décider de
« son sort, c'est à lui à mettre d'accord tous les partis, à
« empêcher la guerre civile, et à proclamer hautement et
« librement sa volonté suprême. Voilà le point où doivent
« se rencontrer tous les bons Français, de quelque parti
« qu'ils soient, tous ceux qui veulent le bonheur de la
« patrie et non simplement le triomphe particulier de

« leurs doctrines. Que ceux des carlistes qui suivent les
« idées généreuses de Châteaubriand, que ceux des orléa-
« nistes qui ne sont pas irrémédiablement enchaînés à des
« intérêts de personne et de famille, que tous les républi-
« cains et les napoléonistes se réunissent devant l'autel de
« la patrie pour attendre la décision du peuple ; alors nous
« présenterons à l'Europe le spectacle imposant d'une
« grande nation qui se régénère sans excès, et qui marche
« à la liberté sans désordre. »

Un passage de ses *Considérations politiques et militaires sur la Suisse* (T. 1, p. 43), n'est pas moins explicite.

En émettant de tels principes, de telles opinions, le publiciste annonçait bien le chef de gouvernement qui devait lui-même, vingt ans plus tard, consulter le peuple, et s'en rapporter au suffrage universel.

FIN.

TABLE DES MATIÈRES.

A M. le général DUFOUR, de Genève. . . . . *Pages* 3
PRÉFACE. 5
INTRODUCTION. 7

 CHAPITRE I.—Naissance de Louis-Napoléon Bonaparte. Son éducation. Ses premières armes.—Venu *incognito* à Paris, il adresse une demande au roi Louis-Philippe. Refus de ce monarque. — Louis-Napoléon au château d'Arenenberg, canton de Thurgovie. — Sa première brochure. — Le gouvernement de Thurgovie lui confère le droit de bourgeoisie honoraire. Sa lettre de remercîment. — Sa deuxième brochure. — L'école d'artillerie de Thoune, canton de Berne. Il reçoit un brevet de capitaine. Sa lettre à M. de Tavel. — Il est question de son mariage avec la reine de Portugal. Ce qu'il écrit à cette occasion. — Publication du *Manuel d'Artillerie*. Envoi à l'Institut de France. — Affaire *Conseil*. Le blocus hermétique. Quel en était l'inventeur. Ses conséquences. Déclaration tranchante de M. de Montalivet. . . . . *Page* 11

 CHAPITRE II. — Tentative de Strasbourg. — Inexactitude des premiers rapports parvenus en Suisse à ce sujet. La vérité se fait jour : proclamation ; lettre de M. le vicomte Fialin de Persigny ; lettre de Louis-Napoléon à M. Vieillard. — Sa transportation en Amérique, malgré sa résistance et ses protestations ; sa lettre à la reine Hortense. — Pourquoi il ne fut pas mis en jugement. — Son arrivée à New-York. — Informé de la maladie de sa mère, il se décide à retourner en Europe. — Sa lettre au Président des Etats-Unis. — Son retour en Suisse. — On l'accuse faussement d'avoir violé sa parole. — Piété filiale. — Témoignages de reconnaissance et d'affection donnés à la mère et au fils. — Mort de la reine Hortense ; ses obsèques ; quelques articles de son testament ; souvenir à M. le colonel Dufour, de Genève. . . *Page* 25

 CHAPITRE III. — Translation des restes mortels de la reine Hortense à Rueil. — Défaut d'égards du gouvernement français pour la douleur de

Louis-Napoléon. — Démarches de M. le duc de Montebello auprès du Directoire fédéral et de plusieurs cantons. Quel est le résultat de ces démarches. — Révélations de la *Gazette de Berne* concernant Louis-Philippe. — Nouvelles preuves d'estime et d'attachement données à Louis-Napoléon dans le canton de Thurgovie. — Refus formel de cet Etat d'expulser le prince. Effets de ce refus auprès du Cabinet des Tuileries. — Le duc de Montebello se rend à Paris. — Louis-Napoléon est élu député au Grand-Conseil de Thurgovie, puis président de la Société des Carabiniers. — Son discours à la réunion de Diessenhofen. — Il fait un riche présent au Tir fédéral de Saint-Gall.—*Relation historique des événements du* 30 *octobre* 1836, *à Strasbourg*, par M. Laity. — Saisie de cette brochure. — Procès devant la Cour des Pairs. — Lettre de Louis-Napoléon à M. Laity. — Lettre de M. de Châteaubriand. — Lettre du commandant Parquin. — Manœuvres du parti aristocratique suisse pour nuire au neveu de l'Empereur. — Dénouement du procès Laity. — Pourquoi ce procès. — Paroles remarquables de M. Michel (de Bourges) . . . . *Page* 45

CHAPITRE IV. — Retour de M. le duc de Montebello en Suisse. — Sa note au Directoire fédéral. Communication en est donnée à la Diète. Effet qu'elle y produit. — Système d'intimidation exercé envers la Suisse. Esprit des populations helvétiques dans ces graves conjonctures. — Réflexions du *National Genevois*. — Correspondance de Lucerne. — Séance de la Diète du 6 août 1838. La Note du gouvernement français est à l'ordre du jour. Nomination d'une Commission de sept membres. Discours de M. Rigaud, chef de la Députation de Genève. Déclaration énergique faite par M. Monnard, chef de la Députation vaudoise.—Blâme infligé à la façon d'agir du gouvernement de Louis-Philippe par la presse française libérale. *Page* 64

CHAPITRE V. — Une commune du canton de Zurich confère le droit de bourgeoisie à Louis-Napoléon. — Le camp de Sursée. — M. de Belleval. — Le général Delort. — Une dépêche de M. Molé. Texte et appréciation de cette dépêche. — Mesures de rigueur dans le grand-duché de Bade et sur un point de la frontière française envers les voyageurs venant de la Suisse. — Le général Gourgaud à Vincennes. — Décision du Grand-Conseil de Thurgovie. — Lettre de Louis-Napoléon à cette assemblée. — Séance de la Diète fédérale du 27 avril : communication de la décision du Grand-Conseil de Thurgovie. — Craintes exprimées par le journal l'*Europe Industrielle*. — Il n'y a pas encore à désespérer du maintien de la paix . . . . *Page* 80

CHAPITRE VI. — Le *Journal des Débats* annonce l'emploi de mesures coërcitives. — Tableau comparatif des forces disponibles de l'un et de l'autre côté. — Ordre du jour de M. le colonel Rilliet-Constant aux troupes du camp de Sursée. — Fête de la Société des Carabiniers du Grand-Sacconnex.—Séance de la Diète fédérale du 31 août : Rapport de la Commission des Sept. — Soulèvement de l'opinion publique contre les propositions de la majorité et de la seconde minorité. Celle de la première minorité (MM. Rigaud et Monnard) contient un refus formel d'expulser Louis-Napoléon. — Séance de la Diète du 3 septembre : Communication de la dépêche de M. Molé. Incident curieux. Question de la révision du Pacte fédéral. Ajournement de la Diète au 1er octobre . . . . *Page* 95.

CHAPITRE VII. — Aucun des trois rapports de la Commission des Sept ne satisfait le gouvernement français. Le *Journal des Débats* menace la Suisse d'une déclaration de guerre. — Le *Courrier Français* et le *National* critiquent fortement la dépêche de M. Molé. — Manifestation du sentiment public dans toute la Suisse. — Genève prend des mesures de précaution. — Adresse au Grand-Conseil de Thurgovie. — Réception de M. Monnard à Lausanne, et de M. Rigaud à Genève. — Les petits cadeaux entretiennent l'amitié : M. de Salvandy. — Une prophétie. — Circulaire de l'Association nationale suisse. — Le *Constitutionnel*, le *Courrier Français* et le *Journal du Peuple* combattent énergiquement toute idée de guerre avec la Confédération. . . . . *Page* 109

CHAPITRE VIII. — Opinion du *Morning-Chronicle* et du *Morning-Herald* sur la conduite de la royauté de Juillet envers la Suisse. — Le *Phare Industriel* publie un article remarquable. — Bruit d'une prochaine invasion du territoire français par les Suisses. L'un des propagateurs de ce bruit, le *Courrier de l'Ain*, persiste à vouloir, pour le moins, la conquête de six villages.—Ascension du Mont-Blanc par Mademoiselle d'Angeville.— Il est question d'un mouvement de troupes françaises. — Intrigues et menées.—Tir de Lancy.— Les Genevois ne s'endorment pas. —Marche de plusieurs régiments français vers la frontière.—Décision du Grand-Conseil d'Argovie. — Les officiers de la garnison de Berne. — Nouvelle circulaire du Comité de l'Association nationale suisse. — Discours de l'aumônier d'un bataillon bernois.—Adresse des officiers zuricois au Grand-Conseil de leur canton. . . . . *Page* 124

CHAPITRE IX. — Réunion de l'Association nationale suisse. Deux adresses : l'une au Grand-Conseil de Berne ; l'autre, aux Français : texte de cette dernière. —Adhésion des Grands-Conseils de Berne, de Lucerne et de Vaud à la proposition Rigaud-Monnard. Texte du projet d'instructions du Grand-Conseil vaudois. Discours de MM. Briatte et De la Harpe. — Délibération du Conseil Représentatif de Genève. Résultat.

Discours de M. le colonel Dufour. Discours de M. le colonel Rilliet. Critique de l'attitude prise, dans la discussion, par M. *de Sismondi*. Souvenirs du temps de Louis XIV et de la régence d'un duc d'Orléans.— Manifestation en l'honneur de plusieurs députés genevois. . . *Page* 139

CHAPITRE X. — La majorité des cantons sera-t-elle pour ou contre l'expulsion ? — Lettres écrites d'Arenenberg par M. le vicomte de Querelles. — Est-il vrai que le Directoire fédéral ait demandé l'appui du gouvernement autrichien ? — Préparatifs de guerre. — Louis-Napoléon prend la résolution de s'éloigner du territoire helvétique. Sa lettre au président du Petit-Conseil de Thurgovie.—La décision du Grand-Conseil de Fribourg est des plus hostiles au neveu de l'Empereur.— Nomination du lieutenant-général Aymar au commandement des troupes destinées à châtier la Suisse. — Genève redouble d'activité pour se prémunir contre une agression. — Louis-Philippe paraît ne pas vouloir se contenter du départ volontaire du prince. — Revue aux Tuileries. — Mouvements militaires dans les départements de l'Est. — Effet produit à la Bourse de Paris par la dernière lettre de Louis-Napoléon. — Réflexions du *Bon Sens*, du *Morning-Herald* et de l'*Europe Industrielle*. . . . *Page* 156

CHAPITRE XI.—Ordre du jour du lieutenant-général Aymar.—Proclamation du gouvernement de Genève. Activité des préparatifs de défense.—Proclamation du Conseil d'Etat du canton de Vaud. Mise sur pied de 15,000 hommes sous le commandement du général Guiguer. — Même ardeur dans les préparatifs de Berne. — Mesures de précaution prises, quand même, par le gouvernement de Fribourg. Proclamation. — Préparatifs à Bâle. — Séance de la Diète du 1er octobre. Appréciation de ses résultats. — Continuation des mouvements militaires. Détails sur la marche des troupes françaises. — Arrivée de plusieurs bataillons dans l'arrondissement de Gex. — Des détachements de troupes genevoises occupent les principaux points de la frontière de leur canton. Sentiments des miliciens des *Communes* dites *réunies*. Lettre d'un officier.— Fausses nouvelles répandues par la feuille préfectorale de Bourg. . . . . *Page* 171

CHAPITRE XII. — Démentis donnés au *Courrier de l'Ain* par les Français qui habitent le canton de Genève. Lettre de M. le comte de Marmier, maître des Requêtes au Conseil d'Etat.—Préventions des militaires français contre Genève. — Le *Patriote Jurassien* blâme le langage haineux tenu envers la Suisse par le *Courrier de l'Ain* et le *Courrier de Lyon*. — Il y a enfin lieu de croire que le gouvernement du roi Louis-Philippe va se déclarer satisfait. Néanmoins le mouvement des troupes n'est arrêté sur aucun point. — Les travaux de fortification et d'armement sont poursuivis à Genève avec la plus grande activité. Dévouement de la population tout entière. Héroïsme des femmes genevoises. — Mesures énergiques prises dans le canton de Vaud. Ordre du jour du général Guiguer, commandant en chef des troupes vaudoises . . . . *Page* 187

CHAPITRE XIII. — Journée du 6 octobre. La Diète vote une réponse à la Note du gouvernement français. Texte de cette réponse.—Les passeports demandés par Louis-Napoléon sont envoyés au gouvernement de Thurgovie.—Préparatifs militaires et proclamation du Conseil Exécutif bernois.—Saint-Gall, Soleure, Bâle-Campagne, Argovie, Neuchâtel même, tiennent leurs contingents disponibles.—La Diète régularise la formation de deux corps d'armée. — Alerte donnée aux troupes genevoises stationnées à la frontière. — Affluence de citoyens genevois, à Ferney, dans la journée du 7 octobre ; ils fraternisent avec les militaires français. — Politique équivoque suivie, au milieu de toutes ces circonstances, par le Cabinet des Tuileries . . . . *Page* 204

CHAPITRE XIV. — Louis-Napoléon se prépare à quitter la Suisse. Dernière exigence de M. le duc de Montebello envers le prince. — Mise en disponibilité du lieutenant-général Aymar. Son remplacement par le lieutenant-général Schramm. — Continuelle affluence des habitants du canton de Genève aux revues passées à Ferney-Voltaire et aux environs de cette ville. — Sur quel pied sont les relations des habitants de la frontière bernoise avec les habitants de la frontière française. — Témoignages de sympathie donnés de toutes parts aux cantons de Thurgovie, de Vaud et de Genève. Adresse de la Société des Carabiniers des Grisons. Instructions du Grand-Conseil de Schaffhouse à ses députés en Diète. Lettre des officiers des contingents fédéraux du Bas-Valais. — Grande revue passée dans le canton de Genève par le général Guiguer. Allocution de ce général aux officiers des différents corps de troupes.— La reine de Grèce à Berne. — Opinion de la presse française sur la réponse de la Diète. — La diplomatie des Tuileries se déclare enfin satisfaite. Lettre de M. Molé, président des ministres, à M. le duc de Montebello . . . . *Page* 219

CHAPITRE XV. — Appréciation du dénouement de l'affaire suisse.— Belle conduite et généreuses paroles d'un vieillard de Sainte-Croix (canton de Vaud). — Départ de Louis-Napoléon. Un grand nombre de Thurgoviens l'accompagnent jusqu'à Constance. Comment il est reçu par la population de cette cité. Sa réponse à un message de M. de Metternich.—Licenciement des troupes suisses. Clôture de la session de la Diète fédérale. — Publication du gouvernement genevois. Ordres du jour du général Guiguer, des colonels Kunkler et Zimmerli. Proclamations des gouvernements de Vaud et de Berne. — Mouvement de retraite des troupes françaises. Les militaires français en visite à Genève ; leur réception dans cette ville. Accueil fait à des officiers bernois par les officiers de la garnison d'Huningue . . . . *Page* 235

CHAPITRE XVI. — Réflexions du journal l'*Helvétie* et de plusieurs journaux français sur les derniers événements. — NAPOLÉON III annoncé par l'*Europe Industrielle.*—L'article 2 du traité de Fontainebleau (14 avril 1814). —Lettre de M. Patorni, avocat de la famille Bonaparte, en réponse à un article du *Journal de Paris* concernant cette famille. — Le duc de Bordeaux.— Témoignages de sympathie donnés à Louis-Napoléon par les populations des Etats allemands qu'il traverse avant de s'embarquer pour l'Angleterre. — Adresses de plusieurs cantons suisses à leurs confédérés de Vaud et de Genève— Banquet du bataillon d'artillerie genevois. — Une assertion blessante pour l'honneur français comme pour l'honneur suisse, est formellement démentie. — Hymne en faveur du maintien de la paix. — La nomination de M. le baron Mortier à l'ambassade française se confirme; M. le duc de Montebello quitte Berne pour retourner à Paris. . . . . *Page* 251

CHAPITRE XVII. — Arrivée de Louis-Napoléon à Londres. — Singulière démarche du gouvernement de S. M. le roi Louis-Philippe auprès du gouvernement anglais. — Visite d'un Bourbon à un Bonaparte. — Manifestations de toutes les classes de la population de Londres en l'honneur d'un illustre proscrit. — Confiscation sanctionnée par le pouvoir issu de juillet 1830, au préjudice de la famille de l'Empereur. — Silence absolu gardé sur l'affaire suisse dans le discours d'ouverture des Chambres françaises. Effet que produit ce silence. — Discours prononcé le 31 décembre 1838, par le Premier Syndic de Genève. — MM. Pelet (de la Lozère), Villemain et Dubouchage signalent à la Chambre des Pairs une lacune dans le discours royal. Longue et grave discussion dans la Chambre des Députés, relativement à cette même lacune. M. Larabit. Quelle majorité obtient le gouvernement. — Fin du ministère Molé. —Emeute des 12 et 13 mai 1839. Lettre écrite à ce sujet par Louis-Napoléon. . . . . *Page* 270

CHAPITRE XVIII.—Réception solennelle du drapeau d'honneur offert aux milices de Vaud et de Genève par les Zuricois. Discours prononcés en cette occasion. Description du drapeau, ainsi que de la médaille décernée à MM. Rigaud et Monnard. — Principale occupation de Louis-Napoléon à Londres. — Une lettre de la reine Hortense à Mme Emile de Girardin.— Publication de l'ouvrage intitulé : *Des idées napoléoniennes*. — Affaire Crouy-Chanel. Lettre de M. Fialin de Persigny. Dénouement d'un prétendu complot bonapartiste.—Situation politique de la France, en 1840. — Tentative de Boulogne-sur-Mer. — Louis-Napoléon à la

Conciergerie. La chambre de Fieschi. Lettre écrite à ce sujet par l'ancien roi de Hollande. — Perquisitions et arrestations. — Lettre d'un citoyen suisse. — Une visite de M. de Châteaubriand. . . . *Page* 287

CHAPITRE XIX. — Louis-Napoléon devant la Cour des Pairs. Ses co-accusés. Son discours. Il s'attribue l'entière responsabilité de la tentative de Boulogne-sur-Mer.—Hommage à la souveraineté du peuple. —Particularités de la défense de MM. de Montholon, Parquin et de Persigny. —Plaidoirie de M. Berryer, défenseur du prince. Témoignages de sympathie donnés au neveu de l'Empereur. — Désappointement du procureur-général et de l'auditoire. — Arrêt de la Cour des Pairs. Exclamation du principal accusé, en apprenant sa condamnation. Ses paroles au greffier en chef lui notifiant l'arrêt. — Le palais des Tuileries n'est pas satisfait. — Réflexions du *Constitutionnel*. — Louis-Napoléon est conduit au fort de Ham. Sa lettre à M. Berryer. . . . . *Page* 304

CHAPITRE XX. — Cinquième tentative d'assassinat sur la personne de Louis-Philippe. L'assassin était-il un instrument du parti bonapartiste ? — Voyage du comte de Chambord en Suisse. Le roi des Français change de politique à l'égard de la Confédération. Sa lettre au Directoire fédéral. — Rigueurs exercées, à Ham, envers Louis-Napoléon ; leur influence sur sa santé. — Sentiments du prince à l'approche du jour fixé pour la translation des dépouilles mortelles de son oncle à l'Hôtel des Invalides. Sa résignation. Ses nombreux travaux littéraires. Il réfute une calomnie reproduite par le *Journal du Peuple* et par le *Morning-Post*. Sa lettre à M. L*** au sujet de bruits d'amnistie. — Arrivée d'une estafette à Ham. — Encore un complot bonapartiste imaginaire. — Les Jésuites à Lucerne. — Les Corps-francs. Arrêté de la Diète relatif à ces bandes armées. Immixtion des Cabinets étrangers et notamment du gouvernement français dans cette affaire. Réponse de M. le président de la Diète à une dépêche de M. Guizot. — De quel côté se range l'opinion publique. . . . . *Page* 319

CHAPITRE XXI.—Le *Sonderbund* entre officiellement en scène. Liste des Etats dont il est composé. Effet produit par la mise au jour de leur traité d'alliance. — Maladie de l'ancien roi de Hollande. Demande adressée par son fils au roi Louis-Philippe. Lettre à M. Odilon Barrot. Espérance déçue. Evasion de Ham. Détails donnés par Louis-Napoléon lui-même sur cet événement. — La fuite du prince fut-elle favorisée par le gouvernement français ? — Procès de Péronne : deux condamnations. — Renvoi de livres au Dépôt de la Guerre.— Le 7 octobre 1846 à Genève. Il faut en prendre son parti. M. le comte de Bois-le-Comte. —La Note et les *Pièces mécaniques* de 1847. Où la sympathie pour le *Sonderbund* va-t-elle se ......? — Résolution de la Diète fédérale. — Aux armes des deux côtés! — Défaite du *Sonderbund*. Impuissance de la diplomatie étrangère. Un nouvel avenir s'ouvre pour la Suisse. — Louis-Napoléon à Londres. Il n'oublie pas ses amis encore détenus. — Son retour à Paris en février 1848. Nouveaux obstacles. — Justice du peuple. — Conclusion. . . . . *Page* 333

NOTES HISTORIQUES. — I. Origine de la Confédération Suisse. — II. L'avoyer lucernois Pierre de Gundoldingen. — III. Journée de Saint-Jacques. — IV. Louis-Philippe au Collége de Reichenau. —V. La reine Hortense. — VI. Tentative de Boulogne-sur-Mer.— VII. Exécution d'un mandat décerné contre le colonel Vaudrey. — VIII. Effets de l'intervention fédérale de 1847.— IX. Sur la Note collective du 18 janvier 1848. — X. Souvenirs de Zurich. — XI. Confiance de Louis-Napoléon dans le sentiment populaire. . . . . *Page* 349

FIN DE LA TABLE.

www.ingramcontent.com/pod-product-compliance
Lightning Source LLC
Chambersburg PA
CBHW050540170426
43201CB00011B/1503